3·4·5·6 民調詩로 번역한
방랑시인 蘭皐 金炳淵 시전집

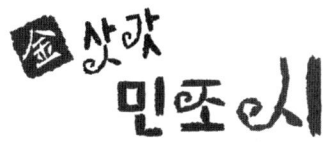

한기	10952
한웅기	5913
단기	4348
공기	2566
불기	2559
서기	2015
도서출판	고 글

┃ 3·4·5·6 民調詩로 번역한 방랑시인 蘭皐 金炳淵 시전집 ┃

金 삿갓 민조시

金進中 번역

머리말 ─────────────

이 책을 엮으면서

1.

　내가 김삿갓의 작품을 처음으로 접한 때가 아마도 열 살쯤 되었을 때로 기억하고 있다. 그 당시 우리집 사랑방에 문중 어르신들이 모여서 담소를 나누고 계셨는데, 그때 한 분이 김삿갓 시에 얽힌 이야기를 하시는 것을 들을 수 있었다.
　어느날 김삿갓이 날이 저물어 가자 하룻밤 유숙할 요량으로 어느 절에 찾아갔는데, 주지로 보이는 스님을 만나 하룻밤을 재워달라고 하니, 스님이 삿갓의 초라한 행색을 보고 거절해 그냥 쫓아버릴려고 수작을 부렸단다.
　"보아하니 글을 하는 선비 같은데, 내가 운(韻)자를 부르면 시를 지어 보시오. 시를 잘 지으면 청을 들어 주리다."
　"그러면 어디 운자를 불러 보시지요"
　그러자 스님은 삿갓이 시를 잘 짓지 못하게 일부러 어려운 운자를 불렀다.
　"타!"

―――――――――――――――――――――――――――――――――― 머 리 말

삿갓은 벌써 그 스님의 속내를 알아차리고 저무는 절간을 한 바퀴 돌아보고는 첫 구를 읊었다.
"사면기둥붉게타!"
그러자 약간 당황한 스님, '어 이것 봐라!' 하며 또 다시 "타!"하고 외쳤다.
삿갓은 조금도 동요치 않고 받아 넘겼다.
"석양행객시장타!"
점점 약이 오른 스님은 얼굴을 실룩거리며, 다시 "타!"하고 외쳤다.
"네절인심고약타!."
이젠 화가 치미는 듯 얼굴까지 붉으락푸르락하더니, "끄응"하면서 마지막으로 거듭 "타" 자 운을 불렀다.
"지옥가기딱좋타!"
드디어 화가 머리끝까지 올라간 스님은 들고 있던 지팡이로 김삿갓을 때리려고 쫒아오자 삿갓은 재빠르게 도망가면서 계속 스님을 향해 약을 올리고 있었다. 그는 아마도 다음과 같이 소리치면서 도망갔으리라.

"중대가리빨갛타!/ 개좆같이빨갛타!/ 제미에미올라타!/ 극락가기글렀타!"
비록 열 살밖에 안 된 어린나이였지만 어른들의 구수한 이야기를 곁들여 듣는 내 가슴에는 알 수 없는 쾌감과 흥분이 회오리쳤다.
그러나 초등 학교 입학 전에 할아버지로부터 천자문(千字文)을 배우다만 게 전부라 한문으로 된 '김 립 시집'(金笠詩集)은 구하기도 어

머리말

려웠고, 읽고 해득하는 것도 엄두를 낼 수 없었다. 특히나 우리 전후 세대는 당시 정부의 한글전용 시책으로 인해 초·중·고등 학생 때에 한자를 전연 배울 수가 없는 한자 문맹 세대(漢子文盲世代)가 되고 말았으니, 집안 기제사 때 아버지가 대학을 나온 아들에게 지방(紙榜)을 쓰라고 했더니, 아들 왈, '대구 지방을 쓸까요? 안동 지방을 쓸까요?' 했다는 웃지 못할 일이 비일 비재(非一非再)로 벌어지던 것이 그 당시의 실상이었다.

그러나 그 후 고등 학생 때 다시 김삿갓의 작품을 접하게 되었다.
김삿갓이 어느 집에 도착해 그 집주인과 고담 준론(高談峻論)을 나누다가 보니, 어느덧 날이 저물었는데 저녁상이 들어오지 않았다.
그때 하인이 들어와 주억거리며 주인의 눈치를 살폈다.
하인:"인량 복일(人良卜一)하오리까?"〔식상(食上)〕
주인:"월월산산(月月山山)커든."〔붕출(朋出)〕
그러자 김삿갓이 껄껄 웃으며 일갈(一喝)을 하고 그 집에서 나와 버렸다.
삿갓:"시자화중(豕者禾重)에 정구죽천(丁口竹天)이라."〔저종(豬種)〕
'제 혼자만 처먹을 줄 아는 돼지새끼 종자들 꼬락서니가 참으로 가소롭구나.'라는 파자시(破字詩)의 명문답(名問答)이었던 것이다.
그리고 이런 시도 있었다.

    데걱데걱登南山 남산에 데걱데걱 올라오니,
    씨근벌떡息氣散 숨소리가 씨근벌떡 가빠지네

머리말

醉眼朦朧굽어觀 취한 눈에 몽롱하게 굽어 봤더니,
울긋불긋花爛漫 울긋불긋한 온갖 꽃들이 지천으로 폈네.

 이와 같이 김삿갓은 파격시(破格詩)나 파자시(破字詩), 또는 한문과 한글을 섞은 시 등, 기존 문단의 음풍 농월(吟風弄月)의 전통적 시 작법을 과감히 벗어나 자유로운 시정신으로 모든 자연과 인간과 사물의 존재성을 따뜻한 눈으로 바라보았으며 민중 속으로 들어가 그들의 한과 설움을 해학적으로 풍자하며 궁구해 나간 점이, 그는 비록 평생을 방랑하며 유리 걸식(遊離乞食), 동가식 서가숙(東家食西家宿)하였으나 그의 시적 천재성을 유감없이 웅변하고 있다고 할 수 있으며 세계문학사에 큰 족적을 남기게 된 것이다. 1940년대에 전국을 돌아다니며 김삿갓의 시를 수집하여 처음으로 '김립시집'을 편찬한 이응수는 김삿갓을 미국의 시인 휫트먼(Whtman, Walt)과 일본의 시인 이시카와 다쿠보쿠(石川 啄木)와 함께 '19세기 세계 시단의 3대 혁명가'로 높이 평가한 바 있다. 그 후 나는 김삿갓에 대한 것이라면 무슨 글이나 최대한 읽어 나갔다.
 정비석의 '소설 김삿갓'(전 5권)부터 이상문의 '방랑시인 김삿갓'(전 10권), 이문열의 소설 '시인', 이창식의 평론집 '김삿갓 문학의 풍류와 야유' 등과 황병국 허경진 김용환 이명우 권영한 양동석 제씨 외 여러 분들이 번역한 각종 김삿갓 시집들을 혼자 탐독해 나갔다.
 그리고 영월에서 해마다 거행되는 '김삿갓 문화제'에도 네다섯 차례 참가하였고 전남 화순 동복에 있는 김삿갓 종명지(終命址)도 답사해 가며 시인과 밀월하는 나의 시간 여행은 계속되었다.

머리말

2.

'작가가 체험을 통해 얻은 진실을 언어를 통하여 표현하는 언어 예술로서, 인생을 탐구하고 표현하는 창조의 세계'라는 문학의 정의가 있다. 그렇다면 이 나라에서 생활 문학·체험 문학을 온몸으로 실천한 가장 유명한 사람이 바로 천재 방랑 시인 난고 김병연(金炳淵. 순조 7년 1807~철종 13년. 1863. 3. 29. 별호 김삿갓. 金笠)이 아닐까 싶다. 그는 몸소 체험한 여러 가지 현실적인 극한 상황에서도 오히려 직유와 은유, 풍자와 해학, 반전과 도치, 중의와 암유 등으로 인간 세사를 즉흥시로 읊어 표현했다. 또 천형(天刑)적이라고 할 수 있는 자신의 운명을 시로서 노래해 세인들에게 진솔하고도 깊은 감동을 지금까지도 주고 있는 '체험의 시인'이기 때문이다.

주지하다시피 그는 당시 권문 세가로 장동(壯洞) 김 씨라 불리던 안동 김 씨 가문에서 출생했다. 그러나 5세 때인 순조(純祖) 11년 신미년(辛未年)에 조정에서 서북인들 등용을 차별 홀대하는 정책을 펴자 그에 반감을 품은 서북인들이 홍경래(洪景來)를 중심으로 평안도 용강에서 반란을 일으켰다. 그들은 가산(嘉山)·박천(博川)·곽산(郭山)·태천(泰川)·정주(定州)를 장악하고 물밀 듯이 선천(宣川)으로 쳐들어갔다.

그 때 중군(中軍)에서 선천 방어사로 부임한 지 채 석달 정도 밖에 되지 않았던 그의 조부 김익순(金益淳)이 밤중에 술에 취해 누워 있다가 졸지에 반군들에게 포박당해 홍경래에게 항복하고 말았다. 그 후

머리말

 난이 평정되자 조정에서는 김익순을 대역 모반 죄인으로 사형을 시키고 그 가족들은 폐족 시켜버렸다.

 김병연의 아버지 김안근(金安根)은 병하(炳河)와 병연 형제를 가복 김성수(金聖秀)에게 부탁해 황해도 곡산(谷山)으로 피신시켰다. 그 후 안근은 홧병으로 죽고 과부가 된 그의 어머니 함평 이 씨는 멸족에서 폐족으로 죄가 경감되자 병연이 10세 때 '십승지지'라 일컫던 강원도 영월로 이사하여, 학문을 계속 가르치게 된다. 타고난 총기로 시문과 경서에 통달한 병연은 20세 때 영월 동헌에서 실시한 향시에서 '논 정가산 충절사 탄 김익순 죄통 우천'(論鄭嘉山 忠節死 嘆金益純 罪通于天)이라는 백일장 시제를 받고 뜨거운 정의감으로 가산 정 시(鄭蓍)의 충절을 찬양하고, 역적 김익순의 죄를 신랄하게 비판하는 과체시를 써내어 당당히 장원을 하게 되었다.

 그러나 어머니로부터 김익순이 자기의 친조부라는 사실을 알게 되었고, 그러한 신분으로서는 아무리해도 입신 양명하는 것이 불가능하다는 사실에 좌절했다. 그는 조상을 욕한 죄로 하늘을 볼 낯이 없다하여 삿갓을 쓰고 37년이란 세월을 방랑생활로 일관한 것이다. 그러한 방랑생활을 통해 병연은 그 당시 부패한 이속들의 학정과 피폐한 백성들이 처한 현실을 직시하며, 그 민중들 속으로 들어가 새로운 실천 문학, 체험의 시세계로 눈을 돌리게 된 것이다. 그렇게 유랑 생활을 통하여 온갖 멸시와 천대 · 수모와 굴욕을 당했지만, 결코 그 정신 세계는 굽히지 않았다.

머리말 ─────────────────────────

  오히려 그렇게 세상 인심이 각박하고 모순덩어리요 비합리적이었지만, 천부적인 시재와 기지로 때로는 담백하고 예리하게, 혹은 비분강개 처절하게, 그리고 어떤 상황에서는 가가 대소로 유쾌·통쾌·상쾌한 반전을 도출해냈던 것이다. 그의 마지막 유시로 추정되는 다음의 시를 보면,

    鳥巢獸穴皆有居 조소수혈개유거
    (새들도 둥지 있고 짐승들마저 굴에서 사는데.)
    顧我平生獨自傷 고아평생독자상
    (평생을 돌아보니, 오직 나 혼자 마음 아팠구나.)
    芒鞋竹杖路千里 망혜죽장노천리
    (짚신에 대지팡이, 천리 먼 길을 떠돌다가보니.)
    水性雲心家四方 수성운심가사방
    (물처럼 구름처럼 4방 천지가 내 집이었다네.)
        -金炳淵의 '蘭皐平生詩' 첫 4句를 3·4·5·6調 民調詩로 翻譯하다.

  그는 이와 같이 평생의 한을 남기고 전라도 화순 동복 땅, 창원 정씨의 사랑에서 57세를 일기로 긴 방랑의 길에 종지부를 찍었다. 3여 년 후에 아들 익균(益均)이 강원도 영월 와석의 노루목으로 천장(遷葬)했다.

  나는 지금은 김삿갓면으로 명명되어 해마다 열리고 있는 '김삿갓 축제'에 여러 번 다녀왔고, 지난 추석 무렵에는 그의 종명지(終命地)인

머리말

화순 동복(東福)에도 다녀온 바 있다. 맨 처음에는 2000년 경, 강남의 '학여울 문학회'에서 가는 문학 기행에 초대받아 어딘지도 모르고 따라가게 되었는데, '법흥사'를 경유해 도착한 곳이 노루목에 있는 김삿갓 유적지였다.

묘소 옆에 길쭉한 바윗돌로 세운 비석에는 '시선난고김병연지묘(詩仙蘭皐金炳淵之墓)'라고 음각되어 있었고, 앞에는 약간 울퉁불퉁하고 넓적한 자연석 상석이 놓여 있었다. 평생을 유리 걸식하던 천재 시인의 생애가 떠올라 나는 마음이 억색하였으나 한편으로는 어쩌면 삿갓 당신께서도 매끈한 오석이나 반질거리는 화강암으로 된 상석보다 저러한 바위같은 자연석에서 젯밥을 잡수시는 것을 더 좋아하실 것만 같은 생각도 들었다. 그러나 미처 아무 것도 미리 준비하지 못한 탓으로 그 묘소에 막걸리 한 잔 올리지 못한 것이 내내 마음에 걸리곤 했다.

그로부터 5년 정도가 지난 2006년 경에 자유 문학회에서 영월로 문학 기행을 가기로 결정했다. 나는 전날 저녁, 집을 들어가다가 시장에 들러 막걸리와 과일·어포 등 약간의 제수를 준비했다. 이튿날 버스 맨 뒷좌석으로 임동후 시인을 불러 즉흥 제문을 쓰라고 일렀다. 마침내 산소에 도착해 회원들이 참배를 시작하려 할 때 사회를 보던 나는 깜짝 쇼를 시작했다. 내가 숨겨 들고 온 제수보따리를 풀어 상석위에 진설을 해놓고 초헌관에 申世薰 선생, 독축에 임동후 시인, 아헌을 거쳐 종헌관엔 당시 자유 문학회 박두순 회장으로 하여금 헌작케 했다. 그리고 우리 회원 모두는 묘벌에 앉아 음복을 했다. 나는 선생의 무덤위에 술잔을 올리고 나니 드디어 마음속에 맺혀있던 무언가가 쑤욱 내려가는 것 같았다.('방랑속의 생활 문학' 중 〈문학 미디어 2013. 봄호〉)

머리말

3.

 그런데 이태 전 영월에 갔을 때 주최 측에서 김삿갓의 한시를 한글로 번역해 펼침막으로 가로에 걸어 두었는데, 이를 전부 사진을 찍어 분석해보고 여러 사람의 번역본을 보니, 한숨이 나올 수밖에 없었다.
 그것은 한자의 원문은 다 같고 모두 한글로 번역하는 점도 다 같은데, 번역자에 따라 전부가 서로 다르게 옮겨 놓았던 것이다. 한문 학자가 옮긴 것이 그렇고, 대학 교수가 역한 것도 다르고, 고인(故人)들이 번역한 것도 너무나 상이했다. 이래서는 젊은 독자들에게 다가갈 수 없다는 점을 깨달았다. 그 분들은 대체적으로 너무 글자에만 얽매여서 직역(直譯) 대의(大意)를 위주로 했으나 현대시에서는 압축과 비유, 생략과 중의법 등으로 씹을수록 맛이 나는 탱글탱글한 꽈리 같은 시가 현대인들의 기호에 알맞다고 할 수 있을 것이다.
 그리고 우리 한글의 변용(變用)은 참으로 다양하기 때문에 한자가 가리키는 뜻 가운데서 가장 알맞은 우리말로 직역(直譯)과 의역(意譯)을 치환(置換)해 작자의 의도에 가장 근접하는 시로 번역해야 할 것이다.
 그래서 한자를 잘 모르는 요즘 세대를 위해 시적 긴장감과 완성도 높은 현대시로 번역을 했는데, 여기서도 구태 의연(舊態依然)한 한문(漢文) 투의 영탄(詠嘆) 조나, '했도다! 하도다! 이로다!' 같은 고어(古語) 투의 시어에서 벗어나 현대적 감각에 맞는 시어로 옮겨보았다, 그것도 우리의 정서에 딱 들어맞는 가장 아름다운 3·4·5·6조 민조시(民調詩)의 율조로 김삿갓의 시작품 269편을 전부 번역하기에 이르

― 머리말

게 된 것이다.

 아무쪼록 나의 이번 작업이 위대한 天才 放浪詩人 蘭皐 金炳淵 선생의 진의에 미처 누가 될지도 모르겠다는 경외심(敬畏心)이 앞선다. 강호 제현(江湖諸賢)의 아낌없는 지도 편달(指導鞭撻)을 기다려본다.
 더불어 이책으로 하여금 우리 겨레의 유산인 김삿갓 문학에 대해 좀 더 연구하고 다가가서 그의 문학적 업적을 재평가될 수 있기를 바랄 뿐이다. 이제 세계에 내놓아도 부끄럽지 않게 표준적으로 번역한 삿갓시를 독자들 모두가 가슴으로 향유할 수 있는 계기가 되었으면 좋겠다. ―訓民正音 頒布 第567돌, 金삿갓 逝去 第150週年, 2013년 癸巳 寒露節에, 이렇게 머리말까지 써 놓았던 책을 2년이 지난 이제야 출간하기에 이른다.
 그동안 지속적으로 한 글자, 한 글자, 점 하나에 이르기까지 교정 교열을 했고 수정 보완을 거쳤다. 이 책이 나오기까지 경북 儒林의 큰 선비이신 東泉 金昌會 族祖의 격려와, 한국문협 전 이사장 申世薰 선생의 지도, 도서출판 고글 연규석 사장의 노고와, 표지 전각을 그려주신 고암 정병례 선생께 깊은 감사를 드리며 아울러 신승희 편집 에디터께도 감사한 마음 전한다.

乙未 靑羊(2015年) 立春之節
獨立館 天河愛舍廊에서
翻譯者 金 進 中 삼가.

序 文

기교보다 운율이 높고,
아름다움보다 소박한 감정을 듬뿍 담은

金 昌 會 (成均館 副館長)

　산길은 초부(樵夫)에게 묻고 물길은 어부(漁夫)에게 물으라는 말이 있다 시집의 머리말은 당연히 시인이 써야한다. 이사람은 현대시 한 편을 구상해 보지도 못했고 아예 그런 생각도 해 보지 않았다. 그런데도 이 책의 간행에 앞서 나에게 서문을 청하는 것은 내가 이름난 문학인이어서 그런 것도 아니요 지명도(知命度)가 높아서 그런 것도 아니다. 그렇다고 유려한 필치의 문장력이 뛰어난 것은 더구나 아니다. 다만 편집자의 고향 어른이니 선배의 대접으로 밖에 볼 수 없다. 굳이 사양하였으나 거듭되는 간청을 끝내 피할 수가 없었다.

　지금 방랑시인(放浪詩人) 난고 김병연(蘭皐 金炳淵)의 시 전집을 편집하고 번역하고 간행의 큰일을 경영하는 김진중(金進中)은 내가 젊은 시절 직장의 동료로서 고락을 함께 겪은 족친(族親)인 경집(敬緝) 김희국(金熙國)공의 다섯 아들 중 둘째 아드님이다. 일찍이 초중학(初中學)을 마치고 출향 유학하였으며 줄곧 문필활동을 하다가 월간순국(月刊殉國)의 편집국장으로 재임함을 알게 되었다. 그는 어린 시절, 전통 있는 유가(儒家)에서 부조(父祖)의 처신과 이력에 유염(濡染)되고 어깨 너머에서 듣고 본 분위기에 깊이 훈목(薰沐)된 것이 머릿속에 입력

序 文

되었다가 오늘에 표출되어 이와 같이 훌륭한 작업을 완성하는 계기가 되었으리라 믿어진다. 일찍이 자유문학(自由文學)에 등단한 민조시인으로 다섯 권의 시집을 발표한 바 있으며 현재는 한국 민조시(民調詩)인 협회 회장으로 회의 발전을 위해 봉사하고 있는 재치있는 문필가이다. 그의 시는 어휘를 짜서 맞추는 기교보다 운율이 높고, 아름다움보다 소박한 감정을 듬뿍 담은 것이 오히려 고상한 정취가 있으며 담백한 정신이 스며 있다. 고향의 흙냄새와 서민의 호흡이 깃들어 있어 더욱 정겨우며 작자의 인간상이 투영된 자신의 거울이라 한결 돋보인다.

시는 문학의 한 부분으로 자연이나 인생의 모든 사물에 대하여 우러나는 감흥과 사상을 운율적인 언어로 표현하는 글이다. 오늘의 주인공 김병연은 이름 높은 스승의 학문연원을 계승한 것도 아니요 문하생을 길러 자기의 재예를 전수시킨 제자가 있다는 말도 들어보지 못했으니 이것은 체계있는 공부로서 학문을 완성함이 아니라는 뜻이다. 여섯 살 되던 해에 조부 김익순(金益淳)이 홍경래(洪景來)난에 투항한 죄로 참형을 당하고 아홉 살에 아버지인 안근(安根)도 홧병으로 죽었다. 그 후 어머님과 함께 강원도 영월(寧越)에 피신하여 이주 정착하였다고 전하며 천재적인 시풍(詩風)을 타고 났지만 조부의 죄과에 연루되어 출세의 길은 막혀 버렸다. 그의 시는 깊이 사상이 스며 있거나 학문의 이치를 궁구함도 아니요 운치 있는 선비들이 명려(明麗)한 산하와 누대(樓臺)를 찾아 음풍영월(吟風詠月)의 서정적인 것도 아니다. 격식에 얽매이지 않고 전통의 시풍을 과감히 벗어나 민중의 각계각층에 파고들어 정한과 설움을 해학과 풍자로 한문 또는 국한혼용의 시를 자유자재로 거

序 文

　침없이 구상하였다. 평생을 방랑하며 유리걸식하는 과정에서 시의 소재가 이루어졌으니 명사들의 시단(詩壇)에서 소외되고 명시선(名詩選)에 등재된 바도 없다. 전편이 수록된 시집의 출간도 보지 못했으며 다만 구전으로 항간에 회자되고 시정(市井)이나 초당방에서 애송되어 일시의 웃음을 선사하였지만 진솔하고 깊은 감동을 주는 매력은 어느 명시보다 대중의 마음을 사로잡는 감성을 지녔다고 할 수 있다.

　김진중 편집인은 세간에 퍼져 있는 김병연의 시를 널리 수집하는데 심혈을 기우려 성공하였고 편편낙수(片片落穗)를 찾아 모은 것이 267편으로 김병연시의 전집을 이루었다. 독자의 이해를 돕기 위해 사시외풍(四時外風), 다정무한(多情無限), 천년강산(千年江山) 등, 9부로 나누어 일목요연하게 편집하였으며 '참고용 한시 찾아보기'라는 제목으로 우리나라와 중국대가의 고전명시 147편을 전부 번역하였고, 김삿갓 관련 일화와 예문, 시, 시조 등 38편을 함께 엮었다. 보다 어려운 것은 전문 번역가의 손을 빌리지 않고 직접 번역에 착수하여 정교한 풀이에 상세한 주(註)를 달았다. 정말 가상한 일이다. 세상은 바야흐로 어제가 옛날같이 급변하고 있다. 따뜻한 구들목에서 인정을 나누던 기억은 전설처럼 잊혀지고 곳곳에 냉기가 감돌고 있다. 이 시집이야 말로 각박한 세상의 냉기를 훈훈하게 녹여주는 주옥같은 작품이 되리라 믿어 의심치 않는다.

　많은 독자의 사랑 받기를 바라고 삼가 서문에 부친다.

2014 갑오년 국추절(菊秋節)
安東 金 昌 會 삼가 씀

일러두기

❶

여기에 실린 김삿갓 시 267편 전부를 문학사상 최초로
우리말 3·4·5·6조 민조시로 번역하였다.

❷

참고시와 일화에 얽힌 문장 등, 185편 중,
한시 1편(萬年松正韻), 현대시 2편, 민조시 5편, 시조 15편,
문장과 일화 16편 등 39편을 제외한 147편(중국 한시 20편 포함)을
역자가 우리말 3·4·5·6조 민조시 형식으로 번역하였다.

❸

한문을 잘 모르는 세대를 위하여 전체적으로 독음을 표기하였고,
주와 해의, 예시보기, 예문, 관련 일화 등을 알기 쉽고
재미있는 현대 언어로 번역하였다.

❹

왜 民調詩인가?
새롭게 발굴 개척된 새 정형시인 민조시는
3·4·5·6조의 시틀을 가지고 있어, 우리 겨레의 말과 글의
말마디와 소리 마치, 고저, 장단, 흐름에 가장 잘 어울린다.
기존의 모든 번역들을 살펴보건데 한시의 운율은 무시한 채,
백과사전 식 해설과 풀이만 나열해 놓아서
우리말로 낭송을 한다든가 노래로 읊어 시적 운율을
살려내지를 못했던 것이다. 이제 독자들은 이번의
새 번역을 통해 한시와 현대 민조시의 맛과 멋을 즐기며
시와 한결 더 친숙해지기를 바란다.

차 례 ──────── 3·4·5·6 民調詩로 번역한
방랑시인 蘭皐 金炳淵 시전집
삿갓민조시

머리말 / 이 책을 엮으면서 / 4
序 文 / 기교보다 운율이 높고, 아름다움보다 소박한 감정을 듬뿍 담은 / 14
일러두기 / 17

제1부 四時外風 (사시 외풍)

論鄭嘉山忠節死 嘆金益淳罪通于天 (논 정가산 충절사 탄 김익순 죄통 우천) / 37
蘭皐平生詩 (난고평생시) / 42
天地者萬物地逆旅 (천지자만물지역려) / 47
喜 雨 亭 (희 우 정) / 52
短句一句 (단구 일구) / 57
爾 言 (이 언) / 58
胡地花草 (호지 화초) / 59
自 詠 (자 영) / 60
辭 世 句 (사 세 구) / 62
咏 笠 (영 립) / 63
樵 客 (초 객) / 64

3·4·5·6 民調詩로 번역한 ──────── 차　례
방랑시인 蘭皐 金炳淵 시전집
삿갓민조시

看　鏡 (간 경) / 65
譬　世 (비 세) / 66
雜　詠 (잡 영) / 67
槐村答柳雅士 (괴촌답 유아사) / 68
蒙　恩 (몽 은) / 69
川　獵 (천 렵) / 70
卽　吟 (즉 음) / 71
偶 吟·一 (우 음·1) / 72
偶 吟·二 (우 음·2) / 74
偶 吟·三 (우 음·3) / 76
老　吟 (노 음) / 77
自　嘆 (자 탄) / 78
難　貧 (난 빈) / 79
隱　士 (은 사) / 80
使　臣 (사 신) / 81

19

차 례 ────────── 3·4·5·6 民調詩로 번역한
방랑시인 蘭皐 金炳淵 시전집
삿갓민조시

제2부 多情無限 (다정 무한)

情·一 (정·1)/85
情·二 (정·2)/86
情·三 (정·3)/88
無題 (무 제)/89
難避花 (난 피 화)/90
弄處女 (농 처 녀)/92
可憐妓詩 (가련기시)/94
名妓 可憐 (명기 가련)/95
佳人 (가 인)/96
離別·一 (이 별·1)/97
離別·二 (이 별·2)/98
江邊離別 (강변 이별)/99
贈某女 (증 모 여)/101
桑實 (상 실)/103

3·4·5·6 民調詩로 번역한 ──────────── 차   례
방랑시인 蘭皐 金炳淵 시전집
삿갓민조시

街上初見 (가상 초견) / 104
명순이 삿갓에게 준 시 / 105
女傑妓生錦花 (여걸 기생 금화) / 106
贈 妓 (증 기) / 107
秋風訪美人不見 (추풍 방미인 불견) / 109
鶴城訪美人不見 (학성 방미인 불견) / 112
暗夜訪紅蓮 (암야 방홍련) / 114
竹香을 위로함 / 115
嚥乳三章 (연유 3장) / 116
情 事 (정 사) / 118
船上離別 (선상 이별) / 120
平壤妓生 (평양 기생) / 121
贈 老 妓 (증 노 기) / 122
회양 사또와의 이별 / 123
사또와의 이별 / 125

차 례 ──────── 3·4·5·6 民調詩로 번역한
방랑시인 蘭皐 金炳淵 시전집
삿갓민조시

제3부 炎凉世態 (염량 세태)

與訪客詰拒 (여방객 힐거) / 129
錢 (전) / 130
粥 一 器 (죽 일 기) / 131
漢文 한글 섞은 詩 / 133
諺文風月 (언문 풍월) / 134
訓戒訓長 (훈계 훈장) / 136
雨 (우) / 137
僧 風 惡 (승 풍 악) / 138
元 生 員 (원 생 원) / 139
鳳 凰 (봉 황) / 140
天 脫 冠 (천 탈 관) / 141
辱 祭 家 (욕 제 가) / 142
辱說某書堂 (욕설 모서당) / 143
辱 孔氏家 (욕 공씨가) / 144
辱尹哥村 (욕 윤가촌) / 145

22

3·4·5·6 民調詩로 번역한 ——————— 차　례
방랑시인 蘭皐 金炳淵 시전집
삿갓민조시

玉 門 (옥 문) / 146
戱贈妻妾 (희증 처첩) / 147
還 甲 宴 (환 갑 연) / 148
贈還甲宴老人 (증환갑연 노인) / 149
老 嫗 (노 구) / 150
老人自嘲 (노인 자조) / 151
出 塞 (출 새) / 152
過飮警戒 (과음 경계) / 154
移 徙 難 (이 사 난) / 156
訓 長 (훈 장) / 157
嘲年長冠者 (조연장 관자) / 158
嘲 僧 儒 (조 승 유) / 160
嘲 山 老 (조 산 노) / 161
嘲幼冠子 (조 유관자) / 162
嘲 地 官 (조 지 관) / 163
嘲 地 師 (조 지 사) / 164

차 례 ── 3·4·5·6 民調詩로 번역한
방랑시인 蘭皐 金炳淵 시전집
삿갓민조시

제4부 遊離乞食 (유리 걸식)

自 嘆 (자 탄) / 167
逐 客 (축 객) / 168
風 俗 薄 (풍 속 박) / 169
開城逐客詩 (개성 축객시) / 170
姜座首逐客詩 (강 좌수 축객시) / 171
吉州明川 (길주 명천) / 172
二十樹下 (20수 하) / 173
放 氣 (방 기) / 174
宿 農 家 (숙 농 가) / 176
是是非非詩 (시시비비시) / 177
竹 詩 (죽 시) / 178
破 格 詩 (파 격 시) / 180
虛 言 詩 (허 언 시) / 181
難 字 詩 (난 자 시) / 182
覓 字 詩 (멱 자 시) / 183
破 韻 詩 (파 운 시) / 184
戒 世 詩 (계 세 시) / 185
諺 文 詩 (언 문 시) / 186
弄 詩 (농 시) / 187
八大家詩 (8대가 시) / 188

3·4·5·6 民調詩로 번역한 ─────── 차　례
방랑시인 蘭皐 金炳淵 시전집
삿갓민조시

破字詩 (파 자 시) / 189
免避姦通詩 (면피 간통 시) / 190
布 字 詩 (포 자 시) / 191
吟 空 家 (음 공 가) / 192
沃溝金進士 (옥구 김진사) / 193
晋州元堂里 (진주 원당리) / 194
安岳城中 (안악 성중) / 195
艱飮夜店 (간음 야점) / 196
兩 班 論 (양 반 론) / 197
濁酒來期 (탁주 래기) / 200
自顧偶吟 (자고 우음) / 203
眼 昏 (안 혼) / 205
嶺南述懷 (영남 술회) / 206
秋 吟 (추 음) / 207
暮投江齋吟 (모 투강 재음) / 209
逢雨宿村家 (봉우 숙촌가) / 211
聽 曉 鐘 (청 효 종) / 212
馬 島 (마 도) / 213
思 鄕·一 (사 향·1) / 214
思 鄕·二 (사 향·2) / 216
鄕 愁 (향 수) / 217

차 례 ──────────── 3·4·5·6 民調詩로 번역한
방랑시인 蘭皐 金炳淵 시전집
삿갓민조시

제5부 千年江山 (천 년 강산)

秋 (추) / 221
石 白 (석 백) / 222
雪景·一 (설 경·1) / 223
雪景·二 (설 경·2) / 224
雪景·三 (설 경·3) / 225
雪景·四 (설 경·4) / 226
雪·一 (눈·1) / 228
雪·二 (눈·2) / 229
雪 日 (설 일) / 230
杜鵑花消息 (두견화 소식) / 231
風 月 (풍 월) / 232
年年年去 (연년 년거) / 233
破來訴題 (파래 소제) / 234
霽後回頭詩 (제후 회두시) / 235
卽 景 (즉 경) / 236

26

3·4·5·6 民調詩로 번역한 ──────── 차   례
방랑시인 蘭皐 金炳淵 시전집
삿갓민조시

遊山吟 (유 산 음) / 237
新溪吟 (신 계 음) / 238
落葉吟 (낙 엽 음) / 240
洛花吟 (낙 화 음) / 242
秋夜偶吟 (추야 우음) / 243
貧 吟 (빈 음) / 245
李氏之三女吟 (이씨지 3녀음) / 246
看 山 (간 산) / 247
雪中寒梅 (설중 한매) / 249
梅花幽情 (매화 유정) / 251
僧乎汝 (승 호 여) / 252
落 葉 (낙 엽) / 253
伐 木 (벌 목) / 254
平 壤 (평 양) / 255
江邊에서 / 256

27

차 례 ──────────── 3·4·5·6 民調詩로 번역한
　　　　　　　　　　　　방랑시인 蘭皐 金炳淵 시전집
　　　　　　　　　　　　　　삿갓민조시

제6부 動物 靜物 (동물 정물)

萱 草 (훤 초) / 259
松 餠 (송 경) / 261
甘 瓜 (감 과) / 262
蚤 (조) / 263
虱 (슬) / 264
鷄 · 一 (계 · 1) / 265
鷄 · 二 (계 · 2) / 266
狗 (구) / 268
猫 · 一 (묘 · 1) / 270
猫 · 二 (묘 · 2) / 271
猫 · 三 (묘 · 3) / 272
蛙 (와) / 273
鯉 魚 (이 어) / 275
老 牛 (노 우) / 276
燕 子 (연 자) / 277
白 鷗 詩 (백 구 시) / 278
鷹 (응) / 279
太 (태) / 280
冠 (관) / 281
筆 (필) / 282

3·4·5·6 民調詩로 번역한 ─────── 차　례
방랑시인 蘭皐 金炳淵 시전집
삿갓민조시

紙 (지) / 283
硯 (연) / 284
簾 (염) / 286
門 (문) / 287
影 (영) / 288
燈 (등) / 289
燈 火 (등 화) / 291
網 巾 (망 건) / 292
眼 鏡 (안 경) / 293
煙 竹·一 (연 죽·1) / 294
煙 竹·二 (연 죽·2) / 296
木 枕 (목 침) / 297
溺 缸 (요 항) / 300
火 爐·一 (화 로·1) / 301
火 爐·二 (화 로·2) / 302
碁·棋 (바 둑) / 303
將 棋 (장 기) / 304
織 錦 (직 금) / 305
攪 車 (교 차) / 306
磨 石 (마 석) / 307

29

차 례 ──────────── 3·4·5·6 民調詩로 번역한
방랑시인 蘭皐 金炳淵 시전집
삿갓민조시

제7부 年年歲事 (연년 세사)

犢價訴題 (독가소제) / 311
魚腹葬 (어 복 장) / 312
墳塋 (분 영) / 313
山所告訴狀 (산소 고소장) / 315
墓爭 (묘 쟁) / 316
墓地訟 (묘 지 송) / 317
屋之 (옥 지) / 318
力拔山 (역 발 산) / 319
輓詞·一 (만 사·1) / 320
輓詞·二 (만 사·2) / 321
求鷹判題 (구 응판제) / 322
爭鷄岩 (쟁 계 암) / 324
自傷 (자 상) / 325
見乞人屍 (견 걸인시) / 327
多睡婦 (다 수 부) / 329
婦惰 (부 타) / 330
懶婦 (나 부) / 331
惰婦 (타 부) / 332
盡日垂頭客 (진일 수두객) / 333
淮陽過次 (회양 과차) / 335
佝僂 (구 루) / 336
喪配自輓 (상배 자만) / 337
老客何 (노 객 하) / 338
陳情書 (진 정 서) / 339

30

3·4·5·6 民調詩로 번역한
방랑시인 蘭皐 金炳淵 시전집
삿갓민조시 ──────────── 차　례

제8부 金剛山詩 (금강산시)

夜歸僧 問答 (야귀승 문답) / 343
入 金 剛 (입 금 강) / 344
看金剛山 (간 금강산) / 345
金 剛 山·一 (금강산·1) / 346
金 剛 山·二 (금강산·2) / 347
金 剛 山·三 (금강산·3) / 348
金 剛 山·四 (금강산·4) / 349
金 剛 山·五 (금강산·5) / 350
金 剛 山·六 (금강산·6) / 351
金 剛 山·七 (금강산·7) / 352
金 剛 山·八 (금강산·8) / 353
金 剛 山·十 (금강산·10) / 354
金 剛 景 (금 강 경) / 355
答僧金剛山詩 (답승 금강산 시) / 356
夏雲多奇峰 (하운 다기봉) / 357
登文星岩 (등 문성암) / 359
開 殘 嶺 (개 잔 령) / 360
僧俗問答 (승속 문답) / 361
金剛山立石峰下庵子詩僧共吟 (금강산 입석봉 하암자 시승·공음) / 363

차 례 ──────── 3·4·5·6 民調詩로 번역한
방랑시인 蘭皐 金炳淵 시전집
삿갓민조시

제9부 名勝古蹟 (명승 고적)

九 月 山 (9 월 산) / 371
妙香山詩 (묘향산 시) / 373
'樂 民 樓' ('낙 민 루') / 374
安邊老姑峰 (안변 노고봉) / 376
'飄 然 亭' ('표 연 정') / 377
長 洲 行 (장 주 행) / 379
咸 關 嶺 (함 관 령) / 380
'三 嘉 亭' ('삼 가 정') / 381
登咸興'九天閣' (등 함흥 '구천각') / 383
'百 祥 樓' ('백 상 루') / 384
'浮璧樓'吟 ('부벽루' 음) / 385
泛舟醉吟 (범주 취음) / 386
大同江'練光亭' (대동강 '연광정') / 387
大同江上 (대동강 상) / 389
過 松 都 (과 송 도) / 392

32

3·4·5·6 民調詩로 번역한 ─────────── 차   례
방랑시인 蘭皐 金炳淵 시전집
삿갓민조시

過 廣 灘 (과 광 탄) / 396
過 長 端 (과 장 단) / 397
過 '寶林寺' (과 '보림사') / 405
離別 '矗石樓' (이별 '촉석루') / 406
登 '廣寒樓' (등 '광한루') / 408
上 元 月 (상 원 월) / 410
'石 窟 庵' ('석 굴 암') / 412
與趙雲卿上樓 (여 조운경 상루) / 415
寒食日 登 '北樓' 吟 (한식일 등 '북루' 음) / 417
崔白潭과 對聯 (최백담과 대련) / 419
開城 '善竹橋' (개성 '선죽교') / 420
關 王 廟 (관 왕 묘) / 422

金炳淵 年譜 / 425
김삿갓 그 뒷이야기(발췌) / 426
詩仙 김삿갓의 蘭皐先生 遺蹟碑 / 428
한시 첫 구 찾아보기 / 430
한시 인용구 찾아보기 / 441

33

제1부　四時外風 (사시 외풍)

論鄭嘉山忠節死 嘆金益淳罪通于天 (논 정가산 충절사 탄 김익순 죄통 우천)
蘭皐平生詩 (난고평생시)
天地者萬物地逆旅 (천지자만물지역려)
喜雨亭 (희우정)
短句一句 (단구 일구)
爾言 (이언)
胡地花草 (호지 화초)
自詠 (자영)
辭世句 (사세구)
咏笠 (영립)
樵客 (초객)
看鏡 (간경)
譬世 (비세)
雜詠 (잡영)
槐村答柳雅士 (괴촌답 유아사)
蒙恩 (몽은)
川獵 (천렵)
卽吟 (즉음)
偶吟·一 (우음·1)
偶吟·二 (우음·2)
偶吟·三 (우음·3)
老吟 (노음)
自嘆 (자탄)
難貧 (난빈)
隱士 (은사)
使臣 (사신)

科 體 詩 (과 체 시)

論鄭嘉山忠節死 嘆金益淳罪通于天
(논 정가산 충절사 탄 김익순 죄통 우천)

〈가산 군수 정공의 충절사를 찬양하고
선천 방어사 김익순의 하늘도 아는 죄를 탄핵하라.〉

日爾世臣金益淳 (일이 세신 김익순)
鄭公不過卿大夫 (정공 불과 경대부)
將軍桃李隴西落 (장군 도리 농서락)
烈士功名圖末高 (열사 공명 도말고)

대대로 성은 입은 김익순은 잘 들으라,
정 군수는 경대부나 죽음으로서 충성을 다했다.
농서의 이 능처럼 비겁하게 항복치 않아
충신 열사들 공과 이름 중 으뜸이 됐느니.

* 世臣 : 세록지 신. 대대로 한 왕조를 섬겨온 공로가 있는 신하.
* 鄭公 : 홍경래난 당시 가산 군수이던 정 시(鄭蓍). 그는 부친 정로(鄭魯)와 함께 끝까지 싸우다가 장렬하게 전사했다.
* 將軍李 : 前漢 武帝 때의 李陵 장군. 흉노족의 침입 때 항복했다.
* 隴西 : 중국 甘肅省 臨兆府에서 鞏昌府 서쪽까지 걸쳐진 地名(秦,漢 시대).
* 圖末高 : 충신 열사가 죽은 뒤 초상화를 공에 따라 안치하여 제사를 지냄.

詩人到此亦慷慨 (시인 도차 역강개)
撫劍悲歌秋水溪 (무검 비가 추수계)
宣川自古大將邑 (선천 자고 대장읍)
比諸嘉山先守義 (비저 가산 선수의)

시인도 이에 일러 비분 강개를 금할 수 없구나.
큰칼을 매만지며 시냇가에서 슬피 노래하리.
선천은 예부터 대장이 맡아보던 고을이라
가산땅보다 선천을 먼저 지켜야만 했다.

* 比諸嘉山 : 가산에 비교하다. 저(諸)는 어조사 ~에.

淸朝共作一王臣 (청조 공작 일왕신)
死地寧爲二心子 (사지 영위 이심자)
升平日月歲辛未 (승평 일월 세신미)
風雨西關何變有 (풍우 서관 하변유)

정공과 너는 모두 밝은 조정의 한 임금 신하라.
곧 죽을 마당인데 두 마음으로 배반을 했느냐.
시절도 태평 세월 저 신미년에
관서 지방에 풍우가 이니 무슨 변고였나.

* 升平日月 : 세상이 태평함.
* 風雨 : 여기서는 '홍경래의 난'을 뜻함.

尊周孰非魯仲連 (존주 숙비 노중련)
輔漢人多諸葛亮 (보한 인다 제갈량)
同朝舊臣鄭忠臣 (동조 구신 정충신)
抵掌風塵立節死 (저장 풍진 입절사)

주나라 받드는데 노중린 같은 충신이 없었고.
한나라 보좌에는 제갈량 같은 충신이 많았네.
이처럼 우리 조정 가산땅에도 정충신이 있어.
풍진을 막아내다 절의 지키며 죽음을 맞았네.

* 魯仲連 : 주나라의 충신.
* 諸葛亮(181~234) : 蜀漢의 승상. 字는 孔明. 공명이 융산에 있을 때 劉備가 세 번이나 찾아 온 삼고 초려(三顧草廬)에 감동해 책사가 됨. 적벽 대전에서 조조에게 승리한 뒤 蜀의 유비, 魏의 조조, 吳의 손권으로 三國의 대세를 이룸. 그의 '前後出師表'는 名文으로 유명함.

嘉陵老吏揚名旌 (가릉 노리 양명정)
生色秋天白日下 (생색 추천 백일하)
魂歸南畝伴岳飛 (혼귀 남무 반악비)
骨埋西山傍伯夷 (골매 서산 방백이)

언덕 위 아름다운 늙은 관리의 빛난 이름은
맑은 가을날 태양과 함께 길이 빛나리라.
그 혼은 남묘로 가 악비와 같이 벗할 것이로되.
그 뼈는 서산에서 백이숙제랑 짝을 이루리라.

* 岳飛(1103~1141) : 宋나라 장수. 字는 붕거(鵬擧). 그의 어머니가 등에 '盡忠保國'의 네 글자를 써준대로 그는 충성을 다해 싸웠으나 진회(秦檜)의 모함으로 39세로 옥사함.
* 伯夷叔齊 : 商 나라 고죽군의 두 아들. 아버지의 유언에 따라 아우 숙제에게 대를 잇게 하려자 숙제는 형이 이어야 한다고 하자 백이는 도망쳤다고 함. 周의 文王을 섬기려고 찾아 갔으나, 文王이 죽고 武王이 殷의 紂王을 치려는 것을 말렸다. 그 후 太公呂尙의 도움으로 首陽山에 숨어 '周 나라 곡식은 먹지 않겠다'며 고사리로 연명하다가 '고사리도 역시 주나라 땅에서 난 것'이라는 말을 듣고 굶어 죽었다고 함.

西來消息慨然多 (서래 소식 개연다)
問是誰家食錄臣 (문시 수가 식록신)
家聲壯洞甲族金 (가성 장동 갑족김)
名字長安行列淳 (명자 장안 항렬순)

이즈음 관서에선 슬픈 소식을 전해오는구나.
묻노니, 너는 대체 누구의 녹을 먹던 신하인가?
네 가문 장동 김 씨 으뜸가는 명족이요,
이름 또한 만호 장안에 순(淳)자 항렬이라.

* 甲族 : 三韓甲族. 예부터 내려오는 우리나라의 문벌 높은 가문.

家門如許聖恩重 (가문 여허 성은중)
百萬兵前義不下 (백만 병전 의불하)
淸川江水洗兵派 (청천 강수 세병파)
鐵甕山樹掛弓枝 (철옹 산수 괘궁지)

네 가문 이와 같이 도타운 성은 입었었거니,
백만 대병의 앞일지라도 어찌 충의를 버릴 수 있으랴.
청천강 맑은 물에 씻고 길러온 병마와 군사들.
철옹산 산나무로 강하게 만든 활도 메었는데.

吾王庭下進退膝 (오왕 정하 진퇴슬)
背向西城凶賊脆 (배향 서성 흉적취)
魂飛莫向九泉去 (혼비 막향 구천거)
地下猶存先大王 (지하 유존 선대왕)

그런데 너는 어찌 우리 어전에 무릎을 꿇듯
서쪽의 흉적 홍경래에게 무릎을 꿇었나?
네 혼은 죽어서도 저승까지 못 갈 것이니,
그 지하에도 여러 선왕이 계시는 탓이라.

忘君是日又忘親 (망군 시일 우망친)
一死猶輕萬死宜 (일사 유경 만사의)

春秋筆法爾知否 (춘추 필법 이지부)
此事流轉東國史 (차사 유전 동국사)

임금을 버릴 때면 조상도 또한 버리는 법이니.
한 번만 죽기보다 만 번 죽어야 마땅할지어다.
공자의 준엄하신 춘추 필법을 네 알고 있느냐.
욕스런 이런 일은 역사에 남겨 길이 전하리라.

---

* 春秋筆法 : 대의 명분을 밝혀 세우는 사필의 논법. '春秋'는 五經의 하나. 魯 나라의 사관이 편년체로 기록한 역사서를 孔子가 엄정하고 윤리적으로 비판하고, 正邪善惡의 판단을 내린 것 같은 공정한 필치.

 예시 보기

여기에 死六臣의 한 사람인 成三問의 시조 한 수를 살펴보자.
그는 계유 정난(癸酉靖難)으로 어린 조카를 내쫓고 왕좌에 오른 세조로부터 정국 공신(靖國功臣)의 호까지 받았으나, 불의를 부끄럽게 여겨 세조의 녹도 먹지 않았다. 이런 심정을 백이와 숙제의 고사에 비유하여 단종을 향한 자신의 지조와 절개를 굳게 지키겠다는 시조이다.

　　首陽山 바라보며 夷齊를 恨ᄒᆞ노라
　　주려 주글진들 采薇를 ᄒᆞᆫ것가
　　비록애 푸새엣 거신들 긔 뉘 따헤 낫ᄃᆞ니
　　　　　　　　　　－'청구 영언'·'해동 가요'·'가곡 원류'에 수록.

 해 의

김삿갓이 20세 때 영월 향시에서 시제에 따라 '홍경래의 난' 당시 적에게 항복한 당시 선천 방어사 김익순의 죄를 추상같이 질책하여 이 시로서 장원을 받았다. 그러나 집으로 돌아가서 모친 함평 이 씨로부터 김익순이 바로 그의 조부라는 청천 벽력의 사실을 알게 되었다. 그는 조상을 욕한 죄책감으로 한 평생을 삿갓을 쓰고 주유 천하 방랑을 해야만 했다. 이 천재 시인의 숙명은 이때부터 이미 정해져 버렸다고 해도 과언이 아닐 것이다.

蘭皐平生詩 (난고평생시)
- 난고의 평생을 돌아보며

鳥巢獸穴皆有居 (조소수혈개유거)
顧我平生獨自傷 (고아평생독자상)
芒鞋竹杖路千里 (망혜죽장로천리)
水性雲心家四方 (수성운심가사방)

새들도 둥지있고 짐승들까지 제굴이 있는데.
평생을 돌아보니, 나만 외로이 마음 아프구나.
짚신에 대지팡이 천 리 먼길을 떠돌다가보니.
물처럼 구름처럼 4방 천지가 내 집이었다네.

* 芒鞋 : 까끄라기 '망', 신 '혜'. 짚신.
* 水性雲心 : 물 같은 성질과 구름 같은 마음.
* 예수께서 이르시되 '여우도 굴이 있고 공중의 새도 거처가 있으되 인자는 머리 둘 곳이 없다.' 하시더라 ('마태 복음' 8 : 20).

尤人不可怨天難 (우인불가원천난)
歲暮悲懷餘寸腸 (세모비회여촌장)
初年自謂得樂地 (초년자위득락지)
漢北知吾生長鄕 (한북지오생장향)

그러나 누구를 탓하고 하늘을 원망하랴,
늘 세밑 되면 슬픈 회포만 가슴에 쌓이네.
나도야 초년에는 좋은 집안에 태어났으니,
한양 북녘이 내가 자라난 고향이었느니.

* 尤 ; 더욱 '우'. 탓하다.
* 歲暮 : 세밑, 연말.
* 生長鄕 : 나고 자란 고향.

簪纓先世富貴人 (잠영선세부귀인)
花柳長安名勝庄 (화류장안명승장)
隣人也賀弄璋慶 (인인야하농장경)
早晩前期冠蓋場 (조만전기관개장)

벼슬도 높았던 조상들은 귀하신 분들,
장안에서도 이름 날리던 집안이었다오.
3이웃 사람들 옥동자 얻었다고 축하하였고
장차 언젠가 출세하리라, 기대 모았다오.

* 簪纓 : 비녀 '잠'. 갓끈 '영'. 벼슬이 높고 부귀한 집안사람.
* 弄璋慶 : 弄璋之慶. 득남의 경사를 뜻함.
* 冠蓋場 : 과거장에서 관을 쓰다. 과거에 합격하여 입신 양명을 함.

鬚毛稍長命漸奇 (수모초장명점기)
灰劫殘門飜海桑 (회겁잔문번해상)
依無親戚世情薄 (의무친척세정박)
哭盡爺孃家事荒 (곡진야양가사황)

턱수염 자랄수록 운명도 점점 기박해졌나니.
가문이 멸족되어 뽕나무밭이 바다로 변했네.
의지할 일가 친척 하나도 없는 야박한 세상에.
부친에 모친까지 돌아가시니, 집안이 망했네.

* 飜海桑 : 桑田碧海. 뽕나무밭이 변해 바다가 된다. 세상사 덧없이 변함.
* 殘門 : 滅門之家.

* 爺孃 : 아비 '야'. 여자애 '양'. 어미. 어머니. 부모를 뜻함.

終南曉鐘一納履 (종남효종일납리)
風土東方心細量 (풍토동방심세량)
心猶異域首丘狐 (심유이역수구호)
勢亦窮途觸藩羊 (세역궁도촉번양)

종남산 새벽종에 짚신 한 짝 둘러메고
온조선 8도 동방 풍토를 골고루 헤맸네.
그러나 마음은 늘 고향 그리며 우는 여우같고.
신세도 울타리에 뿔걸려 궁한 숫양 같았다네.

* 納裏 : 신을 신다.
* 首丘狐 : 여우는 죽을 때 고향쪽으로 머리를 둔다. '首丘初心'.
* 觸藩羊 : 저양촉번(羝羊觸藩). 진퇴양난의 경우를 뜻함.

南州從古過客多 (남주종고과객다)
轉蓬浮萍經幾霜 (전봉부평경기상)
遙頭行勢豈本習 (요두행세기본습)
揳口圖生惟所長 (설구도생유소장)

예부터 남녘에는 과객들이 많았다지만
쑥대궁처럼 부평초처럼 그 몇 년이나 떠돌아다녔나!
머리를 수그리는 모습이 어찌 내 본색이랴만.
입으로 빌어먹고 살기 위해서 생긴 버릇이라.

* 轉蓬浮萍 : 쑥대가 굴러다니고 부평초가 떠돌아다니다.
* 經幾霜 : 서리가 몇 번 내렸다. 곧 세월이 몇 년 지나갔다.
* 遙頭 : 구걸할 때 머리를 굽신거리는 모습.

光陰漸向此中失 (광음점향차중실)
三角靑山何渺茫 (삼각청산하묘망)
江山乞號慣千門 (강산걸호관천문)
風月行裝空一囊 (풍월행장공일낭)

그러던 사이에 아까웁던 세월만 점점 흘러갔으니
삼각산빛이 어찌 이리도 눈에 아득할까.
온천지 구걸하던 그 소리가 열두 대문에 버릇이 되어도.
풍월을 벗삼으며 살다가보니, 텅 빈주머니뿐.

* 光陰 : 세월.
* 渺茫 : 넓고 끝없이 아득한 모양.
* 風月 : 淸風明月.

千金之子萬石君 (천금지자만석군)
厚薄家風均誠嘗 (후박가풍균성상)
身窮每遇俗眼白 (신궁매우속안백)
歲去偏傷鬢髮蒼 (세거편상빈발창)

천금의 귀공자와 만석꾼 집안,
후하고 박한 모든 가풍을 골고루 맛봤네.
신세가 기구하여 늘 냉대 받고
세월 갈수록 백발만 늘어 마음이 아프네.

* 千金之子 : 부잣집 아들.
* 萬石君 : 벼 만 섬을 수확할 농토를 가진 부자.
* 鬢髮 : 살쩍 '빈', 터럭 '발'. 머리털 전체.

歸兮亦難佇亦難 (귀혜역난저역난)
幾日彷徨中路傍 (기일방황중로방)

이제는 머물기도 돌아가기도 어려운 신세라.
얼마나 많은 날을 길거리에서 더 헤매야 헐까!

* 佇 : 우두커니 '저'. 오래 '저'.
* 路傍 : 길 '로'. 곁 '방'. 길가. 길거리.

해 의

이 시는 난고 자신의 한 생애를 관조 성찰 회고하는 시로서 그의 만년에 쓴 것으로 보인다. 정비석 의 소설 '김삿갓'에서는 임종을 맞아 작은 거룻배에 누워서 읊은 시라고 나타나 있고, 또 일설에는 김삿갓이 쓰러진 상태에서 전라도 화순 동복, 정 씨네 사랑방으로 엎어와 조섭하던 중, 주인 정씨가 시를 써달라고 부탁하여 쓴 시로서 이 시를 쓰고 난 후 며칠 후 종명하였다고도 한다.

전체를 읽어보면 비장(悲壯)하기가 이를 데 없다. 당시 권문세가의 자손으로 태어나 뛰어나고 명민한 DNA로 고금의 학문을 섭렵하였으나, 조상의 죄에 연좌(連坐)되어 일평생을 유리 방랑(遊離 放浪)한, 유사(有史) 이래 전무후무(前無後無)한 천재 시인의 눈물겨운 정한이 수 세기가 흐른 지금까지도 우리들의 심금에 와 닿기 때문이다.

天地者萬物地逆旅 (천지자만물지역려)

造化主人籧盧場 (조화주인거로장)
隙駒過看皆如許 (극구과간개여허)
兩開闢後仍朝暮 (양개벽후잉조모)
一瞬息間渾來去 (일순식간혼래거)

回看宇宙億千劫 (회간우주억천겁)
有道先生昨宿所 (유도선생작숙소)
無涯天地物有涯 (무애천지물유애)
百年其間吾逆旅 (백년기간오역려)

조물주 손수 만든 신비로운 이세상은
말 지날 때 문틈 사이로 보는 것과 같아.
천지가 생긴 이후 아침저녁이 거듭 되듯이
눈 깜짝할 새 세월이 오고 가.

아득한 우주의 억천 겁을 돌아보니,
도사들께서 어젯밤에도 자고간 곳이라.
천지는 끝이 없고 만물들은 유한한데
그중에 백 년 나그네 길이 내가 갈 길이네.

---

* 天地者萬物地逆旅 : 천지자만물지역려. '천지 간의 만물은 모두 무상하고, 천지는 마치 하룻밤 묵어가는 여관과 같다.'는 뜻.
* 造化主人 : 만물의 創造主. 造物主, 造化翁.
* 籧盧場 : 인생의 무대, 여관, 운동장, 세상.
* 吾逆旅 : 내가 겪은 나그네길.

蒙仙礧空短長篇 (몽선뇌공단장편)
釋氏康莊洪覆語 (석씨강장홍복어)
區區三萬六千日 (구구삼만육천일)
盃酒靑蓮如夢處 (배주청련여몽처)

東園桃李片時春 (동원도리편시춘)
一泡乾坤長感敍 (일포건곤장감서)
光陰倏去倏來局 (광음숙거숙래국)
混沌方生方死序 (혼돈방생방사서)

몽선의 짧고도 긴 수수께끼요,
석가 자비는 세상을 덮는 크신 말씀이라.
백 년의 변변찮은 3만 6천 날
술잔에 괴는 푸른 연이요, 꿈같은 곳일세.

동쪽뜰 복숭아꽃 오얏꽃 핀 봄날 한 때
물거품 같은 세상시름을 한숨에 담노라.
세월이 가고 오는 잠깐 동안에
살았나 싶던 모든 만물이 금세 죽는구나.

---

* 蒙仙 : 원나라의 몽산 화상.
* 釋氏 : 석가모니(B.C. 556~477). 釋迦(Saka : 종족명)+牟尼(muni : 거룩한 사람). 불교의 교조. 佛. 佛陀. 釋迦. 釋尊. 世尊.
* 康莊 : 四通八達의 번화한 거리. '康'은 五達道. '莊'은 六達道.
* 區區 : 각각 다름. 변변하지 못함.
* 一泡 : 하나의 물거품.
* 光陰 : 세월.
* 倏去倏來 : 갑자기 가고 갑자기 오다. 잠깐 가고 잠깐 오다.
* 方生方死 : 살았는가 싶었는데 금방 죽는다.

人惟處一物號萬 (인유처일물호만)

以變看之無巨細 (이변간지무거세)
山川草木星變場 (산천초목성변장)
帝伯侯王翻覆緖 (제백후왕번복서)

其中遂開一大廈 (기중수개일대하)
地皇天皇主男女 (지황천황주남녀)
分區軒帝廣庭衢 (분구헌제광정구)
練石皇媧高柱礎 (연석황왜고주초)

인간은 오로지 외로워도 만물은 달라,
다른 눈으로 그것을 보면 작고 큼이 없네.
산천은 초목들이 자라나는 운동장이요,
왕후 장상은 되풀이되는 흥망의 시초라.

마침내 천지 간에 큰집 하나 지었으니,
지황씨와 천황씨가 모든 인간을 다스리는 바라.
헌제는 터를 닦고 뜰을 넓히고
석수 왜황은 돌을 다듬어 주초를 높이네.

* 一大廈 : 큰집을 한 채 짓다.
* 主男女 : 남녀를 주관하다. 모든 사람을 다스리다.
* 軒帝 : 軒轅氏. 중국 태고 시절의 임금. 姓은 公孫, 또는 姬.
* 皇媧 : 媧皇. 女媧氏.

行人一錢化翁債 (행인일전화옹채)
明月淸風相受與 (명월청풍상수여)
天臺老嫗掃席待 (천대노구소석대)
大抵三看桑海階 (대저삼간상해저)

牛山落日客宿齊 (우산낙일객숙제)

蜃樓秋風人過楚 (신루추풍인과초)
扶桑玉鷄第一聲 (부상옥계제일성)
滾滾基行無我汝 (곤곤기행무아여)

길가는 나그네가 한 푼을 빌린 신선 빚돈은
아무 값없이 청풍 명월을 주고받았느니.
극락의 노파는 자리쓸고 기다리나니,
상전 벽해를 세 번 씩이나 겪었음이라네.

서산에 해가 지니, 나그네는 齊에서 자고
신기루같은 가을바람에 楚나라로 가네.
신선들 나라에서 첫닭이 우니,
흐르고 흘러 나그네 인생 너와 내가 없네.

---

* 天台 : 極樂世界.
* 老嫗 : 늙을 할미. 노파.
* 客宿齊 人過楚 : 사람이 제나라 땅에서 자고 초나라 길을 지나간다.
* 扶桑 : 동해 물위에 있다는 神木. 해가 뜨는 곳. 扶桑과 반대되는 개념의 '咸池'는 천연 못(池)으로서 해가 목욕하는 곳으로 서해에 있다고 함.
* 滾滾 : 물이 줄기차게 많이 흘러가는 모양.

 해 의

김삿갓의 우주 철학관을 잘 나타낸 시이다. 특히 중국 고전에 대한 해박한 지식을 인용하여 결국 인간이란 존재가 잠깐 이승에 왔다가 잠깐 사이에 떠나가는 나그네로서 자연은 무한하나 인생은 유한하며 인간 세상의 온갖 빈부 귀천이나 부귀 영화도 다 물거품 같음을 이야기하고 있다.

🏳️ 예시 보기

閑來無事不從容 (한래무사불종용)
睡覺東窓日已紅 (수각동창일이홍)
萬物靜觀皆自得 (만물정관개자득)

四時佳興與人同 (사시가흥여인동)

道通天地無形外 (도통천지무형외)
思人風雲變態中 (사인풍운변태중)
富貴不淫貧賤樂 (부귀불음빈천락)
男兒到此是豪雄 (남아도차시호웅)

-北宋 大儒 程 顥의 '秋 日'

한가히 일없으나 조용하지 아니한데
잠깨고 보니 동창이 이미 환히 밝았구나.
만물을 조용히 바라보면 모든 이치를 알 수가 있나니.
언제든 맘에 이는 흥겨움마저 남들과 함께 해.

무형의 바깥에서 천지의 道가 존재함일러니.
생각은 비바람의 변화 속에서 스스로 태어나.
부귀나 음탕함을 탐하지 말고 변천을 꾀하라.
남아가 이 정도엔 이르러야만 영웅이라 하리.

---

* 程 顥(1032~1085) : 북송(北宋) 중기의 유학자, 자 백순(伯淳). 호 명도(明道). 시호 순(純). 주돈이(周敦 : 濂溪)의 門人, 존칭으로 명도선생이라 불리고, 동생 정이(程 : 伊川)와 함께 이정자(二程子)로 알려졌다. '이기일원론(理氣一元論)', '성즉이설(性則理說)'을 주창하였다.

喜 雨 亭 (희우정)

畫簾新捲西山暮 (화렴신권서산모)
賀語東南石燕舞 (하어동남석연무)
韓公詩假慰滿吟 (한공시가위만음)
歐老軒名豐樂取 (구로헌명풍락취)

새 발을 걷어보니 해는 저물고
동남쪽으로 제비는 재재, 춤추듯 나누나.
한유는 시를 빌어 '위삼농'을 읊어댔고
구양수는 집 이름을 '풍악정'이라 명명하였다네.

---

* 賀語 : 새가 우는 소리.
* 石燕 : 제비의 일종.
* 韓公 : 韓愈(768~824). 중국 당나라 때 시인.
* 慰滿吟 : 한유의 '慰三農'이라는 글을 인용한 것.
* 歐老 : 구양수(歐陽脩 1007~1072). 송나라 때 정치가, 문장가.

因基沛然翼然成 (인기패연익연성)
萬里烟花亭有主 (만리연화정유주)
東坡健筆善記事 (동파건필선기사)
不獨玆亭爲喜雨 (부독자정위희우)

비 많이 내리는 날 정자를 보니 날개 편 새 같고.
만리에 안개꽃이 피어오르니 내가 주인일세.
동파가 시문을 잘 지어서
이 정자를 '희우정'이라 한 것 아니라네.

* 沛然 : 비가 몹시 내리는 모양.
* 翼然 : 새가 양 날개를 편 것 같은 모양.
* 東坡 : 蘇東坡, 蘇軾 1036~1101). 송나라 때의 시인, 문장가.
* 健筆 : 시나 글을 잘 짓는 일.

能虛臺號雪迎新 (능허대호설영신)
遠景樓謠風近古 (원경루요풍근고)
明時愧我乏霖資 (명시괴아핍림자)
百謫風霜湖海苦 (백적풍상호해고)

능허란 '설부'에서 새로 만난 말
원경은 고금 풍속 중에서 취한 뜻이라네.
태평한 시대에는 어진 신하 못 되었음이 참 부끄러웠고.
번번이 귀양살이 온갖 풍상을 다 맛보았다네.

* 能虛臺 : 정자의 이름.
* 雪 : '雪賦'
* 遠景樓 : 정자의 이름.
* 近古 : 蘇軾의 '遠景樓記'에서 인용한 것.
* 明時 : 평화롭고 태평한 세상.
* 百謫 : 여러 번 유배감.

岐陽一雨際下車 (기양일우제하거)
旱餘神功厥施普 (한여신공궐시보)
方春和氣本記漢 (방춘화기본기한)
日暘休徵洪範禹 (일양휴징홍범우)

기양에 당도하니 때마침 비라
긴 가뭄 끝에 신이 은총을 골고루 펴시네.
'한본기' 봄기운이 시절 맞춰 당도하니

'홍범편'의 우임금님 밝은 정치가 펼쳐질 것이네.

* 岐陽 : 地名.
* 下車 : 가마에서 내림.
* 休 : 아름다울 휴.
* 洪範 : '書經'의 홍범편

吾爲太守欲志喜 (오위태수욕지희)
一亭何心記玆土 (일정하심기자토)
長烟勝狀岳陽稱 (장연승장악양칭)
落霞閒情滕閣覩 (낙하한정등각도)

본 태수 정자 명을 '희우'라고 하려는데
이곳 사람은 정자이름을 무어라 하려나.
악양루 안개 장관 이른 바 있고
등왕각 노을 한가로운 걸 본적도 있다네.

* 岳陽 : '岳陽樓'. 중국 호남성 파릉현 성서문 위에 있는 누각. 당나라 張設이 여기에서 시를 쓴 뒤부터 유명해짐. 杜甫의 '登岳陽樓'가 유명함.
* 落霞 : 저녁노을.
* 閒情 : 한가로운 정취.
* 滕閣 : '騰王閣'. 정자 이름.

登臨此樂摠雨賜 (등림차락총우사)
肇錫嘉名帖郡簿 (조석가명첩군부)
舞邊霽月暎畫樑 (무변제월영화량)
未了油雲繞繡戶 (미료유운요수호)

정자에 당도하여 즐기려는데 비가 내리니
정자 이름을 군청 장부에 등기를 하였네.
가없이 개인 달이 들보 그림을 비출 것이고

구름은 부지런히 피어올라서 수를 놓으리라.

* 肇錫嘉名 : 굴원(屈原)의 '이소(離騷)'에서 인용.
* 舞邊 : '무변(無邊)'의 誤記 같음.
* 霽月 : 비가 그친 후에 뜬 달.
* 未了 : 아직 끝나지 않음. 미필(未畢).
* 油 : 구름 피어오를 유.

風調上瑞合大有 (풍조상서합대유)
一州豐謠登八釜 (일주풍요등팔부)
先公後私祝田周 (선공후사축전주)
背陰臨陽瞻室魯 (배음임양첨실로)

비바람 순조로워 큰 풍년이 올 것이며
한 고을에 대풍의 노래 천지를 울리리.
공전에 비 온 뒤에 사전에 오란 주나라 정전 송축할 것이요.
음기를 등지고 양기 향해 집을 짓는 노나라 풍습 찬양할 일이네.

* 風調 : 바람이 때맞춰 순조롭게 분다. 기후가 순조로워 곡식이 잘 된다.
* 大有 : '大有年'으로 '큰 풍년이 든 해'.
* 八釜 : 天地와 동일함.
* 先公後私 : '詩經'에서 '국가의 公田에 먼저 비가 온 뒤 私田에 오라'고 노래하였다는데서 인용.
* 背陰臨陽 : '詩經'의 한 구절. 노나라에서는 영실성을 보고 점을 쳐서 집을 지었다 함. 음기를 등지고 양기를 향함.
* 瞻 : 우러러볼 첨.

分明某年某月名 (분명모년모월명)
上樑都扁參一矩 (상량도편참일구)
商羊無處至田畯 (상양무처지전준)
潦鳥飛時成棟宇 (요조비시성동우)

官娥淸奏雨中樂 (관아청주우중락)
酒闌紅亭歌舞譜 (주란홍정가무보)

모년과 모월의 이름을 분명히 정하고
도편수의 이름도 써서 상량을 한다네.
춤추는 상양이 있는 곳에 전관이 오고
빗속에 새가 날아오를 때 들보와 추녀 완성되었다네.
관기들 우중곡을 잘 연주하고
술도 떨어진 정자에서는 가무를 펼치네.

---

* 都扁 : 도편수(都扁手). 수석 목수(首席 木手).
* 商羊 : 비가 오면 춤을 잘 춘다는 양(羊)의 일종.
* 潦鳥 : 비가 올 때 잘 날아다닌다는 새.
* 棟宇 : 집의 마룻대와 추녀끝.
* 官娥 : 관기(官妓).

해 의

소동파(蘇東坡)의 '희우정기(喜雨亭記)'에서 제목을 인용한 작품으로서 비와 농사에 관련한 고전을 많이 인용하여서 좀 난해한 작품에 속한다. 두보(杜甫)의 시 '춘야희우(春夜喜雨)'에도 '내리는 비를 기뻐한다'는 '희우(喜雨)'가 나온다.

短句一句 (단구 일구)
-체념의 시

萬事皆有定 (만사개유정)
浮生空自忙 (부생공자망)

세상사 모두가 운명이 정해져 있는데
허공에 뜬인생이 혼자 헛되이 헤매고 있구나.

해 의

비록 사람이 운명론자가 아니라할지라도 세상을 관조하며 인생사를 초탈하면 이런 시도 쓸 수 있는 것을….

예시 보기

塞馬焉知福 (새마언지복)
兄先我著鞭 (형선아저편)
蓬壺春酒熟 (봉호춘주숙)
應作醉中仙 (응작취중선)

－金 堉의 '送白軒向關中'

인생은 새옹지마, 어찌 화복을 알 수 있으리오.
형님이 나보다도 채찍을 먼저 잡지 않았나요.
봉호에 봄술이야 익었으리니
가시면 응당 술취한 신선 되시겠구면요.

---

* 金 堉(1580~1658) : 조선 후기 문신·유학자·실학자·사상가·작가이다. 효종·현종 연간에 대동법 시행을 주장, 추진, 화폐의 보급에 힘썼다. 1638년(인조 16) 충청도관찰사 재직 중 대동법을 제창 건의, 水車 보급등 전후복구사업 시도. '救荒撮要', '벽온방' 등을 증보, 재 간행함.

爾言 (이언)
-그대의 말

爾言白地由中出 (이언백지유중출)
我事靑天在上知 (아사청천재상지)

네 말은 쓸데없이 나온 말이나,
내 하는 일은 하늘 위에서 다 알고 있노라.

 예시 보기

　　學道須是鐵漢 (학도수시기한)
　　着手心頭便判 (착수심두편판)
　　直趣無上菩提 (직취무상보제)
　　一切是非莫管 (일체시비막관)

　　　　　　　　　　　　－李存勗의 '都 尉'

참 도를 배우려면 모름지기 무쇠가 되라,
시작하려는 그마음에서 결판내야 하리.
곧바로 무상보리 하려거든
일체 시비에 상관하지 마라.

---

* 李存勗(885~926, 재위 909~926) : 중국 오나라 때의 시인. 5대10국시대 후당을 창건한 초대 황제이다. 묘호는 莊宗, 시호는 光聖神閔孝皇帝이다.

胡地花草 (호지 화초)
-오랑캐땅의 화초

胡地無花草 (호지무화초)
胡地無花草 (호지무화초)
胡地無花草 (호지무화초)
胡地無花草 (호지무화초)

오랑캐 땅에는 화초가 없다하나
오랑캐땅 어찌 거기에 화초가 없으랴.
오랑캐 땅에는 화초가 없다지만
오랑캐 땅에 어찌 화초가 없다고 하리오.

---

* 胡 : 턱밑살 '호', 오랑케, 어찌하여.

 해 의

여기에 한자어와 우리말의 묘한 역학 관계가 있다. 그래서 한자는 표의문자라고 말하는 것이다. 그안에 내포된 뜻을 충분히 찾아내어 의역을 할 때 다양한 기능성을 가진 우리말로 가려내어 표현해야 되는 것이다. 이시는 마치 한 세기 뒤에 써진 '李 箱'의 '烏瞰圖'를 연상시키게 한다.

自詠 (자영)
−스스로 읊음

寒松孤店裡 (한송고점리)
高臥別區人 (고와별우인)
近峽雲同樂 (근협운동락)
臨溪鳥與隣 (임계조여린)

錙銖寧荒志 (치수영황지)
詩酒自娛身 (시주자오신)
得月卽寬憶 (득월즉관억)
悠悠甘夢頻 (유유감몽빈)

소나무 외로운 주막에서
고고하게 누워보니, 딴 세상의 사람 같네,
산골짜기 가까우니, 흰구름과 함께 놀고
개울가의 작은 새와는 이웃되었다네.

눈치로 살아가는 거친 세상에 어찌 뜻을 두랴.
술 한 잔 시 한 수로 나 스스로를 위로할 수밖에.
달뜨면 느긋한 옛생각에 젖고젖어
한가히 자주 단꿈도 꾼다네.

해 의

세상의 모든 명리는 체념하듯 버리고 시와 술과 더불어 살아가리란 삿갓의 심중을 표현한 시. 인생 달관의 경지를 엿볼 수 있다.

시인은 외로운 정자위에 홀로 누웠어도 흰 구름과도 친구가 되고, 날아와 지저귀는 산새와도 벗이 되며 서로 교감을 한다. 바로 자연합일

(自然合一) 물아일체(物我一體)의 높은 경지에 이르고 있음을 알 수 있는 것이다.

 예시 보기

千山鳥飛絶 (천산조비절)
萬徑人踪滅 (만경인종멸)
孤舟蓑笠翁 (고주사립옹)
獨釣寒江雪 (독조한강설)

겹겹한 산중에는 새 한 마리 날지않고
수많은 길에 인적도 끊겼네.
외로운 배위에는 도롱이 쓴 늙은 할아범
홀로 찬강에 눈발맞으며 낚시하고 있네.

－柳宗元의 '江 雪'

---

* 柳宗元(773~819) : 중국 중당기 시인. 儒·佛·道을 참작하고 신비주의를 배격, 자유, 합리주의를 취했다. '天說' '非國語' '封建錄' 등의 대표작이 있다. 字句의 완숙미와 표현의 간결, 정채함이 특히 뛰어나다.

辭世句 (사세구)

生也一片浮雲起 (생야일편부운기)
死也一片浮雲滅 (사야일편부운멸)
浮雲自體本無質 (부운자체본무질)
生死去來亦如是 (생사거래역여시)

사람이 태어남은 구름 한 조각 일어남과 같고.
사람이 죽는 것은 구름 한 조각 없어짐과 같다.
구름은 본래가 형체가 없는 것,
사람이 태어나고 죽어가는 것 또한 이와 같다.

해 의

시집온 지 며칠 만에 새색시가 죽자 가족들의 통곡소리를 들은 삿갓이 망자의 넋을 위로하고자 지은 시라 한다.
역자도 이명우 씨처럼 이시를 西山大師의 게송(偈頌)으로 알고 있었는데, 그간의 김삿갓 시집에 모두 실려 있어 함께 수록한다.
불교의 인생관을 잘 표현한 작품이다.

詠 笠 (영 립)
-삿갓을 읊음

浮浮我笠等虛舟 (부부아립등허주)
一着平生四十秋 (일착평생사십추)
牧堅行裝隨野犢 (목견행장수야독)
漁翁本色伴白鷗 (어옹본색반백구)

閒來脫掛看花樹 (한래탈괘간화수)
興到携登詠月樓 (흥도휴등영월루)
俗子衣冠皆外飾 (속자의관개외식)
滿天風雨獨無愁 (만천풍우독무수)

둥둥 뜬 내 삿갓은 빈배와 같아
한 번 쓴 것이 어느덧 40년.
목동들 들로 갈 때 손에 들고
갈매기와 노는 어옹도 머리에 쓴다네.

쉴 때는 벗어서 나무에 걸어놓고 꽃구경하고
신명이 나면 팔에다 걸고 누각에 올라 달구경도 하네.
속인들 의관이야 형식으로 꾸몄을 뿐,
하늘 가득히 비바람 쳐도 내 삿갓이야 아무 걱정 없네.

해 의

삿갓은 20세 때부터 삿갓을 썼다고 보면 이 시는 50대에 들어 쓴 시라고 볼 수 있다. 누구나 인생을 살아가면서 여러 가지 소지품과 애장품이 있겠지만 김삿갓에게 있어서는 평생을 분신처럼 함께 한 것 중, 그 첫 번째가 바로 삿갓이었으리라.

樵客 (초객)
-나무꾼

茅屋炊煙歇 (모옥취연헐)
日暮飛鳥還 (일모비조환)
樵客見明月 (초객견명월)
長歌下靑山 (장가하청산)

띠집에 저녁연기 흩어져가고
해는 저물어 새도 돌아가네.
나뭇꾼 밝은 달을 쳐다 보고
늘어지게 노래 부르며 산길 내려오네.

 예시 보기

瀟湘何事等閑回 (소상하사등한회)
水碧沙明兩岸苔 (수벽사명양안태)
二十五絃彈夜月 (이십오현탄야월)
不勝淸怨劫飛來 (불승청원겁비래)

소상에 어쩌자고 한가로이 돌아올까
푸른 물가 흰 모래에 이끼 더욱 푸르구나.
달 아래 뜯는 거문고 소리 맑디맑은데
그에 못 이겨 되돌아오는가.

-錢 起의 '歸 雁'

* 錢 起(710~782) : 당나라 시인. 자는 仲文, 吳興(저장성 호주) 사람이다. 郎士元·司空曙·李 益·李 端·盧 綸·李嘉祐 등과 함께 '大曆十才子'로 불렸다.

看 鏡 (간 경)
-거울을 보며

白髮汝非金進士 (백발여비김진사)
我亦靑春如玉人 (아역청춘여옥인)
酒量漸大黃金盡 (주량점대황금진)
世事纔知白髮新 (세사재지백발신)

머리털 흰 걸 보니, 김진사가 아닌 것 같네,
나도 한 때는 청춘이었지만.
주량은 점점 늘고 황금은 모두 탕진하였으니.
세상일 알만 하자, 흰머리카락 새로 돋아나네.

 예시 보기

남북조(南北朝) 시대, 진(陳)나라 태자사인(太子舍人)이었던 서덕언(徐德言)은 수(隋)나라 대군이 쳐들어오자 이별을 예감하고 아내를 불러 '앞으로 헤어지더라도 증표를 삼자하며, 거울을 둘로 잘라 한쪽을 아내에게 주고 난 후 헤어지게 되었다. 서덕언은 겨우 살아나 일 년 후 장안(長安)에서 약속한 정월 보름날, 시장으로 갔더니 깨진 거울을 파는 이가 있어 거울을 맞추어 합치고 그 뒤에 시를 적어 보냈다.

鏡與人俱去 (경여인구거) 거울이 그 사람과 함께 갔으나
鏡歸人不歸 (경귀인불귀) 거울은 와도 사람은 안 오네.
無復姮娥影 (무복항아영) 항아의 그림자는 다시 없고
空留明月輝 (공유명월휘) 밝은 달빛만 헛되이 머무네.

서덕언의 아내가 그 거울을 본 후 먹지도 않고 울기만 하자 양소는 사연을 캐물어 듣고 여인을 돌려보내 주었다.

-'太平廣記(태평광기) 166권 義氣(의기)'

譬 世 (비 세)
－세상을 비유함

富人困富貧困貧 (부인곤부빈곤빈)
飢飽雖殊困則均 (기포수수곤즉균)
貧富俱非吾所願 (빈부구비오소원)
願爲不富不貧人 (원위불부불빈인)

부자는 부해서 괴롭고 빈자는 가난해서 괴로우니,
굶주리고 배부름은 서로 달라도 괴로움기는 마찬가지일세.
가난도 부유함도 내가 원하는 바가 아니니,
부유하지도 가난하지도 않은 사람이 되기를 바랄 뿐.

---

* 譬世(비세) : 이명우 씨의 '김삿갓 시집'에는 제목이 警世(경세)로 되어 있다.

 예시 보기

久喫山家味 (구끽산가미)　산가의 사는 맛을 오래 씹으니
元非俗士身 (원비속사신)　세속 선비가 아니었나보다.
誰將千濁富 (수장천탁부)　그 누가 혼탁한 천만금과
換此一淸貧 (환차일청빈)　맑고 가난한 이 삶을 바꾸랴.
談話傾同座 (담화경동좌)　말씀은 한 가지로 맘에 머물고
肝腸絶點塵 (간장절점진)　내장엔 한 점 티끌도 없어라.
仙姿高出世 (선자고출세)　신선의 자태로 속세를 벗어나니
覺岸佛應親 (각안불응친)　깨달은 나라, 부처와 놀리라.

---

* 오암(鰲巖, 1710~1792)대사. 법명 의민(毅旻). 오암은 호. 속성은 김해 김씨. 원래 사대부의 가문으로 세속적 학문에도 깊은 조예를 가졌다. 특히 시에 있어서는 하나의 생활로 즐겼던 것으로 보인다.

雜 詠 (잡 영)
– 생각에 잠겨

靜處門扉着我身 (정처문비착아신)
賞心喜事任淸眞 (상심희사임청진)
孤峰罷霧擎初月 (고봉파무경초월)
老樹開花作晩春 (노수개화작만춘)

酒逢好友惟無量 (주봉호우유무량)
詩到名山輒有神 (시도명산첩유신)
靈境不順求物外 (영경불순구물외)
世人自是小閑人 (세인자시소한인)

고요한 문틀에다 이 몸 기대니,
구경하는 맘, 기쁜 일들이 맑고도 진실해.
안개 갠 외봉우리 초생달을 밀어올리고
고목에 핀 꽃, 늦봄을 꾸미네.

단술에 벗을 만나 감개 오직 무량하고
좋은 시가 명산까지 다다랐으니, 신이 절로 나네.
영경은 모름지기 물외에서 구하는 게 아닌 것을
그리하여 세인들 중에 한인이 적다네.

---

* 擎 : 들 '경'. 높이 들어 올리다. 솟구치다. 솟아오르다.
* 輒 : 문득 '첩'. 갑자기, 쉽게, 번번이
* 靈境 : 영적인 조용한 곳.
* 閑人 : 마음이 한가로운 사람.

槐村答柳雅士 (괴촌답 유아사)
-괴촌의 유선비에게

〈缺句 결구〉
人設是非吾掩口 (인설시비오엄구)
世爭名利子搖頭 (세쟁명리자요두)

冉牛德行高山仰 (염우덕행고산앙)
司馬文章大海流 (사마문장대해류)
川不其流秋日昃 (천부기류추일측)
生涯何恨蜀淸遊 (생애하한촉청유)

사람들 시비를 즐겨하나 나는 입을 굳게 다물고
세상 사람들 모두 명리를 다투어대도 자네는 안 그래.

허유의 덕행은 높은 산도 우러러보고
사마의 글은 큰바다같이 넓게 펼쳤다네.
냇물은 흘러흘러 그치지 않고 가을해 저무니.
한생애 청유라고 이름붙인들 무슨 한 있으랴.

---

* 冉牛 : 冉牛德行(염우 덕행). 聖天子라고 추앙받던 堯 임금이 許由에게 천하를 물려주겠다고 하자 더러운 소리를 들었다며 잉수강에서 귀를 씻고 箕山에 들어가 숨었다는 고사가 있다. 부귀 영달을 멀리하는 자세를 뜻함.
* 司馬 : 司馬光(사마광). 北宋 때의 학자. 정치가.
* 淸遊 : 명분과 지조를 지키는 무리.

蒙 恩 (몽 은)

遠客悠悠任病身 (원객유유임병신)
君家蒙恩且逢春 (군가몽은차봉춘)
春來各自東西去 (춘래각자동서거)
此地看花是別人 (차지간화시별인)

먼곳의 나그네 오랫동안 병핑계대다,
그대 은혜로 또 봄을 만났네.
봄이니, 각자 모두 동으로 서로 헤어지고나면.
이곳의 꽃구경은 다른 사람과 하게 되겠지요.

해 의

겨울동안 신세를 지고 봄이 돌아오니, 떠나기 전에 집주인에게 고마움을 표시한 시이다.

竹窓寒雪夜蕭蕭 (죽창한설야소소)   대창에 찬 눈 내려 쓸쓸한 밤에
千里楓宸夢裏遙 (천리풍신몽리요)   천 리 궁궐은 꿈에서도 멀다.
白首縱霑新雨露 (백수종점신우로)   늙은 몸 비록 새로 은총 입으나,
豈宜重誤聖明朝 (기의중오성명조)   어찌 조정을 또 그르치리요.

—柳成龍의 '蒙恩給職牒'

* 柳成龍(1542~1607) : 조선 선조 때의 재상. 의성 사촌 출생. 자는 이견(而見). 호는 서애(西厓). 퇴계 이황의 문인. 1566년 별시 문과에 병과급제, 영의정까지 지냄. 임진왜란 때 도체찰사(都體察使)로 군무를 총괄, 이순신, 권율 등 명장을 등용. 도학, 문장, 덕행, 서예로 이름을 떨친 문신 겸 학자. 바둑 애호가. 저서로 '징비록(懲毖綠)' 등이 있음.
* 몽은급직첩(蒙恩給職牒) : 은총을 입어 직첩을 받다.

川 獵 (천 렵)

鼎冠撑石小溪邊 (정관탱석소계변)
白粉青油煮杜鵑 (백분청유자두견)
雙箸挾來香滿口 (쌍저협래향만구)
一年春色腹中傳 (일년춘색복중전)

조그만 시냇가에 솥뚜껑을 돌에 걸고
흰가루와 기름으로 진달래꽃 전을 부치네.
젓가락으로 집어먹으니 참꽃향기가 입속에 차고
한 해 봄기운 뱃속에 알리네.

* 杜鵑 : 두견화. 진달래꽃.

 해 의

짐승을 사냥하는 것은 수렵(狩獵)이요, 물에서 물고기를 잡는 것이 천렵(川獵)이다.

앞내에 물이 주니 천렵((川獵)을 하여 보세.
해 길고 잔풍(殘風)하니 오늘 놀이 잘 되겠다.
벽계수 백사장을 굽이굽이 찾아가니
수단화(水丹花) 늦은 꽃은 봄빛이 남았구나.
촉고(數罟)를 둘러 치고 은린옥척(銀鱗玉尺) 후려내어
반석(磐石)에 노구 걸고 솟구쳐 끓여내니
팔진미(八珍味) 오후청(五候鯖)을 이 맛과 바꿀소냐.
　　　　　　－丁學游의 '농가월령가(農家月令歌)' 중 4월령.

* 정학유(丁學游, 1786년~1855) : 조선후기 문인. 정약용(丁若鏞)의 둘째 아들.

卽 吟 (즉 음)

坐似枯禪反愧髥 (좌사고선반괴염)
風流今夜不多兼 (풍류금야불다겸)
燈魂寂寞家千里 (등혼적막가천리)
月事蕭條客一簷 (월사소조객일첨)

紙貴淸詩貴板粉 (지귀청시귀판분)
肴貧濁酒用盤鹽 (효빈탁주용반염)
瓊琚亦是黃金販 (경거역시황금판)
莫作於陵意太廉 (막작어릉의태렴)

중처럼 앉았으니, 되레 수염이 부끄러운데
오늘밤에는 운치있는 일 많지가 않구나.
천 리밖 고향이라 등잔불빛은 홀로 적막하고,
나그네 바라보는 처마끝에는 달빛만 고요해.

종이가 귀하여 짧은 시는 판자위에 분필로 쓰고
안주가 없어 왕소금으로 안주 삼는다네.
시 또한 돈을 받고 팔고 있으니,
어능 진중자 과한 청렴만 따를 건 아닐세.

---

* 枯禪 : 枯槁禪坐(고고 선좌). 참선의 일종으로 세상 만사를 다 놓아버림.
* 瓊琚 : 玉의 일종으로서 여기서는 詩를 뜻함.
* 於陵 : 중국 산동성 장산현에 있는 지명. 孟子 '藤文公章' 하편에 있는 '陳仲者'(진중자)의 고사에서 인용.

偶吟·一 (우음·1)
－우연히 읊음

劍思徘徊快馬鳴 (검사배회쾌마명)
聞鷄默坐數前程 (문계묵좌수전정)
亂山經歷多花事 (난산경력다화사)
大海觀歸小水聲 (대해관귀소수성)

歲月皆賓猶卒忽 (세월개빈유졸홀)
煙霞是世自昇平 (연하시세자승평)
黃金滿袖擾擾子 (황금만수요요자)
送我路邊半市情 (송아노변반시정)

칼처럼 마음속 헤매던 생각이 달리는 말과 같아
새벽닭소리 앉아 들으며 앞날을 헤인다.
수많은 산천 경계 떠돌다보니, 호사도 많았고.
큰바다 보고 오니, 개울물소린 들리지도 않네.

세월은 모든 것이 손님 같아서 총총 지나가고.
연기와 노을 같은 이 세상 모두 태평만 따르네.
소매 속 돈 가득히 넣는 것에만 길들인 사람들.
길에서 날 보내는 그 인사말은 절반이 겉치레.

---

* 袖 : 소매 '수'. 옷소매에 돈을 숨기다.
* 劍思 : 칼날처럼 날카로운 생각이나 理想.
* 快馬鳴 : 생각이 말처럼 빨리 달린다.
* 數前程 : 앞으로 남은 길을 헤아려보다.
* 多花事 : 즐겁고 좋은 일이 많다.

* 大海觀歸小水聲 (대해관귀소수성)

　孔子登東山而小魯 (공자등동산이소로)
　登太山而小天下 (등태산이소천하)
　故 觀於海者 難爲水 (고 관어해자 난위수)
　遊於聖人之門者 難爲言 (유어성인지문자 난위언)

　공자께서 동산에 올라가서는 노나라가 작다 하셨고,
　태산에 올라가서는 천하가 작다고 하셨다.
　그러므로 이미 바다를 본 사람에게는 개울물소리는 소리 같지도 않게 들리고,
　성인의 문하에서 공부한 사람에게 시시한 말은 말 같지도 않는 것이니라.

　　　　　　　　　　　　　　　　　　-孟子 盡心章句 上

 예시 보기

　旅夢啼鳥喚 (여몽제조환)　나그네 꿈길에서 새소리 들려
　歸思繞春樹 (귀사요춘수)　고향생각이 봄풀에 어리네.
　落花滿空山 (낙화만공산)　떨어진 꽃잎들이 온 산에 쌓여
　何處故鄕路 (하처고향로)　고향 가는 길, 보이지가 않네.
　　　　　　　　　　　　　　　　-洪顯周의 '우음(偶吟)'

---

* 홍현주(洪顯周, 1793~1865) : 조선 정조의 사위.
　자는 세숙(世叔), 호는 해거재(海居齋)·약헌(約軒), 본관 풍산. 시호 효간(孝簡). 1807년 숙선옹주와 가례를 치르고 영명위(永明尉)에 봉해짐. 그의 조부 홍낙성은 혜경궁 홍씨의 6촌 오빠. 우의정을 지낸 홍석주는 그의 형. 1815년(순조 15년)에는 지돈녕부사(知敦寧府事)가 됨. 정조부터 고종까지 다섯 왕대를 섬겼으며 뛰어난 문장가로 시문과 서화, 차를 즐기고 청의 문인들과 교류. 저서 '해거시집(海居詩集)'

偶吟·二 (우음·2)
-우연히 읊음

抱水背山隱逸鄕 (포수배산은일향)
時遊農圃又書堂 (시유농포우서당)
檠花野雪兩全色 (경화야설양전색)
岸柳江梅二獨陽 (안류강매이독양)

日謨閑趣從棋友 (일모한취종기우)
心却繁華遠媚觴 (심각번화원미상)
人物擧皆無不用 (인물거개무불용)
捨其所短取其長 (사기소단취기장)

강 안고 산을 등진 깊은 산골에 묻혀 살다보니.
때때로 논밭도 둘러보고 서당에도 가본다네,
등잔불과 들의 눈은 아직까지 겨울인데
언덕 버들과 강가 매화는 제 혼자 봄이네.

날마다 한가해 취미대로 바둑친구 찾았으니
번거로움 없어지고 아부 술도 안 마시네
인물이야 누구든지 못 쓸 인물 없는 법이니
단점 버리고 장점만 취하게.

---

* 隱逸 : 세속을 피하여 숨는 것.
* 檠花 : 도지개 '경'. 꽃 '화'. 등잔불꽃.
* 擧皆 : 거의 모두.
* 無不用 : 쓰이지 않는 바가 없음.

예시 보기

連空細雨織如絲 (연공세우직여사)
獨坐寥寥有所思 (독좌요요유소사)
窮達縱云天賦與 (궁달종운천부여)
行藏只在我先知 (행장지재아선지)
霏霏麥隴秋聲急 (비비맥롱추성급)
漠漠稻田晚色遲 (막막도전만색지)
老大頤生何事好 (노대이생하사호)
竹床凉簟乍支頤 (죽상량점사지이)

베짜듯 가랑비 하늘에 가득하고
홀로 앉으니 생각이 많구나.
궁하고 달하는 것 하늘이 준 것,
가고 머뭄이 내게 있음을 잘 알고 있다네.
부슬비 내리는 보리밭에 갈소리 나도
벼밭엔 놀빛 더디 드는구나.
늙어서 편안함은 어째야 좋나
서늘한 평상 돗자리에서 턱이나 괴는 것.

－金時習의 '雨中悶極'

---

* 김시습(金時習, 1435~1493) : 조선 초 문인, 학자. 생육신의 한 사람. 본관은 강릉, 자(字)는 열경(悅卿), 호는 매월당(梅月堂) · 동봉(東峰) · 벽산청은(碧山淸隱) · 췌세옹(贅世翁), 불교 법명은 설잠(雪岑). 충순위(忠順衛)를 지낸 김일성(金日省)의 아들. 수양대군의 단종에 대한 왕위 찬탈에 불만을 품고 은둔생활을 하다 승려가 되었으며, 벼슬길에 오르지 않았다.
이름인 시습(時習)도 〈논어 論語〉학이편(學而篇) 중 '때로 익히면 즐겁지 아니한가'라는 구절에서 따서 지은 이름이라 한다. 생후 8개월에 글뜻을 알았다 하며, 3세에 스스로 글을 지을 정도로 천재적인 재질을 타고 났다 한다. 5세 때 이미 《중용》, 《대학》에 통하여 신동이라는 이름을 들었다. 집현전 학사 최치운(崔致雲)이 그의 재주를 보고 경탄하여 이름을 시습(時習)이라 지어 주었다. 세종대왕이 그의 천재성을 듣고 5세의 김시습을 불러다가 글을 짓게 하자 바로 글을 지었다. 그 내용에 감동한 세종대왕이 문학에 재능이 있는 그를 칭찬하며 비단을 선물하자, 그 비단들을 끝 묶어서 가져갔다는 일화가 있다.

偶吟·三 (우음·3)
－우연히 읊음

風雪出州路幾何 (풍설출주노기하)
行人從吉唱勞歌 (행인종길창로가)
草中想席將軍石 (초중상석장군석)
樹外看虹太子河 (수외간홍태자하)

눈보라 날리는데 길을 나서니 그 길이 얼마뇨?
나그네 예로부터 고생스러운 노래를 부르네.
풀섶에 앉을 자리 생각하노니 將軍石이고요.
수풀 밖 무지개를 바라보노니 太子河이로다.

玉璽北來天連久 (옥새북래천연구)
金繪東畵歲輸多 (금회동화세수다)
如君可恨生差晚 (여군가한생차만)
來使歐陽見二坡 (래사구양견이파)

북에서 玉璽 오니 이어진 하늘 오래되었고
동으로 金繪 그려 날이 갈수록 수입이 많더라.
그대와 같은 이가 남보다 늦게 한스러우니
구양을 시켜 두 언덕 보리라.

老 吟 (노 음)
- 늙은이가 읊다

五福誰云一曰壽 (오복수운일왈수)
堯言多辱知如神 (요언다욕지여신)
舊交豈是歸山客 (구교개시귀산객)
新少無端隔世人 (신소무단격세인)

筋力衰耗聲似痛 (근력쇄모성사통)
胃腸虛乏味思珍 (위장허핍미사진)
內情不識看兒若 (내정불식간아약)
謂我浪遊抱送頻 (위아낭유포송빈)

인간의 오복 중에 오래 사는 게 으뜸이라고 그 누가 말했나.
그것도 욕이라 한 요임금 말씀 귀신같이 맞네.
옛친구 모두들 다 황천으로 떠나가고
젊은이들은 모두 낯설어 내 세상 아니네.

근력도 다 떨어져 앓는 소리만 연거푸 해대고.
위장이 허해와서 맛있는 것만 줄곧 생각나네.
애보기 그 얼마나 힘든 줄도 모르면서
내가 그냥 놀고 있다고 애만 늘 맡기네.

---

* 五福은 오래 사는 것(壽), 부유해지는 것(富), 건강하고 편안한 것(康寧), 덕을 닦는 것(攸好德), 천명을 다하고 잘 죽는 것(考終命). -書經 洪範편.
* 隔世人 : 딴 세상 사람.
* 衰耗 : 쇠퇴하여 없어짐.
* 聲似痛 : 목소리가 아픈 사람 같다.

自 嘆 (자 탄)
―스스로 탄식함

嗟乎天地間男兒 (차호천지간남아)
知我平生者有誰 (지아평생자유수)
萍水三千里浪跡 (평수삼천리랑적)
琴書四十年虛詞 (금서사십년허사)

青雲難力致非願 (청운난력치비원)
白髮惟公道不悲 (백발유공도불비)
驚罷還鄉夢起坐 (경파환향몽기좌)
三更越鳥聲南枝 (삼경월조성남지)

슬프다 온세상의 남자들이여,
내 지내온 일 알아줄 사람 그 누구인가,
삼천리 강산 부평초같이 떠돌다보니,
거문고 맞춰 시 읊던 40년, 모두 허사일세.

청운의 꿈이야 억지로 안 되니 원하지 않았고
백발은 모두에게 공평한지라 슬퍼할 것없네.
돌아갈 꿈을 꾸다 문득 놀라 깨어 앉으니,
깊은 밤중에 공작새 소리 남에서 들리네.

---

* 萍水 : 부평초처럼 물위에 뜨다.
* 琴書 : 풍류와 문장.
* 虛飼 : 실속 없는 헛일.
* 越鳥 : 중국 원나라 공작새의 명칭.

難 貧 (난 빈)
-가난과 어려움

萬富人中獨處貧 (만부인중독처빈)
看他富生倍生貧 (간타부생배생빈)
言言未合皆從富 (언언미합개종부)
事社丁寧不信貧 (사사정녕불신빈)

世上有仙仙見富 (세상유선선견부)
人間無罪罪有貧 (인간무죄죄유빈)
莫道貧富別有種 (막도빈부별유종)
貧者還富富還貧 (빈자환부부환빈)

부자들 틈새에 가난뱅이 끼어드니,
기세에 눌러 주눅이 든다네.
부자가 하는 말은 모두 옳고
가난뱅이가 하는 짓들은 다 그르다 하네.

세상의 신선이란 돈만 많으면 신선처럼 뵈네.
사람이 죄 아니라 가난한 것이 죄라면 죄라지.
부자 씨 가난한 씨 따로 없으니,
가난한 자가 부자도 되고 부자가 다시 가난할 수 있네.

---

* 莫道(막도) : ~말하지 말라.

隱士 (은사)

超然遯世彼山坡 (초연둔세피산파)
隱映茅盧繞碧蘿 (은영모로요벽라)
鶴舞琴前閑自足 (학무금전한자족)
鶯歌簷上興偏多 (앵가첨상흥편다)

雲遊庵釋評詩到 (운유암석평시도)
電邁隣家採藥過 (전매인가채약과)
任我堰臥聯永夏 (임아언와련영하)
臨風遙和紫芝歌 (임풍요화자지가)

모든 것 다 떨치고 저산 언덕에 한가로이 사니.
조그만 움막집을 담쟁이풀이 덮어 씌워주네.
거문고 타는 앞에 학이 춤추니, 아주 한가롭고.
앵무새 처마에서 노래를 하니, 흥이 넘치누나.

구름에 둘러싸인 암자의 중은 시를 보러 오고.
재빨리 지나가는 이웃 사람들 약 캐러 간다네.
될 대로 나를 맡겨 긴여름을 떠나보내고
바람에 멀리 자지가 노래 실어 보내누나.

* 蘿 : 무 '라'. 담쟁이덩굴 '라'.
* 邁 : 갈 '매'. 지나다. 돌아가다.
* 繞 : 두를 '요'. 얽을 '요'.
* 紫芝歌 : 商山 四皓가 부른 노래.

使 臣 (사 신)

似君奇士自東來 (사군기사자동래)
華夏諸人詎可輕 (화하제인거가경)
歌送希音空郢市 (가송희음공영시)
劍騰雙寶盪延平 (검등쌍보탕연평)

凄凉鶴柱誰仙塚 (처량학주수선총)
莽陽龍堆是帝城 (망양룡퇴시제성)
遮莫上書登北闕 (차막상서등북궐)
卽今天子不求卿 (즉금천자불구경)

조선의 재주 높은 선비가 오니
중국인인들 어찌 가벼이 여길 수 있으랴.
귀하고 아름다운 노래 부르니 영시가 떠들썩.
쌍보검 빼어드니 연평나루가 또 다시 떠들썩.

처량한 저 기둥은 어느 분의 무덤인가
넓은 사막은 임금의 성이라.
글 지어 올려도 대궐에는 가지 말라
지금 천자가 정녕 그대를 반겨않으리니.

---

* 郢 : 땅이름 영.
* 盪 : 씻을 탕. 흔들리다.
* 莽 : 우거질 망.
* 堆 : 언덕 퇴.
* 奇士 : 기이한 재주를 가진 선비.

* 華夏 : 중국사람이 중국을 자랑으로 일컫는 말.
* 希音 : 희귀하고 아름다운 노래.
* 雙寶 : 쌍보검. 용천검과 태아검.
* 延平 : 연평진의 준말.
* 仙塚 : 높은 무덤.
* 龍堆 : 天山南路의 사막.

 예시 보기

  山水無非舊眼靑 (산수무비구안청)
  樓臺亦是少年情 (누대역시소년정)
  可憐故國遺風在 (가련고국유풍재)
  收拾絃歌慰我行 (수습현가위아행)

  산수는 그옛처럼 맑고 푸르고
  누대도 역시 옛처럼 정겹네.
  가련한 내 나라엔 근심이 남아
  이를 없애려 내 발길 옮기네.

        -金方慶의 '東征日本 過次福州 登嶺湖樓'

---

* 金方慶(1212~1300) : 고려 후기의 무장(武將) · 정치가. 본관은 안동(安東). 자는 본연(本然). 시호 충렬(忠烈). 신라 경순왕의 후손으로, 병부상서 · 한림학사를 지낸 김효인(金孝印)의 아들이다. 삼별초(三別抄) 진압. 원의 일본 정벌 때 도원수로 출정했다. 이때 복주(지금의 안동)의 낙동강변의 영호루에 올라 그 소회를 읊은 시이다. 이 시는 지금도 안동 영호루에 편액으로 걸려 있다. 구 안동김씨의 중시조로서 역자는 26대 27세손이다.

제2부 多情無限 (다정 무한)

情 · 一 (정 · 1)
情 · 二 (정 · 2)
情 · 三 (정 · 3)
無 題 (무 제)
難避花 (난 피 화)
弄處女 (농 처 녀)
可憐妓詩 (가련기시)
名妓 可憐 (명기 가련)
佳 人 (가 인)
離 別 · 一 (이 별 · 1)
離 別 · 二 (이 별 · 2)
江邊離別 (강변 이별)
贈 某 女 (증 모 여)
桑 實 (상 실)
街上初見 (가상 초견)
명순이 삿갓에게 준 시
女傑妓生錦花 (여걸 기생 금화)
贈 妓 (증 기)
秋風訪美人不見 (추풍 방미인 불견)
鶴城訪美人不見 (학성 방미인 불견)
暗夜訪紅蓮 (암야 방홍련)
竹香을 위로함
嚥乳三章 (연유 3장)
情 事 (정 사)
船上離別 (선상 이별)
平壤妓生 (평양 기생)
贈 老 妓 (증 노 기)
회양사또와의 이별
사또와의 이별

情·一 (정·1)

今朝一別後 (금조일별후)
何處更相逢 (하처갱상봉)

이아침
헤어지면
어디서 다시
만날 수 있으랴.

 해 의

직역하면 '오늘 아침에 한 번 헤어지고 난 뒤에는/ 어느 곳에서 다시 서로 만나겠는지.'이다. 그러나 표의 문자에 가까운 한자 10자로 된 5언 절구를 표음 문자가 주된 한글의 3·4·5·6조의 18자로서 그 뜻을 미학적으로 훌륭하게 풀어낼 수 있음은 세계에서 오직 우리말과 우리한글 뿐임에야!

예시 보기

誰斷崑山玉　그 누가 곤륜산의 옥을 잘라서,
裁成織女梳　직녀 얼레빗 만들어주었나.
牽牛離別後　견우님 떠나신 뒤 오지를 않아,
愁擲壁空虛　수심이 깊어 푸른 하늘에 걸어 두었는고.
　　　　　　　　　　　－黃眞伊의 '詠半月'

---

* 梳 : 빗 '소'. 얼레빗.
* 牽 : 끌 '견'.
* 擲 : 던질 '척'.

情·二 (정·2)
－狂蝶忽飛 (광접 홀비)

昨夜狂蝶花裡宿 (작야광접화리숙)
今朝忽飛向誰怨 (금조홀비향수원)

어젯밤 미친 나비 꽃속에서 잠잤는데
이아침 홀연 떠나버리니, 누구를 탓하랴.

 해 의

권영한 씨는 '어젯밤 미친 나비, 꽃의 품속에 묻혀 자고／오늘 아침 훌쩍 날아가니, 누구를 원망하랴.'라고 번역했다.

 예시 보기 1

憶君無日不霑衣 (억군무일불점의)
政似春山蜀子規 (정사춘산촉자규)
爲是爲非人莫問 (위시위비인막문)
只應殘月曉星知 (지응잔월효성지)
　　　　－益齋 李齊賢의 '정과정(鄭瓜亭)'. 鄭敍 원작 '여요'

님 그려 저고리섶 젖지 않는 날이 없어
바로 봄산의 소쩍새 같아라.
옳음도 그름도 사람들아 묻지 말지니
잔월효성은 반드시 알리라.

* 이제현(益齋 李齊賢, 1287~1367) : 고려 공민왕 때 문신.
* 政은 바로(正)의 뜻
* 촉자규 : 촉나라 망제의 혼(망제혼)

 예시 보기 2

내 님믈 그리사와 우니다니

산접동새 난 이슷하요이다.
아니시며 그츠르신 달 아으
잔월효성(殘月曉星)이 아르시리이다.

넉시라도 님은 한데 녀져라 아으
벼기시더니 뉘러시니잇가
과(過)도 허물도 천만(千萬)업소이다.
말힛마러신뎌 슬읏븐뎌 아으
니미 나를 하마 니즈시니잇가
아소 님하 도람드르샤 괴오쇼셔

-정서(鄭敍)의 '정과정곡'

이 시를 현대어 3·4·5·6조 민조시로 풀어보면 다음과 같다.

내 임(임금)이 그리워서 울고 지내니
산접동새와 비슷하답니다.
아니고 거짓임을*,

아!
지는 달과 새벽 별들은 아실 것입니다.
죽어서 혼이라도 임과 함께 살아가고 싶습니다. 아!
우기던 이들* 누구였습니까?
잘못도 허물도, 전혀 없습니다.
뭇 사람들이여!
슬프다.

아!
임께서 이 몸를 벌써 잊으셨습니까?
아아, 임이시여! 다시 (마음을) 돌리시어, 사랑해주소서.

---

* 아니고 거짓임을 : 나를 헐뜯고 모함하던 말들이 사실이.
* 우기던 이들 : 임에게 나를 귀양보내야 한다고.
* 정서(鄭敍, 1078~1134) : 본관 동래. 자는 사문(嗣文), 호가 鄭瓜亭, 고려 제17대 인종(仁宗)과 동서지간. 내시랑중(內侍郎中)에서 모함을 받아 의종(毅宗) 5년 (1151), 동래에 귀양 중 임금을 그리며 읊은 것이다.

情·三 (정·3)

衆鳥同枝宿 (중조동지숙)　새들은 한 가지에 잠을 자지만
天明各自飛 (천명각자비)　날이 밝으면 뿔뿔이 날아가.
人生亦如此 (인생역여차)　사람의 헤어짐도 이와 같은데
何必淚沾衣 (하필누첨의)　어찌 눈물로 옷깃을 적시나.

 해 의

사람의 헤어짐도 날이 밝으면 새들처럼 뿔뿔이 날아가는 이치이거늘, 그대여 눈물을 거둘지어라.

 예시 보기

　　公無渡河 (공무도하)　님이 물 건너시랴
　　公竟渡河 (공경도하)　끝내 님이 건너시랴
　　墮河而死 (타하이사)　물에 빠져 돌아가시니
　　當奈公何 (당내공하)　이를 어이하랴.
　　　　　　　－麗玉의 '공무도하가(公無渡河歌, 箜篌引)'

기원전 3,4세기의 고대가요로서 설화의 내용을 살펴보면, 조선진졸(朝鮮津卒) 곽리자고(霍里子高)가 강가에서 배를 닦고 있는데, 머리를 늘어뜨리고 호리병을 찬 백수광부(白首狂夫) 하나가 강을 건너려 했다. 그 아내가 좇아갔으나 광부는 빠져 죽고 말았다. 그러자 그 아내는 공후(箜篌)를 타며 한탄하는 노래를 부른 뒤 자신도 물에 빠져 죽었다. 곽리자고가 아내 여옥(麗玉)에게 이 이야기를 들려주자, 여옥은 공후를 타며 그 노래를 불러 세상에 전했다고 한다.

無 題 (무제)

平生不入無花洞 (평생불입무화동)
十死難過有酒村 (십사난과유주촌)

한평생 꽃없는 덴 가지 않았고
열 번 죽어도 술익는 마을 그냥은 못 갔네.

 해 의

삿갓시 세계의 주제는 아주 다양하나, 특히 그중에서도 술과 여인(꽃)은 항상 이 방랑시선에게는 하나의 話頭처럼 따라다니고 있었으니.

예시 보기

淸明時節雨紛紛 (청명시절우분분)
路上行人欲斷魂 (노상행인욕단혼)
借問酒家何處在 (차문주가하처재)
牧童遙指杏花村 (목동요지행화촌)

-晩唐詩人 杜 牧의 '淸明詩'

청명에 부슬부슬 내리는 비는
길나선 객의 애간장을 끊네.
외상술 마실 집을 물어봤더니,
살구꽃 마을 가리켜 준다네.

難 避 花 (난 피 화)
-꽃 피하기 어려워

青春抱妓千金芥 (청춘포기천금개)
今夜當樽萬事雲 (백일당준만사운)
鴻飛遠天易隋水 (홍비원천이수수)
蝶過靑山難避花 (접과청산난피화)

청춘에 기생 품어 천금이라도 아깝지가 않네.
낮에도 술잔 드니, 세상 만사가 꽃구름 같구나.
기러기 먼하늘로 날아가다도 물 따라 내리듯.
나비가 청산 가듯 꽃만 만나면 피하기 어렵네.

---

* 千金芥 : 천금이 티끌 같다. 芥는 겨자 '개'. 티끌 '개'.
* 今夜當樽 : 오늘밤에 술잔을 들다.

 예시 보기

　　天若不愛酒 (천약불애주)
　　酒星不在天 (주성부재천)

　　하늘이 만약 술을 사랑하지 않았다면
　　어찌 주성이 하늘에 있을까.

　　地若不愛酒 (지약불애주)
　　地應無酒泉 (지응무주천)

　　이땅이 만약 술을 사랑하지 않았다면
　　땅에는 응당 주천이 없으리.

　　天地旣愛酒 (천지기애주)

愛酒不愧天 (애주불괴천)

천지가 이미 술을 사랑하니,
사람이 술을 사랑하는 게 부끄럽지 않네.

已聞淸比聖 (이문청비성)
腹道濁如賢 (복도탁여현)

청주를 성인이라 비한다는 말 이미 들었고
탁주도 또한 현인 같다고 말하지 않던가.

聖賢旣已飮 (성현기이음)
何必求神仙 (하필구신선)

성현도 이미 술을 마셨으니,
하필이면 신선을 구할 필요가 있으랴.

三盃通大道 (삼배통대도)
一斗合自然 (일두합자연)

석 잔을 마셔보면 도에 통하고
한 말의 술을 마시고나면 자연과 통하네.

俱得醉中趣 (구득취중취)
勿謂醒者傳 (물위성자전)

이것이 술에 취해 얻어진 바니,
술 깬 사람은 딴소리 말지라.

-李 白의 '月下獨酌·二'

---

* 이 백(李 白, 701~762) : 중국의 시인. 자는 태백(太白), 호는 청련거사(靑蓮居士). 촉나라 쓰촨 성 쑤이예 출생. 두보와 함께 중국 역사상 가장 위대한 시인으로 꼽히는 이 두 사람을 합쳐서 이두(李杜)라고 칭하고 이백을 시선(詩仙)이라 부름. 현재 약 1100여 수의 시들이 전함.

弄處女 (농처녀)
-初夜 (초야)

笠 : 毛深內闊 (모심내활)
　　必過他人 (필과타인)

可憐 : 後園黃栗不蜂折 (후원황율불봉절)
　　　溪邊楊柳不雨長 (계변양류불우장)

　　털 깊고 속 넓으니
　　반드시 누가 지나갔겠구려.

　　뒷동산 밤송이는 벌이 안 쏴도 절로 벌어지고.
　　냇가의 수양버들 비가 안 와도 절로 자란다오.

 해 의

삿갓이 가련과 만나 첫날밤에 운우지정(雲雨之情)을 나눈 뒤 두 사람이 주고받은 시이다.
숫처녀가 아닌 것 같다고 의심하는 것 같은 삿갓의 시에 대하여 가련이 멋지게 한 방 먹이는 답시(答詩)인 것이다. 아마도 그날밤엔 두 사람이 꼬박 날밤을 새웠으리라.
그 당시 항간에는 다음과 같은 시도 人口에 회자했다.

예시 보기 1

　　秋宵易曙莫言長 (추소이서막언장)
　　促向灯前解繡裳 (촉향정전해수상)
　　獨眼未開晴吐氣 (독안미개청토기)
　　兩胸自合汗生香 (양흉자합한생향)

　　脚如螻蟈波翻急 (각여루괵파번급)

腰似蜻蜓點水忙 (요사청정점수망)
强健向來心自負 (강건향래심자부)
愛根深淺問娘娘 (애근심천문낭낭)

— 無名氏의 '奇 聞'

가을밤 날샌다고 불평을 말라,
등불 앞에서 치마끈 풀길 재촉하는구나.
외눈은 감겼으나 성난 눈동자 기운을 뿜고
두 가슴 합쳐 흘리는 땀은 향기를 풍기네.

양 다리 급히 솟아 청머구리속 물결치듯 하고.
허리는 잠자리가 물을 차듯이 바삐 움직이네.
강건한 내 물건이 힘이 센 것을 늘 자랑하리니.
낭자의 살곳이샘 깊고 얕음을 물어볼 수밖에.

예시 보기 2

어느 회사에서 직원들에게 사훈을 공모했다.
여러 사훈 중 직원 투표 결과 장원을 한 작품은,
　日職集愛　可高拾多! (일직집애 가고십다!)
그날의 업무량에 애정을 모아, 능률 올리고 많은 것을 얻자!

그랬더니, 경영자 측에서 다른 의견을 냈다.
　溢職加書　母何始愷? (일직가서 모하시개?)
잔무와 서류가 넘치는데, 애들 엄마가 좋아 하겠는가?

그래도 직원들이 굽히지 않자, 결국 사훈을 이렇게 정했다.
　河己失音　官頭登可 (하기실음 관두등가)
물처럼 소리 없이 열심히 하면, 높은 자리에 오를 수가 있네.

사훈을 이렇게 정하니 사원들이 이렇게 댓글을 달았다.
　知剌發光　鹽昒下內 (지랄발광 염병하내)
아는 게 어지러워 소금처럼 빛나더라도, 자신을 낮추라.

可憐妓詩 (가련기시)
－可憐에게 준 詩

可憐行色可憐身 (가련행색가련신)
可憐門前訪可憐 (가련문전방가련)
可憐此意傳可憐 (가련차의전가련)
可憐能知可憐心 (가련능지가련심)

가련한 행색으로 가련한 이몸
가련집으로 가련 찾아간다.
가련한 이마음이 가련에게 전해지면
가련이야 알아주겠지 가련한 내 마음.

해 의

여덟 개의 '가련' 중 1구의 '가련', '가련'과 3구의 앞 '가련', 4구의 뒷 '가련'은 삿갓 자신을 표현한 것이고 나머지 네 개의 '가련'은 가련을 가리키는 것이다.

名技 可憐 (명기 가련)

名之可憐色可憐 (명지가련색가련)
可憐之心亦可憐 (가련지심역가련)

이름도 가련이요, 얼굴빛도 가련한데
가련의 마음 또한 가련하네.

 해 의
한자 7자만 가지고 14자의 七言絶句를 만들었네.

예시 보기

問春桂 (문춘계) 桃李正芳菲 (도리정방비)
　　　　　　　　年光隨處滿 (연광수처만)
　　　　　　　　何事獨無花 (하사독무화)

春桂答 (춘계답) 春花詎幾久 (춘화거기구)
　　　　　　　　風霜搖落時 (풍상요낙시)
　　　　　　　　獨秀君不知 (독수군부지)

－王 維의 '春桂問答'

봄에 계수나무에게 묻다
복숭아 오얏꽃이 향기롭고
곳곳마다 새봄빛이 가득 찼는데
그대만 어찌 꽃을 못 피우나?

봄 계수나무가 답하다
봄에 핀 그꽃들이 어찌 오래 가겠는가,
바람불고 서리오는 가을이 되면
나 홀로 필 줄 그댄 왜 모르나.

佳 人 (가 인)

對月紗窓弄未休 (대월사창농미휴)
半含嬌態半含羞 (반함교태반함수)
低聲暗問相思否 (저성암문상사부)
手整金釵笑點頭 (수정금채소점두)

사창에 비친 달 데불고 놀다보니,
반은 애교요, 반은 수줍어라.
남몰래 속삭이며 사랑하냐고 물어보았더니.
금비녀 매만지며 웃는 얼굴로 고개 끄덕이네.

 예시 보기

洞天如水月蒼蒼 (동천여수월창창)
樹葉蕭蕭夜有霜 (수엽소소야유상)
十二湘簾人獨宿 (십이상염인독숙)
玉屛還羨繡鴛鴦 (옥병환선수원앙)

-雪竹 南翠仙의 '秋 思'

물처럼 맑은 곳에 달빛도 맑아
나뭇잎질 때 밤서리 내리네.
열두 발 늘인 방에 홀로 자자니
병풍속 원앙 부럽기만 하네.

離別·一 (이별·1)

可憐門前別可憐 (가련문전별가련)
可憐行客尤可憐 (가련행객우가련)
可憐莫惜可憐去 (가련막석가련거)
可憐不忘歸可憐 (가련불망귀가련)

가련의 문앞에서 가련이와 헤어지자니,
가련한 행색 더욱 가련하네.
가련아, 가련하게 떠나간다고 슬퍼하지 마라.
가련을 잊지 않고 가련에게로 또 돌아오리니.

 예시 보기

    동지(冬至)ㅅ달 기나긴 밤을 한 허리를 버혀 내어
    춘풍(春風) 니불 아래 서리서리 너헛다가
    어룬 님 오신 날 밤이여든 구뷔구뷔 펴리라
                    -황진이의 '동짓달 기나긴 밤을'

---

* 어룬 : 중의적 표현
  1. 어루다, 남녀교합하다. 어린이말고 어른의 어원이기도 함
  2. (추위에) 얼은

離別·二 (이별·2)

花發多風雨 (화발다풍우)
人生足別離 (인생족별리)

꽃피면 비바람 많아지듯
인생살이엔 이별도 많구나.

 예시 보기

    平生離恨成身病 (평생이한성신병)
    酒不能療藥不治 (주불능료약불치)
    衾裏泣如氷下水 (금리읍여빙하수)
    日夜長流人不知 (일야장류인부지)

    한평생 이별의 한 병이 되어서
    술과 약으론 고칠 수가 없네.
    남몰래 이불속에 빙하수 눈물
    밤낮 흘러도 남들은 모르네.

                           -李玉峰의 '閨 情'

---

* 李玉峰 : 본명은 媛. 황진이, 허난설헌과 더불어 조선 3대 여류시인으로 꼽힘. 선조조 옥천군수 李逢의 서녀로 태어나 조원의 小室이 됨.
  그녀의 삶과 시는 1704년 조원의 후손 정만이 쓴『가람세고』의 부록「李玉峯行績」에서 전해진다. 34편의『玉峰集』이 있다.

江邊離別 (강변 이별)

翠禽暖戲對沈浮 (취금난희대침부)
晴景蘭珊也未收 (청경란산야미수)
人遠謾愁山北立 (인원만수산북립)
路長惟見水東流 (노장유견수동류)

垂陽多在鶯啼驛 (수앙다재앵제역)
芳草無邊客倚樓 (방초무변객의루)
怊悵送君自崖返 (초창송군자애만)
那堪落月下汀洲 (나감낙월하정주)

푸른새 강물 속을 들며나며 정다운데
난간에서 바라보는 맑게 갠 경치 너무 아름답네.
멀리로 님 보내는 깊은 시름은 북산에 어리고.
저 멀리 떠나가는 길 같은 물은 동으로 흐르네.

꾀꼴새 수양버들 숲속을 날며 끊임없이 울고.
나그네 누에 기대 넓게 펼쳐진 풀밭을 보노니.
그대를 보낸 후에 이 언덕위에 나 홀로 올라도.
달지면 이 슬픔을 어이 견딜까? 정주에 앉아서.

---

* 翠禽 : 비취 '翠'. 물총새 '취'. 날짐승 '禽'. 푸른새.
* 浮沈 : 물에 떠오르고 가라앉음. 榮枯盛衰.
* 珊 : 산호 珊.
* 怊悵 : 슬퍼하다. 섭섭하다. 원망하다. 희망을 잃다.
* 汀洲 : 물가 '汀', 섬 '洲'.

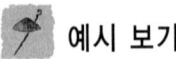 **예시 보기**

大同江上別情人 (대동강상별정인)
楊柳千絲未繫人 (양류천사미번인)
含淚眼看含淚眼 (함루안간함루안)
斷腸人對斷腸人 (단장인대단장인)

-平壤 妓生 桂 月의 '離 別'

대동강 강가에서 님과 이별 하려는데
수양버들 천만사로도 잡아맬 수 없네.
눈물에 젖은 눈이 눈물 머금은 눈을 바라보니.
그님이 애가 타듯 나의 창자도 끊어질 듯하네.

---

* 桂 月 : 영조 때(1725~1777) 일대를 풍미한 평양명기로 시문에 능통하였으며, 관양 李匡德의 연인이었다고도 한다.

 해 의

고려 인종 때의 文士인 정지상의 '送人'을 읽어보자.

庭前一葉落 (정전일엽락)   뜨락에 낙엽지니,
床下百蟲悲 (상하백충비)   섬돌아래 온갖 밤벌레 구슬프게 우네.
忽忽不可止 (홀홀불가지)   바쁘게 가는 길을 막을 수는 없을지라도
悠悠何所之 (유유하소지)   어느 곳으로 멀리 떠나가나.

片心山盡處 (편심산진처)   그대가 가버리면 서산너머로 나도 따르다가.
孤夢月明時 (고몽월명시)   달밝은 밤이 되면 꿈길에서나 다시 만나려나.
南浦春波綠 (남포춘파록)   남포에 푸르른 봄이 오면
君休負後期 (군휴부후기)   우리들의 굳은 언약을 님아! 잊지 마오.

-鄭知常의 '送 人'

贈某女 (증모여)
－아무개 여인에게

客枕蕭條夢不仁 (객침소조몽불인)
滿天霜月照吾隣 (만천상월조오린)
綠竹靑松千古節 (녹죽청송천고절)
紅桃白李一年春 (홍도백리일년춘)

昭君玉骨胡地土 (소군옥골호지토)
貴妃花容馬嵬塵 (귀비화용마외진)
人性本非無情物 (인성본비무정물)
莫惜今宵解汝身 (막석금소해여신)

쓸쓸한 나그네의 잠자리 단꿈 이룰 수가 없어.
가을달 하늘 가득 두루 비치니, 더욱더 간절해.
대나무 소나무는 늘푸른 절개 자랑하거니와.
복사꽃 오얏꽃은 봄 한 철 간만 피었다 진다네.

왕소군 귀한 몸도 오랑캐땅 흙이 되고
그 꽃같던 양귀비도 마외 땅위의 한 줌 티끌 됐네.
사람의 본성이야 본래 무정치 않은 것이로니.
오늘밤 나를 위해 네 몸 열기를 아까워 말지라.

* 蕭條 : 쓸쓸한 모양.
* 霜月 : 차거운 달.
* 昭君 : 漢 나라 元帝 때의 美人 王昭君.
* 貴妃 : 唐 나라 현종 때의 妃 楊貴妃.
* 花容 : 꽃 같이 아름다운 미인의 얼굴. '花容月態'의 준말.

* 馬嵬 : 양귀비의 무덤이 있는 곳. 중국 섬서성 흥평현 서쪽 25리에 있음. 안록산의 난 때 현종이 서행하여 마외파에 이르렀을 때 호위 군사들이 양귀비의 처형을 요구하여 스스로 自盡케 했다. 白樂天의 '長恨歌'에서 '馬嵬坡下泥土中'(마외파 진흙 속에) '不見玉顔空死處'(옥안은 볼 수 없고 허무하게도 죽은 곳이구나.)라고 읊었다.
* 莫惜 : 애석하게 여기지 말라.
* 今宵 : 오늘밤.
* 解汝衣 : 너의 옷풀기. 너의 몸열기.
* 이명우 씨의 '김삿갓 시집'에서는 '紅桃白李一年春'을 '紅桃白李片時春'으로 표현하고 있음.

 예시 보기

牡丹含露眞珠顆 (모란함로진주과)   진주알 이슬 맺힌 모란꽃을
美人折得窓前過 (미인절득창전과)   미인이 꺾어 창앞을 지난다.

含笑問檀郎 (함소문단랑)   살며시 웃음 지며 낭군에게 물어보네,
花强妾貌强 (화강첩모강)   '꽃이 예뻐요, 제가 더 예뻐요?'
檀郎故相戱 (단랑고상희)   낭군이 장난 삼아
强道花枝好 (강도화지호)   '당신보다가 꽃이 더 예쁜 걸.'

美人妬花勝 (미인투화승)   미인은 그 말 듣고 토라져서
踏破花枝道 (답파화지도)   꽃을 짓밟아 뭉개며 말한다.
花若勝於妾 (화약승어첩)   '이꽃이 저보다 더 예쁘시거든
今宵花同宿 (금소화동숙)   오늘밤에는 꽃과 주무세요.'

　　　　　　　　　　　　　　　－李奎報의 '折花行'

桑 實 (상 실)
- 오 디

椹顆農情天上酒 (심과농정천상주)
脈波熟意是何風 (맥파숙의시하풍)

오디알 녹는 정은 하늘위의 술일진대
보리이랑을 익히는 정은 무슨 바람인고?

* 오뉴월 밤, 달빛 아래 두 남녀가 평상에서 친친 감겨 구슬땀을 흘리는 장면과 동짓달 긴긴 밤에 두꺼운 이불 속에서 두 몸이 한 몸 되어 뒤엉켜 있는 장면을 대보름날 더위 파는 우리 풍습에 빗대어 의뭉스럽게도 표현한 사설시조를 보자.

> 각씨네 더위들 사시오
> 이른 더위 늦은 더위 여러 해포 묵은 더위
> 오뉴월 복더위에 情든 님 만나 있어
> 달 밝은 평상 위에 츤츤 감겨 누웠다가
> 무슨 일 하였던지 오장이 煩熱(번열)하여
> 구슬땀 흘리면서 헐떡이는 그 더위와,
> 동짓달 긴긴밤에 고운 님 품에 들어
> 다스한 아랫목과 두꺼운 이불속에 두 몸이 한 몸 되어
> 그리저리 하니 수족이 답답하여 목구멍 타 올 적에
> 윗목의 찬 숭늉을 벌떡벌떡 켜는 더위
> 사려거든 소견대로 사시옵서.
> 장사야 네 더위 여럿 중에 만나는 두 더위는
> 뉘 아니 좋아하리.
> 남에게 팔지 말고 내게 부디 팔으시소.
>
> －申獻朝

* 申獻朝 : 조선 중기 4대 문장가의 하나인 상촌 신흠의 8대손으로 고위관직을 두루 역임.

街上初見 (가상 초견)
-길가에서 처음 보고

笠 : 芭經一帙誦分明 (파경일질송분명)
　　客駐程驂忽有情 (객주정참홀유정)
　　虛閣夜深人不識 (허각야심인불식)
　　半輪殘月已三更 (반륜잔월이삼경)

女 : 難掩長程十目明 (난엄장정십목명)
　　有情無語似無情 (유정무어사무정)
　　踰墻穿壁非難事 (유장천벽비난사)
　　曾與農夫誓不更 (증여농부서불경)

그대가 시경 한 책 다 외우니,
발길 멈춘 나그네 맘에 사랑이 샘솟네.
빈집에 밤깊으면 사람들도 모를 테니
3경쯤 되면 반달이 질 거요.

길가에 사람 많아 눈가리기 어려우니,
맘에 있어도 말을 못하니, 맘 없는 것 같소.
담넘고 벽뚫어 들어오기 어려운 일은 아니겠지만
이미 농부와 불경 2부를 내 다짐했다오.

해 의

김삿갓이 어느 마을을 지나는데, 여인들이 논을 매고 있었다. 그 가운데 한 미인이 시경을 줄줄 외우자 김삿갓이 앞 구절을 지어 그의 마음을 떠 보자, 여인이 뒷 구절을 지어 남편과 다짐한 불경 이부(不更二夫)의 맹세를 저버릴 수 없다고 한다.

명순이 삿갓에게 준 시

花無一語多情蜜 (화무일어다정밀)
月不踰墻問深房 (월불유장문심방)
雖若家夫愁身獨 (수약가부수신독)
莫如童子學貴郎 (막여동자학귀랑)

꽃들은 말 한 마디 하지 않아도 맛난 꿀이 많고.
달빛은 높은 담장 넘지 않아도 깊은 방에 드네.
내 비록 남편이야 있으나마나 외로운 몸이라.
차라리 사내 되어 당신에게 글을 배움만 못한 것 같구려.

* 多情蜜 : 정다운 꿀이 많다. 맛난 꿀이 많다.
* 若家夫 : 남편이 있는 것 같지만.
* 莫如 : ~만 같지 못하다. 不如. 不若.

 예시 보기

有恨不言內心事 (유한불언내심사)
無情如對夢中人 (무정여대몽중인)

―金陵 妓生 澹 雲의 '畫美人'

아무리 한 있어도 마음속의 일 말하지 못하고
그나마 정 없으니 꿈속의 사람 대하는 것같네.

女傑妓生錦花 (여걸 기생 금화)

笠 : 白馬江頭黃犢鳴 (백마강두황독명)
妓 : 老人山下少年行 (노인산하소년행)

    백마강 강둑에는 송아지 울고
    노인산 아래 아이들이 간다.

笠 : 離家正初今三月 (이가정초금삼월)
妓 : 對客初更復三更 (대객초경부삼경)

    내 집을 떠날 때는 정초였는데, 어느새 3월
    내 손 대할 땐 초경이나마 이제 다시 3경.

笠 : 澤裡芙蓉深不見 (택리부용심불견)
妓 : 圓中桃李笑無聲 (원중도리소무성)

    연못속 연꽃도 물 깊으면 볼 수 없고
    복숭아꽃 오얏꽃은 웃고 있어도 소리가 안 들려.

笠 : 良宵可興比誰於 (양소가흥비수어)
妓 : 紫午山頭待月明 (자오산두대월명)

    좋은 밤 높은 흥을 누구에게 비해 볼까,
    자오산 위에 달오르기를 기다려보세요.

贈 妓 (증 기)
－기생 금화에게

却把難同調 (각파난동조)
還爲一席親 (환위일석친)
酒仙交市隱 (주선교시은)
女俠是文人 (여협시문인)

太半衿期合 (태반금기합)
成三意態新 (성삼의태신)
相携東郭月 (상휴동곽월)
醉倒落梅春 (취도낙매춘)

잡은 손 뿌리칠 땐 함께하기 어렵더니,
돌아와선 한자리에 친한 사이 되었구나,
술이 좋아 숨은 친구 찾던 중에
여장부로 글 잘하는 문장객을 만났구나,

거의 서로 옷깃 스쳐 정이 통할 때
그대의 얼굴 그대 그림자 술잔에 어렸네.
소매를 이끌고 달빛에 동곽길 거닐다가
매화꽃 지듯 취해 쓰러졌네.

---

* 却把 : 잡기 어렵다.
* 酒仙 : 술을 좋아하는 사람.
* 女俠 : 마음이 넓고 화통안 여자.
* 衿期 : 옷깃이 서로 스치다. 마음이 서로 화합하여 정이 통함. 通情 상 비밀로 하는 약속.

* 成三 : 李 白의 '月下獨酌'에 '명월, 자신, 자신의 그림자'를 지칭하는 말로서 여기서는 '기녀의 얼굴, 달에 비친 기녀의 얼굴, 술잔에 어린 기녀의 얼굴'의 이 셋을 뜻함.
* 相携 : 서로 이끌다.
* 落梅春 : 매화꽃 지는 봄날. 기생 매화의 봄향기에 취해 쓰러짐.

 예시 보기

月下獨酌 (월하독작)
花間一壺酒 (화간일호주)
獨酌無相親 (독작무상친)
擧盃邀明月 (거배요명월)
對影成三人 (대영성삼인)

月旣不解飮 (월기불해음)
影從隨我身 (영종수아신)
暫伴月將影 (잠반월장영)
行樂須及春 (행락수급춘)

-李 白의 '月下獨酌'

꽃수풀 사이에서 한 병의 술을
친구도 없이 나 홀로 마시네.
술잔을 받쳐들고 밝은 달을 맞이하며
그림자를 대하고보니, 셋이 되었구나.

달빛은 마시는 걸 알지 못하고
달그림자만 내 몸을 따르네.
잠깐을 달그림자 벗하다보니,
좋은 봄밤을 즐기고 있다네.

秋風訪美人不見 (추풍 방미인 불견)

一從別後豈堪望 (일종별후기감망)
汝骨爲粉我首霜 (여골위분아수상)
鸞鏡影寒春寂寂 (난경영한춘적적)
風簫音斷月茫茫 (풍소음단월망망)

早吟衛北歸薺曲 (조음위북귀제곡)
虛負周南采藻章 (허부주남채조장)
舊路無痕難再訪 (구로무흔난재방)
停車坐愛野花芳 (정거좌애야화방)

한 번 쯤 헤어진들 어찌 그댈 잊을소냐,
그대 뼛가루 내 머리위에 서리로 내렸네.
거울은 주인 잃어 봄이 와도 적적한데
불던 통소 소리 끊기니, 달빛만 아득해.

일찍이 귀제곡을 즐기던 그대
제조곡마져 이젠 잊었구나.
옛길도 흔적없어 다시 오기 어려우니,
수레 멈추고 들꽃이나 보리.

---

* 歸薺曲(귀제곡) : '詩經' '王風'의 '楊之水' 가운데 '曷月子還歸哉'에서 '歸哉'를 인용한 듯.
* 采藻章(채조장) : '詩經' '召南' 가운데 '采蘋'의 1장. '于以采蘋 南澗之濱 于以采藻 于彼行潦'에서 인용한 듯.

해 의

'길위의 시'에서 양동식 씨는 시경 본문에 내용이 없어 '王風歸哉曲' '召南采藻章'으로 표현한다고 했다. 둘 다 남녀 간의 사랑을 노래하고 있다.

---

* 이명우 씨는 '김삿갓 시집'에서 이시를 종성 기생 매화와 재회의 기쁨을 읊은 시라고 했으나, 제목부터 전체의 흐름을 볼 때 재회하지 못한 안타까움을 토로한 시라고 보아야 옳을 것이다.

 예시 보기

大樹飄零日 (대수표령일)
殘花受狂風 (잔화수광풍)
狂風終子息 (광풍종자식)
花落埋泥中 (화락매니중)
誰識泥中花 (수식니중화)
不爲胡蝶嬲 (불위호접뇨)
縱然歸根帶 (종연귀근대)
從爲衆芳笑 (종위중방소)

—金 蟾의 '大樹殘花' : 함흥 기생

회오리 바람 불어 큰 나무가 넘어질 때
못다핀 꽃들 광풍을 만났네.
광풍은 다행이도 잠들었지만
꽃은 여전히 진흙에 묻혔네.
그 누가 흙속 꽃이
뭇나비에 짓밟혀지지 않았음을 알랴.
제 비록 뿌리 찾아 돌아가지만
또 비웃음만 살 뿐인 것임을.

 해 의

1592년. 4월 13일, 마침내 고니시 유키나가를 총사령으로 한 선봉군 2만 여 명은 700척의 전함에 분승, 부산 앞바다에 도착했다. 임진왜란

이 발발한 것이다.
'戰則戰矣 不戰則假道 싸우려면 싸우고 싸우지 않으려면 즉시 길을 비켜라.'
'戰死易假道難 싸워 죽기는 쉽지만, 길을 빌려주기는 어렵다'
결국 동래성이 뚫리기 시작할 때 부사 송상현은 갑옷 위에 조복(朝服)을 입고, 북향 4배 후, 부모님께 다음의 시를 남긴 후 왜적의 칼날 아래 순절하였다.

孤城月暈 (고성월훈)　외로운 성곽위에 달무리지고
列鎭高枕 (열진고침)　여러 진들은 단잠에 빠졌네.
君臣義重 (군신의중)　임금과 신하간의 의가 중하니
父子恩輕 (부자은경)　부모 은혜는 오히려 가볍네.

이 천곡(泉谷) 송상현의 첩이었던 함흥 기생 김섬은 그 당시 동래부사가 된 천곡을 따라가서 초가에 거처하며 공청에는 나가지 않았다. 그러나 부사는 순절하고 김섬은 포로가 되어 바다를 건너갔다. 풍신수길(豊臣秀吉)이 김섬의 용모와 문장을 알아보고 여교사로 삼아 막부(幕府) 관벌 자녀들을 가르치게 되었다. 2년 후 포로의 신세에서 해방된 김섬이 본국으로 돌아오는 배안에서 천곡이 순절했다는 소식을 뒤늦게 전해 듣고 자신의 처지를 한탄하며 자결을 하려다가 지은 시이다.(朝鮮解語花史)

鶴城訪美人不見 (학성 방미인 불견)

瓊雨蕭蕭入雪樓 (경우소소입설루)
歸尋舊約影無留 (귀심구약영무류)
盤龍寶鏡輕塵蝕 (반룡보경경진식)
睡鶴香爐瑞霧收 (수학향로서무수)

楚峽行雲難作夢 (초협행운난작몽)
漢宮執扇易生秋 (한궁집선이생추)
寥寥寂寂江天暮 (요요적적강천모)
帶月中宵下小舟 (대월중소하소주)

가는 비 솔솔한데 눈 쌓인 누에 홀로 들어가니,
돌아와 서로 다시 만나자던 님 그림자도 없네.
그 님이 쓰던 거울 먼지만 앉고
함께 피우던 놋향로에는 온기가 가셨네.

초협에 뜬구름은 꿈을 이루기 쉽지가 않고
한궁 부채는 쉬이 가을을 맞이하기 쉽네.
그대가 없는 이곳 쓸쓸하게 저물어가니,
달밝은 이밤 조각배 타고 나도 떠나가리.

---

* 瓊雨 : 붉은 옥돌 '경'. 단비.
* 鶴城 : 학성산 아래 마을. 평안북도 장성군 장성읍과 장토면에 걸쳐있는 산.
* 蕭蕭 : 바람이나 빗소리가 쓸쓸하다.
* 盤龍鏡 : 구리로 만든 거울. 중국 전국 시대의 것으로 용무늬가 있다.
* 瑞霧收 : 따뜻한 기운이 그쳤다.

* 楚峽 : 초나라의 골짜기.
* 漢宮 : 한나라의 궁전.
* 寥寥 : 몹시 쓸쓸하다.
* 寂寂 : 조용하고 쓸쓸하다.
* 江天 : 멀리 보이는 강가의 하늘.

 예시 보기

요즘 시중 인터넷에 나돌고 있는 작자 미상의 풍자시를 한 편 들어 보자. 이름하여 '김삿갓(?) 비아그라 칠언시'라고.

  知未時八 安逝眠 (지미시팔 안서면)
  自知主人 何利吾 (자지주인 하리오)
  女人思郞 一切到 (여인사랑 일체도)
  絕頂滿喫 慾中慾 (절정만끽 욕중욕)

여덟 시 되기까지 영 죽은 듯이 잠자고 있다니.
스스로 주인 노릇 할 수 없음을 알아야 하느니.
여인이 남정네를 사모한다면 모두 한 가지라.
절정을 만끽하니 욕망 중에도 으뜸욕망일세.

  男子道理 無言歌 (남자도리 무언가)
  於理下與 八字歌 (어이하여 팔자가)
  岸西面逝 世又旅 (안서면서 세우려)
  飛我巨裸 王中王 (비아거라 왕중왕)

남자의 도리라면 말로 하지 마, 행위로 보여 줘!,
순리에 따른다면 팔자타령이 그만이라지만.
해지는 황천강을 건너갈 때도 이 길 또 걷고파.
모든 것 벗어놓고 날아가자니, 왕중왕이로세.

暗夜訪紅蓮 (암야 방홍련)

探夜狂蝶半夜行 (탐야광접반야행)
百花深處摠無情 (백화심처총무정)
欲接紅蓮南浦去 (욕접홍련남포거)
洞庭秋波驚小舟 (동정추파경소주)

어여쁜 꽃을 찾는 미친 나비가 밤에 헤맸으나.
온갖 꽃 피었으나 모든 꽃들이 무정키만 하네.
행여나 홍련을 만나려나 남포로 가니,
동정호 같은 가을 물결에 조각배만 있네.

---

* 홍련이 이 시를 읽고 '狂蝶忽飛'를 썼다고도 하나 어쩌면 이런 마음이었을지도 모를 일.

 紗窓月白百蟲咽 (사창월백백충인)
 孤枕衾寒夢不成 (고침금한몽불성)
              -金園金氏

 사창에 달빛 희고 벌레들 울어
 베갯머리도 쓸쓸하여라, 꿈도 못 꾸겠네.

竹香을 위로함

春去無知老客何 (춘거무지노객하)
出門時小閉門多 (출문시소폐문다)
杜鵑空有繁華戀 (두견공유번화련)
啼在靑山未落花 (제재청산미락화)

봄날은 가는데 늙으신 몸 어떠하신지
나갈 일 적어 문닫을 때가 많은가 보구나.
두견아, 무엇이 그리워서 그리 우느냐,
너의 울음에 아직 못 핀 꽃 다 떨어지겠네.

해 의

竹香은 여섯 살 어린 나이에 아버지와 헤어져 양모의 슬하에서 기생 수업을 받아 기생이 되었다. 그녀가 서른 살이 넘어 김삿갓의 도움으로 여든이 넘은 부친과 재회할 수 있었다. 기생 竹香을 위해 지은 시이다.

嚥乳三章 (연유 3장)
- 젖을 빨다

父嚥其上 (보연기상)　婦嚥其下 (부연기하)
上下不同 (상하부동)　其味則同 (기미즉동)

父嚥其二 (보연기이)　婦嚥其一 (부연기일)
一二不同 (일이부동)　其味則同 (기미즉동)

父嚥其甘 (보연기감)　婦嚥其酸 (부연기산)
甘酸不同 (감산부동)　其味則同 (기미즉동)

남정네 위를 빨고 여편네는 아래를 빤다,
위와 아래가 서로 달라도 그 맛은 똑 같아.

남정네 둘을 빨고 여편네는 하나를 빤다,
하나와 둘이 같지 않으나, 그 맛은 똑 같아.

남정네 단맛 빨고 여편네는 신맛을 빤다,
달고 신맛이 같지 않지만 그 맛은 똑같아.

---

* 보(父) : 아름다운 남자 '보'(男子美稱).
* 연(嚥) : 삼키다. 마시다. 빨다.

 해 의

혹자는 이 시를 홀시아버지와 외며느리 사이의 불륜 관계를 묘사한 것으로 회자(膾炙)하나 아비 부(父) 자의 의역에만 얽매인 설명이라고 판단됨.

지은이가 해동가요에는 이정보로, 청구영언에는 무명씨로 되어있는 사설시조 한 편을 보자.

간밤의 자고 간 그 놈 암아도 못 니즐다
와야(瓦冶)ㅅ놈의 아들인지 즌흙에 뽐내드시
사공놈의 뎡녕(精靈)인지 사어띠* 질으듯이
두더지 영식(슈息)인지 국국기 뒤지드시
평생에 처음이요 흉증이도 야르제라
전후에 나도 무던이 겨거시되
참맹세 간밤 그 놈은 참아 못니즐까 하노라

－李鼎輔

* 와야(瓦冶) : 기와장이
* 영식(슈息) : 아드님
* 상앗대 : 배를 미는 장대
* 사어띠 : 남성의 성기를 나타내는 말
* 李鼎輔(1693~1766) : 조선 후기 문신, 대제학, 예조판서, 판중추부사 등을 역임.

情事 (정사)

爲爲不厭更爲爲 (위위불염갱위위)
不爲不爲更爲爲 (불위불위갱위위)

또 하고 또 해도 싫지 않아 다시 하고 또 한다네,
안 하겠다, 안 하겠다 하면서도 다시 또 하고 또 다시 한다네.

 예시 보기 1

    玉臂千人枕 (옥비천인침)
    丹脣萬客嘗 (단순만객상)
    汝身非霜刃 (여신비상인)
    何遽斷我腸 (허거단아장)

    足舞三更月 (족무삼경월)
    衾翻一陣風 (금번일진풍)
    此時無限味 (차시무한미)
    惟在兩人同 (유재양인동)

-扶安 妓生 桂 月(梅窓)

옥같이 고운 팔은 천 사람이 베는 베개요,
붉은 입술은 일만 손님이 맛 본 것이라오.
내 몸이 날카론 칼날이 아닐진대
어찌하여 이내 창자를 끊으려 하는가.

다리는 한밤중 달빛아래 춤을 추고
비단이불 들썩거리면 바람이 인다네.
이때의 한량없는 그 맛이야
오직 둘만이 느낄 수 있다네.

예시 보기 2

探春豪士氣昂然 (탐춘호사기앙연)
翡翠衾中有好緣 (비취금중유호연)
撑去玉臂兩脚屹 (탱거옥비양각흘)
貫來丹穴兩絃圓 (관래단혈양현원)

初看嬌眼迷如霧 (초간교안미여무)
漸覺長天小似錢 (점각장천소사전)
這裡若論滋味別 (저리약론자미별)
一宵高價値千金 (일소고가치천금)

봄찾는 호걸이야 힘이 솟구쳐
꽃이불 덮고 좋은 인연 맺네.
고운 팔 끌어당겨 베고 누우니 두 다리가 높고.
단풍진 붉은 구멍 꿰어 보자니, 두 줄이 둥그네.

예쁜 눈 언뜻 보니, 봄안개가 서린 듯하고
점점 하늘이 돈짝만해지네.
만약에 이 재미가 유별남을 말한다면
하룻밤 값이 천금에 비하랴.

-無名氏의 '奇 聞'

船上離別 (선상 이별)

春風桃花滿山香 (춘풍도화만산향)
秋月送客別淚情 (추월송객별루정)
我今舟上一問之 (아금주상일문지)
別恨與君誰短長 (별한여군수단장)

봄바람 불어오니, 복사꽃 향기 온산에 가득해.
가을달 떠오를 때 님 보내는 정 눈물뿐이라네.
배에서 지금 나 그대에게 물어보나니,
이별의 아픔 우리 둘 중에 그 누가 더할까?

 예시 보기

    窓外三更細雨時 (창외삼경세우시)
    兩人心事兩人知 (양인심사양인지)
    新情未洽天將曉 (신정미흡천장효)
    更把羅衫問後期 (갱파나삼문후기)

-扶安 妓生 桂 月(梅窓)

    한밤중 창밖에 가랑비 내릴 때에
    두 사람 마음 둘만이 안다네.
    새정이 새록새록 날은 벌써 새려하니
    다시 한 번 옷깃 붙잡고 만날 날을 묻네.

平壤妓生 (평양 기생)

笠：平壤妓生何小能 (평양기생하소능)
妓：能歌能舞又能詩 (능가능무우능시)
妓：能能其中別無能 (능능기중별무능)
妓：月夜三更呼夫能 (월야삼경호부능)

삿갓 : 평양의 기생들이 잘하는 게 무엇인고?
기생 : 노래들도 잘 부르고 춤도 잘 추며 시도 잘 지어요.
삿갓 : 잘 한다, 잘 한다, 떠들어도 참 잘하는 건 없는 것 같은데.
기생 : 그래도 한밤중에 지아비를 불러내는 건 가장 잘 하지요.

해 의
삿갓이 글을 잘 짓는다는 기생과 만나 주고 받은 문답시이다.

예시 보기

賣酒羅裳解 (매주라상해)
招君玉手搖 (초군옥수요)

치마를 벗으면서 술을 팔고
고운 손 들어 님을 부른다네.

  　　　　　　　　　　－動人紅의 '八韻詩'

---

* 동인홍(動人紅, 연대 미상) : 고려 시대 팽원 기생.
* 동인홍이 한 선비에게 한퇴지의 글을 배우려하니 선비 왈, 먼저 시 한수를 지어 보라 하여 八韻으로 지은 시라고 함.

贈老妓 (증노기)

萬木春陽獨抱陰 (만목춘양독포음)
聊將殘愁意惟深 (요장잔수의유심)
白雲古寺枯禪夢 (백운고사고선몽)
明月孤舟病客心 (명월고주병객심)

嚬亦魂衰多見罵 (빈역혼쇠다견매)
唱還嘲哳少知音 (창환주찰소지음)
文章到此猶如此 (문장도차유여차)
擊節靑樓慷慨吟 (격절청루강개음)

새봄에 온갖 나무 즐거운데 그대 홀로
묵은 시름 싸이고쌓여 생각만 깊은가.
흰구름 깊은 절에 늙은 스님의 꿈이었던가,
달밝은 밤에 배저어가는 아픈 나그네 심사이었던가.

얼굴을 서씨처럼 찡그려 봐도 꾸지람만 듣고.
새들이 지저귀듯 노래 불러도 알아주지 않네.
내 글도 이꼴인데 그대 꼴도 그 모양이니,
청루에 올라가서 장단 짚으며 우는 게 났겠네.

* 聊 : 귀울 '요'. 힘입을 '요'. 다만 '요'. 조금 '요'.
* 嚬 : 찡그릴 '빈'. '西氏嚬目'에서 인용.
* 多見罵 : 꾸중을 많이 듣다.
* 嘲哳 : 새가 지저귀는 소리.
* 擊節 : 무릎을 손으로 치다.

회양 사또와의 이별

樂莫樂兮新相知 (낙막낙혜신상지)
悲莫悲兮新別離 (비막비혜신별리)

새사람 알게 된 것보다 더 좋은 낙이 없고
새친구와 헤어지는 괴로움보다 더한 슬픔 없네.

해 의

삿갓이 여러 날을 신세진 회양 고을의 사또와 헤어지면서 남긴 시.
어느 관리의 환송 잔치에 정철(鄭澈), 유성룡(柳成龍), 이항복(李恒福), 심희수(沈喜壽), 이정구(李廷龜) 등 학문과 직위가 쟁쟁한 당대의 다섯 대신들이 모여 술잔을 돌리며 흥을 돋우다가 '들려오는 가장 아름다운 소리'라는 시제를 가지고 시 한 구절씩 읊기로 했다.
송강 정철이 먼저 운을 뗐다.

淸宵朗月　　(청소낭월)　　맑은 밤 밝은 달빛 비추일 때
樓頭遏雲聲　(누두알운성)　누각머리에 구름 가는 소리.
　　　　　　　　　　　　　　　　　　－鄭 澈

滿山紅樹　　(만산홍수)　　온 산에 가득 찬 붉은 단풍
風前遠岫聲　(풍전원수성)　먼 산 동굴 앞 바람 부는 소리.
　　　　　　　　　　　　　　　　　　－沈喜壽

曉窓睡餘　　(효창수여)　　새벽 창 잠결에 들려오는
小槽酒滴聲　(소조주적성)　작은 통에다 술 거르는 소리.
　　　　　　　　　　　　　　　　　　－柳成龍

山間草堂 (산간초당)　산마을 초당에서
才子詠詩聲 (재자영시성)　글방 도령이 시를 읊는 소리.
-李廷龜

洞房良宵 (동방양소)　깊은 방 좋은 밤에
佳人解裙聲 (가인해군성)　예쁜 여인의 치마 벗는 소리.
-李恒福

그날 밤, 오성대감의 '여인의 치마 벗는 소리'가 으뜸으로 뽑혔다고 한다.

 예시 보기

來不往 (내불왕)　오시지 말라 해도 갈 판인데,
來不往 (내불왕)　오시라는데 왜 아니 가겠나?

삿갓이 강원도 어느 마을에 들렀더니 그 마을 진사 댁의 생일잔치가 내일 있다고 하여 그 집으로 찾아 갔다. 그 진사 왈, 동문수학한 친구가 마침 고을 원으로 부임해 와 있어서 초대편지를 보냈더니 돌아온 답장이 이 여섯 자 뿐이라, 진사가 아무리 뜯어봐도 오겠다는 건지, 안 오겠단는 건지 해득이 되지 않아 고민하던 중이라고 했다. 그러면서 삿갓에게 해석을 구하니 '來不, 往./ 來, 不往'으로 끊어서 시원스럽게 풀어주었다.

사또와의 이별

渴不飮盜泉水 (갈불음도천수)
熱不息惡木陰 (열불식악목음)

아무리 목말라도 남의 샘물을 훔쳐 마시잖고.
날씨가 무더워도 좋잖은 나무 그늘에서는 쉬지 않겠노라

 예시 보기 1

七十生男非吾子家産傳之吾壻外人勿侵
(칠십생남비오자가산전지오서외인물침)

옛날 어떤 노인이 임종할 때 남긴 유서인데. 자기집 전 재산을 시집간 딸에게 물려주고 70세에 얻은 늦둥이 아들에게는 주지 않았다. 아들이 장성하여 관가에 진정하였지만 그 때마다 이 유언장 때문에 이길 수가 없었다. 바로 해석의 차이였기 때문이다.

1. 패소하는 해석
   七十生男非吾子
   家産 傳之吾壻 外人 勿侵

   70에 아들을 낳았으니 내 아들이 아닐 게다.
   모든 재산을 내 사위에게 전해주나니 남은 침범 말라.

2. 승소하는 해석
   七十 生男 非吾子
   家産 傳之 吾壻 外人 勿侵

   70에 생남한들 내 아들이 아닐쏘냐,
   집의 재산을 그에게 주니 내 사위도 남, 침범하지 말라.

결국 당시 경상도 안렴사(按廉使) 손변(孫抃)이 이 송사를 맡아 재산을 반분해줬다고 한다.

 예시 보기 2

臺上客忘返 (대상객망반)
巖邊月幾圓 (암변월기원)
澗深魚戲鏡 (간심어희경)
山暝鳥迷烟 (산명조미연)

物我渾同體 (물아혼동체)
行藏只樂天 (행장지락천)
逍遙寄幽興 (소요기유흥)
心境自悠然 (심경자유연)

대 위의 나그네 돌아갈 것 잊었는데
바윗가에는 달빛도 둥글어.
개울은 깊어서 물고기가 뛰어 놀고
산엔 저녁새 안개 속 헤매네.

사물과 내가 섞여 하나가 되니
나아가고 숨고는 다만 천명을 즐길 뿐.
천천히 거닐자니 흥도 그윽해
마음이 절로 참 한가하구나.

-李彦迪의 '징심대즉경(澄心臺卽景)' 『회재집(晦齋集)』

---

* 이언적(李彦迪 1491~1553) : 경상북도 경주 출신. 본관은 여주(驪州). 초명은 적(迪). 중종의 명으로 언(彦)자를 더함. 자는 복고(復古), 호는 회재(晦齋)·자계옹(紫溪翁). 주희(朱熹)의 주리론적 입장을 정통으로 확립하여 이황(李滉)에게 전해 줌. 1514년(중종 9) 문과 급제, 이조·예조·형조의 판서를 거쳐 1545년(명종 즉위년) 좌찬성이 됨. 1547년(명종 2) 양재역벽서사건(良才驛壁書事件)에 연루되어 강계로 유배, 사망. 저서『구인록(求仁錄)』(1550)·『대학장구보유(大學章句補遺)』(1549)·『중용구경연의(中庸九經衍義)』(1553)·『봉선잡의(奉先雜儀)』(1550) 등. 1610년(광해군 2) 문묘에 종사, 경주의 옥산서원(玉山書院) 등에 제향. 시호는 문원(文元).

제3부 炎凉世態 (염량 세태)

與訪客詰拒 (여방객 힐거)
錢 (전)
粥一器 (죽 일 기)
漢文 한글 섞은 詩
諺文風月 (언문 풍월)
訓戒訓長 (훈계 훈장)
雨 (우)
僧風惡 (승 풍 악)
元生員 (원 생 원)
鳳凰 (봉 황)
天脫冠 (천 탈 관)
辱祭家 (욕 제 가)
辱說某書堂 (욕설 모서당)
辱 孔氏家 (욕 공씨가)
辱尹哥村 (욕 윤가촌)
玉門 (옥 문)
戲贈妻妾 (희증 처첩)
還甲宴 (환 갑 연)
贈還甲宴老人 (증환갑연 노인)
老嫗 (노 구)
老人自嘲 (노인 자조)
出塞 (출 새)
過飲警戒 (과음 경계)
移徙難 (이 사 난)
訓長 (훈 장)
嘲年長冠者 (조연장 관자)
嘲僧儒 (조 승 유)
嘲山老 (조 산 노)
嘲幼冠子 (조 유관자)
嘲地官 (조 지 관)
嘲地師 (조 지 사)

與訪客詰拒 (여방객 힐거)
-시객을 꾸짖다

士：石上難生草 (석상난생초)
　　房中不起雲 (방중불기운)
　　山間是何鳥 (산간시하조)
　　飛入鳳凰群 (비입봉황군)

笠：我本天上鳥 (아본천상조)
　　常留五彩雲 (상유오채운)
　　今宵風雨惡 (금소풍우악)
　　誤落野鳥群 (오락야조군)

선비 : 돌위에 풀돋기 어렵고
　　　방안엔 구름 일지 않는다네,
　　　이 산중의 무슨 잡새가
　　　봉황무리로 날아들으셨나.

삿갓 : 난 본래 천상의 새
　　　5색구름에 늘 쌓여 사는데.
　　　오늘밤 비바람에
　　　들새무리에 잘못 떨어졌네.

錢 (전)
-돈

周遊天下皆歡迎 (주유천하개환영)
興國興家勢不輕 (흥국흥가세불경)
去復還來來復去 (거복환래래환거)
生能捨死死能生 (생능사사사능생)

천하를 두루두루 돌아다녀도 모두 환영하고,
나라와 집안까지 흥하게 하니, 네 힘 가볍잖네.
갔다가 다시 오고 왔다가도 다시 가니,
산사람도 능히 죽이고 죽는 사람도 살려내겠구나.

해 의

흥보가 중에 나오는 매값으로 돈 닷냥을 받아든 흥보의 〈저 아전~ (돈타령)〉 가사이다.
(중모리) 박흥보 좋아라고 질청 밖을 썩 나서서 얼씨구나~ 좋구나~ 돈 봐라 돈, 돈 봐라 도온 돈 돈 도온~ 돈 돈 봐라 돈, 이 돈을 눈에 대고 보면 삼강오륜이 다 보이고 조금 있다 남은 지환을 손에다 쥐고 보면 삼강오륜이 끊어지니 보이난 건 돈 밖에 또 있느냐. 돈 돈 돈 돈 봐라 돈, 떡국집으로 들어~를 가서 떡국 반 푼어치 사서~먹고 막걸리 집으로 들어~를 가서 막걸리 두 푼 어치를 사서 먹고 어깨를 느리우고 죽통을 뺏뜨리고 대~장~부 한걸음에 엽전 서른 닷 냥이 들어를 간다. 얼씨구나 돈 봐라, -중략-
(중중모리) 흥부 마누래 나온다, 흥부 마누래 나온다, 어디 돈~ 어디 돈~ 돈 봅시다. 돈 봐. 놓아 두어라 이 사람아. 이돈 근본을 자네 아나? 잘난 사람도 못난 돈, 못난 사람도 잘난 돈, 맹산군에 수레바퀴 처~럼 둥글둥글 생긴 돈, 생살지권을 가진 돈, 부귀공명에 붙은 돈, 이놈의 돈아 아나 돈아, 어디 갔다 이제 오느냐. 얼씨구나 돈 봐라 돈, 돈 도오오오오오온, 돈 돈 돈, 돈 봐라!

粥 一 器 (죽 일 기)
-죽 한 그릇

四脚松盤粥一器 (사각송반죽일기)
天光雲影共徘徊 (천광운영공배회)
主人莫道無顔色 (주인막도무안색)
吾愛靑山倒水來 (오애청산도수래)

네 다리 소반위에 죽 한 그릇
하늘빛과 구름그림자 함께 떠돈다네.
주인장 무안해 하지 마오
청산이 물에 빠지는 것을 난 좋아한다오.

 예시 보기

室中所有太蕭條 (실중소유태소조)
變賣不抵錢七八 (변매불저전칠팔)
尨尾三條山粟穎 (방미삼조산속영)
鷄心一串番椒辣 (계심일관번숙랄)

破甖布糊杜穿漏 (파앵포호두천루)
皮架索縛防墜脫 (피가색전방추탈)
銅匙舊遭里正攘 (동시구조리정양)
鐵鍋新被隣豪奪 (철과신피인호탈)

嗚呼此屋滿天地 (오호차옥만천지)
九重如海那盡察 (구중여해나진찰)
　　　-茶山 丁若鏞의 '奉旨廉察到積成村舍作' 中 一節

집안에 가진 것이 심히 쓸쓸해
모두 팔아도 7·8냥이 안돼.

삽살개 꼬리 같은 산조 석 줄 매달렸고
빨간 고추 한 꿰미 꿰어 걸어놓았구나.

깨진 독 헝겊 붙여 구멍 막았고
새끼로 시렁 매달아 놓았네.
놋수저 이장이 옛날에 가져갔고
쇠솥은 지금 옆집 양반이 뺏어가고 있네.

오호라 이런 집이 온천지에 가득해도
9중 궁궐 아득도 하여 알기나 할런지.

---

* 鍋 : 노구솥 '과'.
* 甖 : 술단지 '앵'.
* 丁若鏞(1762.(영조 38) 6. 16.~1836.(헌종 2) 2. 22.)
  자는 미용(美鏞). 호는 다산(茶山)·사암(俟菴)·여유당(與猶堂)·채산(菜山)·근기(近畿)·귀농(歸農)·탁옹(籜翁)·태수(苔叟)·자하도인(紫霞道人)·철마산인(鐵馬山人).
  남인 가문 출신으로, 정조(正祖) 연간에 문신으로 사환(仕宦)했으나, 청년기에 접했던 서학(西學)으로 인해 장기간 유배생활을 함. 이 기간 동안 자신의 학문을 더욱 연마해 육경사서(六經四書)에 대한 연구를 비롯해 일표이서(一表二書 : 經世遺表·牧民心書·欽欽新書) 등 모두 500여 권에 이르는 방대한 저술을 남겨 조선 후기 실학사상을 집대성한 인물로 평가되고 있다.

漢文 한글 섞은 詩

諺文眞書섞어作 (언문 진서 섞어 작)
是耶非耶皆吾子 (시야 비야 개오자)

한글과 한문을 섞어지은 내 시를 보고
옳다그르다 하는 놈들은 모두 다 내 아들.

 예시 보기

이규보가 지은 〈백운소설〉에 고려 전기 한문학의 대표적인 인물인 정지상과 김부식의 이야기가 이렇게 전해진다. 어느날, 김부식이 이런 시를 지었다.

柳色千絲綠 (류색천사록)   버들잎 천 가지마다 푸르고
桃花萬點紅 (도화만점홍)   복숭아꽃 만 송이마다 붉구나

그 때 갑자기 정지상 귀신이 나타나 김부식의 뺨을 후려쳤다.
"천 가지인지, 만 점인지 네가 세어봤느냐? 시는 그렇게 짓는 법이 아니다."
그러면서 시 구절을 바꿔 읊었다.

柳色絲絲綠 (류색사사록)   버들잎 가지마다 푸르고
桃花點點紅 (도화점점홍)   복숭아꽃 송이마다 붉구나

김부식은 기분이 몹시 나빴지만 아무 말도 할 수 없었다.
나중에 김부식이 어느 사찰의 측간에 가서 앉아 있는데, 정지상의 귀신이 와서 음낭을 쥐고 물었다.
"술도 마시지 않았는데, 왜 낯이 붉은가?" "언덕의 단풍이 비쳐 붉다."
정지상 귀신이 음낭을 더욱 죄면서,
"이 가죽주머니는 왜 이리 무르냐?" "네 아비 음낭은 무쇠였더냐?"
정지상의 귀신이 더욱 세게 음낭을 죄어서 김부식은 결국 측간에서 죽었다 한다.

諺文風月 (언문 풍월)
- 한글 풍월

靑松 듬성듬성 立
人間 여기저기 有
所謂 엇뚝삣뚝 客
平生 다나쓰나 酒

푸른 솔 듬성듬성 서있듯이
사람들도 여기저기 모여있네,
난 척하는 엇뚝빗뚝 저 나그네,
쓰나다나 술로 한평생 보내며 산다네.

 예시 보기

  杳杳孤城壓水湄 (묘묘고성압수미)
  層巒一畵女墻輝 (층만일화녀장휘)
  愁中偶得新詩句 (수중우득신시구)
  客裏難逢濁酒杯 (객리난봉탁주배)

  谷鳥有知方更響 (곡조유지방갱향)
  舟人欲遞苦相催 (주인욕체고상최)
  往來消長非虛事 (왕래소장비허사)
  行到歸州耐可歸 (행도귀주내가귀)

저 멀리 외론 성, 물가에 우뚝하니
층층 산은 산 그림이요, 여장은 빛나네.
시름 속 새 싯귀를 우연하게 얻었지만
나그네 사정이란 탁주 한잔도 어렵기만 하네.

새들도 내 맘 알까 골짝에서 슬피 울고

뱃사공은 교대하려고 괴로이 깝치네.
오가며 보낸 날들 헛된 것만 아닐지니
귀주땅에 도착만 하면 돌아갈지 몰라.

-金九容의 '望歸州城'

* 金九容 : 본관은 안동(安東). 초명은 제민(齊閔), 자는 경지(敬之), 호는 척약재(惕若齋) 또는 육우당(六友堂), 충렬공(忠烈公) 김방경(金方慶, 1212~1300)의 현손. 공민왕 때 16세로 진사시험에 합격, 2년 뒤에 과거 합격. 1367년(공민왕 16) 민부의랑(民部議郎) 겸 성균직강(成均直講)이 되어 정몽주, 박상충, 이숭인 등과 함께 후학을 가르침. 1375년(우왕 1), 삼사좌윤 때, 북원(北元)에서 사신을 보내오자 이들을 맞으려는 이인임 등 권신들에 맞서 친명파인 이숭인, 정도전 등과 함께 반대하다 죽주로 유배. 얼마 후에 여흥으로 이배, 육우당(六友堂)에서 기거. 1381년(우왕 7)에 좌사의대부, 성균관대사성, 판전교시사(判典校寺事)가 됨. 1384년 행례사로 명(明)에 가면서 국서와 백금 100냥, 세모시와 삼베 각 50필을 가지고 가다가 요동에서 명의 남경(南京)으로 압송. 명 태조의 명령으로 대리위(大理衛, 지금의 운남)로 귀양 가던 중 노주(瀘州) 영녕현(永寧縣)에서 병을 얻어 47세에 사망. 문집『척약재집(惕若齋集)』.

訓戒訓長 (훈계 훈장)
－훈장을 훈계하다

化外頑氓怪習餘 (화외완맹괴습여)
文章大塊不平噓 (문장대괴불평허)
蠡盃測海難爲水 (여배측해난위수)
牛耳誦經豈悟書 (우이송경기오서)

含黍山間奸鼠爾 (함서산간간서이)
凌雲筆下躍龍余 (능운필하약용여)
罪當笞死姑舍己 (죄당태사고사기)
敢向尊前語詰踞 (감향존전어힐거)

두멧골 완고한 백성이 괴팍한 버릇 있어
대문장가 앞에 두고 온갖 불평을 떠벌리고 있네.
종지에 바닷물을 담아놓고도 물이라고 하랴.
쇠귀에 경읽기라 이어찌 글을 깨달았다하랴.

넌 산골 쥐새끼라 기장이나 먹지마는
이내 몸은 용사 비등 붓끝으로도 능히 구름을 일으킬 수 있네.
네 죄는 매 아래서 죽어야 하나, 내 용서하노니.
다시는 버릇없이 어른 앞에서 말대꾸 말지라.

해 의

김삿갓이 강원도 어느 서당을 찾아가니, 마침 훈장은 학동들에게 고대의 문장을 강의하고 있는데, 주제넘게도 그 문장을 천시하는 말을 하고, 김삿갓을 보자 멸시를 하는 것이었다. 이에 훈장의 허세를 꼬집는 시를 지었다.

雨 (우)

訓長 : 今日雨來見 (금일우래견)
　　　 人家不浮有 (인가불부유)

　笠 : 今日遇來見 (금일우래견)
　　　 人家不復有 (인가불부유)

훈장 : 오늘비 바라보니
　　　집이 물에 떠 없어지겠구나.

삿갓 : 내 오늘 우연히도 훈장을 보니,
　　　사람집에는 다시는 못 둘 엉터리로구나.

 해 의

雨가 遇로 浮가 復로 바뀌지니 그 뜻이 완전히 달라져 버린다.

예시 보기

매월당이 언젠가 서강(西江)을 여행하다가 한명회(韓明澮)의 시를 보고 글자를 바꾸어 조롱하였다. 과연 대단한 해학이었다.

　　青春扶社稷 (청춘부사직)　젊을 땐 나라를 잘 붙잡고
　　白首臥江湖 (백수와강호)　늙은 다음엔 강호에 묻히네.
　　　　　　　　　　　　　　　　　　　　　-한명회의 시

　　青春亡社稷 (청춘망사직)　젊을 땐 나라를 다 망치고
　　白首汚江湖 (백수욕강호)　늙은 다음엔 세상 더럽히네.
　　　　　　　　　　　　　　　　　　　　　-김시습의 시

僧風惡 (승풍악)
-고약한 중

榻上彼金佛 (탑상피금불)
何事坎重連 (하사감중련)
此寺僧風惡 (차사승풍악)
擇日欲西歸 (택일욕서귀)

단위에 앉아계신 금부처님
무슨 일로 무덤속의 얼굴빛처럼 우울하신 걸까.
이 절간 중놈들의 행실이 나빠
좋은 날 잡아 서역땅으로 가시려나보다.

 예시 보기

少年常愛山家靜 (소년상애산가정)
多在禪窓讀古經 (다재선창독고경)
白髮偶然重到此 (백발우연중도차)
佛前依舊一燈靑 (불전의구일등청)

소시엔 고즈넉한 산사가 좋아
창가에 기대 옛날 경전을 많이도 읽었지.
백발에 우연히도 다시 찾은 이곳에는
불상 앞엔 그 옛날처럼 등불만 아련해.

-企齋 申光漢의 '投宿山寺'

---

* 企齋 申光漢(1484~1555) : 중종 때의 시인.

元生員 (원생원)

日出猿生原 (일출원생원)
猫過鼠盡死 (묘과서진사)
黃昏蚊簷至 (황혼문첨지)
夜出蚤席射 (야출조석사)

해뜨니 원숭이가 언덕위에 뛰어놀고(元生員)
고양이가 지나가니, 쥐들이 모두 몰살을 했다네(徐進士).
황혼엔 모기떼가 처마에서 앵앵거리고(文僉知)
밤벼룩들이 자리틈에서 마구 쏘아대네(趙碩士).

해 의

원씨, 서씨, 문씨, 조씨 등이 사는 각성받이 마을에 들렀는데 모두가 잘 났다고 떠들어대는 꼴을 보고 삿갓이 희롱하는 시.

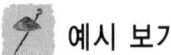 예시 보기

柴扉尨亂吠 (시비방란폐)   삽살개 사립에서 짖어대는데
窓外白雲迷 (창외백운미)   창밖 맴도는 흰구름 한 송이.
石徑人誰至 (석경인수지)   올 이도 하나 없는 돌자갈밭길,
春林鳥自啼 (춘림조자제)   봄날 숲속엔 새들만 우짖네.

― 許景胤의 '山 居'

---

* 허경윤(許景胤, 1572~1646) : 조선 중기 문신. 가락국 허왕후의 후손으로 자는 사술(士述), 호는 죽암(竹庵). 왜적에 도굴당한 수로왕릉 봉분 다시 쌓아 수로왕릉 지켜낸 김해의 의인으로 유명함.

鳳 凰 (봉 황)

鳳飛靑山鳥隱林 (봉비청산조은림)
龍登碧海魚潛水 (용등벽해어잠수)

봉황이 청산에 오르니, 좀새는 숲으로 숨어들고
용이 벽해에 거동하시니, 좀고기들은 물속으로 숨네.

해 의

삿갓이 관북천리 방랑길에 올라 함경도 어느 마을에 들렀을 때 그 마을의 세력가인 정 부자네 집에 묵게 되었다. 소문을 들어 김삿갓을 알아본 그 집 주인장은 비교적 융숭한 대접을 하면서 마침 이렇게 오셨으니 며칠 후에 낙성하는 정자의 당호를 하나 지어달라고 부탁하였다. 주인 성씨를 물어보았더니 동래 정씨(東萊 鄭氏)라면서 조상자랑에 열을 올렸다. 삿갓이 장난기가 발동하였다. 다음날 아침 삿갓은 사랑에서 지필묵을 가져오라 하곤 큼지막하게 써 내려갔다. '貴羅堂'. '이게 무슨 뜻이오?' '예, 귀할 貴, 비단 羅, 집 堂이오니 비단같이 귀한 정자란 뜻이지요'. 삿갓의 설명을 듣고 주인은 고맙다며 술을 권했다. 삿갓이 그 집을 작별하고 동구 밖을 벗어나고 있을 때 그 집 하인이 몽둥이를 들고 따라 나오며 고래고래 소리를 지르고 있었다. '게 섯거라! 이놈. 뭐 우릴 보고 당나귀라고?'. 그래서 지금도 정 씨들은 鄭자를 쓸 때 첫 두 획인 두 귀를 오므려(八) 쓰고 있는가 보다.

天脫冠 (천탈관)

天脫冠而得一點 (천탈관이득일점)
乃失杖而橫一帶 (내실장이횡일대)

하늘 '천' 갓을 벗어 한 점 얻었고(犬)
이에 '내' 자가 지팡이 잃어 한 일자 띠었네(子).

---

* 犬子 : 개자식. 개새끼.

해 의

'하늘 天'자가 머리위 관을 읽었으니, '큰 大'자가 되고, 거기에 점 하나를 얻었으니, '개 犬'자가 된다. '이에 乃'자가 지팡이를 잃고 '한 一'자를 허리에 두르니, '아들 子'자가 되어서 犬子, 즉 개새끼라는 뜻이 됨.

예문 보기

삿갓이 어느 마을 골목길을 걷고 있는데, 어느 여인이 삽작으로 꾸정물을 휙 버렸다. 졸지에 꾸정물을 고스란히 덮어쓰게 된 삿갓 양반. 뭐라 말할 새도 없이 그 여인은 집안으로 쏙 들어가는 게 아닌가! 삿갓은 괘씸하여 큰소리로 '해! 해!'하고는 돌아섰다.
'해(年)', '해(年)'이니까 '쌍년(雙年)'이 되는 것이었다.

辱祭家 (욕 제 가)
-제삿집에 욕하다

年年臘月十五夜 (연년납월십오야)
君家祭祀乃自知 (군가제사내자지)
祭奠登物用刀疾 (제전등물용도질)
獻官執事皆告謁 (헌관집사개고알)

해마다 섣달이면 보름날 밤에(十五夜)
당신네 집에 제사있음을 내 이미 아노니(乃早知).
제상에 올린 음식 칼질 잘한 제물이라(用刀疾),
헌관이나 집사가 모두 엎드려 아뢰네(皆告謁).

---

* 臘月 : 섣달 '납'. 음력 12월.
* 十五夜 : 이 시에서는 '씹오야'로 소리내어 읽어야 된다.
* 用刀疾 : 용두질, 즉 자위행위를 말함.
* 皆告謁 : 개의 공알을 뜻함.

辱說某書堂 (욕설 모서당)

書堂來早知 (서당내조지)
先生來不謁 (선생내불알)
房中皆尊物 (방중개존물)
生徒諸未十 (생도제미십)

서당에 아침 일찍 와서 보니,
선생이란 자, 내다 보도 않네.
방안엔 모두가 귀한 몸들,
학생은 겨우 열 명도 안 되네.

해 의

삿갓이 아침이나 얻어먹으려고 동리 서당을 찾아갔더니, 학동들은 열 명도 채 안되는데, 훈장은 거드름을 피우며 밖을 내다보지도 않고, 푸대접을 받자, 一筆揮之하여 문전에 던져놓고 떠나가게 된다.

辱孔氏家 (욕 공씨가)
-공씨집을 욕하다

臨門老尨吠孔孔 (임문노방폐공공)
知是主人姓曰孔 (지시주인성왈공)
黃昏逐客緣何事 (황혼축객연하사)
恐失夫人脚下孔 (공실부인각하공)

문앞에 다가서자 늙은삽삽개 공공 짖으니,
집주인 성이 공인 줄 알겠네.
황혼에 나그네를 내쫓는 것은 무슨 연고인가?
아마도 제마누라 다리밑구멍 잃을까 겁났나?

해 의

삿갓이 삽살개가 마구 짖어대는 어느 집에서 주인에게 문전박대를 받고 돌아 나올 때, 개 짖는 소리를 '공공'으로 표현하고, 그 집 주인 성씨가 '공'이고, 주인 마누라 음부를 역시 구멍 '공'으로 빗대어 통쾌하게 복수하고 있는 시이다.

辱尹哥村 (욕 윤가촌)
- 윤가촌을 욕하다

東林山下春草綠 (동림산하춘초록)
大丑小丑揮長尾 (대축소축휘장미)
五月端陽愁裡過 (오월단양수리과)
八月秋夕亦可畏 (팔월추석역가외)

동림산 아래엔 봄풀이 푸르른데
큰소, 작은소 긴꼬리 흔드네.
5월도 단오날은 근심 속에 지나갔지만
8월 추석은 어찌 넘길지 두렵기만 하네.

해 의
함경도 단천 윤씨 집성촌에서 푸대접을 받고 쓴 시.
소 '축'(丑)에 긴 꼬리를 달면 다스릴 '윤'(尹)자가 된다.

---

* 愁裡 : 직역하면 '근심 속에'란 뜻이지만, 우리말로 '수릿날' '수리'도 된다.
* 可畏 : '가히 두렵다'. 이 역시 추석 한가위의 가위와 비슷하다. 명절에 잡힐까 봐 소들이 전전 긍긍하는 것으로 풍자.

玉門 (옥문)

遠看似馬眼 (원간사마안)
近視如膿瘡 (근시여농창)
兩頰無一齒 (양협무일치)
能食一船薑 (능식일선강)

멀리서 바라보면 말눈깔 같고
가까이 보면 곪은 종기 같애.
두 뺨에 이가 하나 없다손 해도
배 한 척 생강 다 먹어치웠대.

 해 의

전라도의 어떤 생강 장사가 평양에 와서 한 기생에게 빠져 배 한 척 분의 생강 판 돈을 다 탕진하고 갔다는 얘기를 듣고 삿갓이 지은 시.

예문 보기

어느 날 김삿갓이 전라도 화순 적벽을 찾아 가는 길이었다. 날이 저물어 하룻밤 신세를 지려고 가까운 서당을 찾아갔다. 그런데 서당 학동들이 너무나 공부에 열중하는지라 감탄스러워 한마디 했겠다.
"자지는 만지고 보지는 조지라."
이에 훈장과 학동들이 욕하는 줄 알고 발끈하자 김삿갓의 해명인즉,
"자지(自知)는 만지(晚知)고,
스스로 알려고 하는 자는 늦게 깨우치고,
보지(補知)는 조지(早知)라.
남의 도움으로 알려고 하는 자는 빨리 깨우치느니라."

戱贈妻妾 (희증 처첩)

不熱不寒二月天 (불열불한이월천)
一妻一妾最堪憐 (일처일첩최감련)
鴛鴦枕上三頭並 (원앙침상삼두병)
翡翠衾中六臂連 (비취금중육비련)

開口笑時渾似品 (개구소시혼사품)
翩身臥處變成川 (편신와처변성천)
東邊未了西邊事 (동변미료서변사)
更向東邊打玉拳 (갱향동변타옥권)

춥지도 덥지도 아니한 2월 달에
마누라와 첩과 남편이 함께 누워 있네.
원앙침 베개위엔 머리가 셋 나란하고
이불속에는 팔이 여섯 개 가지런하구나.

입벌려 웃을 때는 세 입이 모여 품(品)자가 되고
모로 누우면 그 모양새가 내 천(川)자로구나.
동쪽 일 끝내기 전 서쪽에도 일 벌리고
다시 동쪽을 옥권으로 패네.

---

* 玉拳 : 남자의 성기.

還甲宴 (환갑연)
- 환갑 잔치

彼坐老人不似人 (피좌노인불사인)
疑是天上降眞仙 (의시천상강진선)
其中七子皆爲盜 (기중칠자계위도)
偸得天桃獻壽筵 (수득천도헌수연)

저기에 앉아 계신 저 노인이사 인간 같지 않아.
아마도 하늘에서 금방 내려온 신선인 것 같애.
여기에 모여 있는 일곱 아들은 모두다 도둑들.
하늘의 복숭아를 몰래 훔쳐다 잔치에 바쳤네.

---

* 不似 : ~~ 같지 않다.
* 壽筵 : 목숨 '수'. 대자리 '연'. 곧 환갑잔치.
* 天桃 : 선계에서 천 년에 한 번 열린다는 서왕모의 복숭아. 곧 장수를 뜻하는데, 이본에는 碧桃·王桃 등의 표현이 보인다.

 해 의

김삿갓이 어느 환갑잔치 자리에서 주인에게 써 준 시. 좌중이 모두 지켜보는데 첫구를 쓰고 큰 소리로 읽자 사람들이 모두 깜짝 놀랐다. '아니 주인공을 보고 인간 같지 않다니.' 사람들은 모두 흥분하기 시작했다. 그러자 삿갓은 둘째 구를 쓰고는 다시 큰 소리로 읽었다. 하늘에서 내려온 신선 같다고. 그러자 사람들은 와!하고 소리를 쳤다. 김삿갓은 술을 한잔 들이키고 셋째 구를 쓰고 읽자 일곱이나 되는 아들들이 얼굴이 붉으락푸르락 하며 화를 내며 대들었다. '뭣이라? 우리가 모두 도둑놈들이라고?' 그러자 삿갓은 마지막 구를 쓰고는 붓을 던지며 말했다. 천도복숭아를 훔쳐온 도둑들이라고. 그러자 사람들은 모두가 와! 하며 다시 놀랐다. 과연 김삿갓의 명성에 걸맞은, 시로서 사람들을 웃고 울리는 천재시인이라 할 만 하였다.

贈還甲宴老人 (증환갑연 노인)
-환갑 잔치하는 노인에게

可憐江浦望 (가련강포망)
明沙十里連 (명사십리연)
令人個個拾 (영인개개습)
共數父母年 (공수부모연)

강마을 바라보니, 아름답구나,
고운 모래밭 10리를 이었네.
저 많은 모래알을 한 알 한 알 줍게 하여
그 수만큼 부모 연세에 더하게 했으면.

---

* 可憐 : 아름답고 사랑스러운.
* 明沙 : 곱고 깨끗한 모래.
* 共數 : 모든 개수.
* 登高望海邊 十里平沙連
  箇箇令人拾 算君父母年
* 작자가 백호 임제라고도 한다.

老 嫗 (노구)
－늙은 노파

臙脂粉登買耶否 (연지분등매야부)
冬柏香油亦在斯 (동백향유역재사)
老嫗當窓掃白髮 (노구당창소백발)
更無一語出門遲 (갱무일어출문지)

연지분 안사려우?
동백기름과 향유도 있어요.
노파는 창가에서 머릴 빗으며
들은둥만둥 쳐다보도 않네.

---

* 嫗 : 할미 구.
* 耶 : 어조사 야. '~인가?.' '~한가?'
* 買耶否 : 사겠는가? 안사겠는가?
* 斯 : 이 '사'. 사물을 가리키는 이것. 이런. 이러한.

 예시 보기

待客客未到 (대객객미도)　손님을 기다려도 손은 안 오고
尋僧僧亦無 (심승승역무)　중을 찾으니 중 또한 없구나.
唯餘林外鳥 (유여림외조)　오로지 수풀 밖의 새만 남아서
款款勸提壺 (관관권제호)　한 잔 하라고 정성껏 권하네.
　　　　　　　　　－李仁老의 '제천심원벽(題天尋院壁)'

---

* 이인로(李仁老, 1152~1220) : 고려 중기의 문신, 학자, 시인, 작가. 자는 미수, 초명은 득옥(得玉). 아호는 쌍명재(雙明齋). 본관 인주. 인천 원인재에 묘가 있음.

老人自嘲 (노인 자조)
-노인이 스스로 놀리다

八十年加又四年 (80년가우4년)
非人非鬼亦非仙 (비인비귀역비선)
脚無筋力行常蹶 (각무근력행상궐)
眼乏精神坐輒眠 (안핍정신좌첩면)

思慮言語皆妄佞 (사려언어개망녕)
猶將一縷氣之線 (유장일루기지선)
悲哀歡樂總茫然 (비애환락총망연)
時閱黃庭內景篇 (시열황정내경편)

여든에 또 네 살을 더 하고나니,
사람도 귀신도, 신선도 아니네.
다리에 힘이 없어 걸핏하면 넘어지고
눈도 어둡고 정신이 없어 앉으면 존다네.

생각과 말하는 게 모두가 다 망녕되지만
그래도 아직 한 줄기 숨에 목숨 부지하네.
기쁨도 슬픔도 모든 것이 아득하지만
시시때때로 '황정' '내경'을 읽어도 본다네.

---

* 蹶 : 쓰러질 '궐'. 미끄러질 '궐'.
* 輒 : 문득 '첩'. 번번이 '첩'.
* 一縷 : 한 올의 실. '一縷의 희망'으로 쓰임.
* 黃庭經 : 道家의 經으로서 魏婦人이 전했다는 '黃帝內景經' 王羲之가 베껴서 거위
    와 바꿨다는 '黃帝外景經' '黃庭遁甲錄身經' '黃庭玉軸經'.

出 塞 (출 새)
-변방에 가다

獨坐計君行復行 (독좌계군행부행)
始知千里馬蹄輕 (시지천리마제경)
綠江斜日東封盡 (녹강사일동봉진)
白塔浮雲北陸平 (백탑부운북륙평)

公子出疆仍幕府 (공자출강잉막부)
詩人到塞便長城 (시인도새변장성)
倦遊遙落空吟雪 (권유요락공음설)
歲暮誰憐病馬卿 (세모수련병마경)

그대가 홀로앉아 가고 또 감을 헤아려보노니.
천 리 길 말발굽이 가벼워짐을 비로소 알겠네.
푸른강 해저물어 동쪽 경계가 아득해져 가고.
흰탑에 구름뜨니, 북쪽의 땅이 마냥 평화롭네.

새대장 부임하니, 군영 막사가 거듭 즐비하고.
시인이 둘러보니, 힘들여 쌓은 긴성이 보이네.
한가히 거닐다가 날며 내리는 눈발을 읊나니.
세밑엔 아픈 병사 병들은 말을 그 누가 돌볼까.

* 君 : 제2인칭대명사 · 너 · 자네 · 그대 · 당신 · 임자 · 이녘(汝 · 若 · 而 · 爾 · 卿 · 乃 · 大人 · 夫子 · 先生).
* 馬蹄 : 말발굽.
* 公子 : 귀한 집안의 나이 어린 자제. 귀공자. 여기서는 지휘관, 部隊長의 뜻.
* 出疆 : 국토를 떠나감. 왕명으로 변방으로 감.

* 仍 : 인할 '잉'. 거듭할 '잉'.
* 幕府 : 大將軍의 本營.
* 歲暮 : 세밑. 세말.
* 遙 : 노닐 '요'.

 해 의

아마도 조선의 국경인 함경도 변방을 지키는 요새를 둘러보고 지은 시 같다. 세밑은 다가오는데, 헐벗고 굶주림과 병마에 시달리는 병졸들의 아픔을 걱정스러워하는 화자의 따뜻한 연민의 정을 느낄 수 있는 작품이다. 임진왜란 때 선조의 몽진을 따라 의주까지 수행했던 백사 이항복의 시 한편을 살펴보자.

　　白日陰陰晝晦微 (백일음음주회미)
　　朔風吟裂遠征衣 (삭풍음열원정의)
　　遼東城郭應依舊 (요동성곽응의구)
　　只恐令威去來歸 (지공영위거래귀)

　　　　　　　　　　　　　　　　－李恒福의 '晴窓軟淡'

　　밝은 해 그늘져서 대낮에도 희미한데,
　　북풍이 불어 나그네 옷깃 찢을 듯하구나.
　　요동땅 성곽이야 옛 그대로 있겠지만
　　떠난 정령위 못 돌아올까 늘 근심이라네.

---

* 李恒福(1556~1618) : 조선 중기 문신·학자. 본관은 경주, 자는 子常, 호는 白沙·弼雲·淸化眞人·東岡·素雲이다. 1580년 병과 급제 후 검열·병조판서·영의정 등을 지냈다. 저서로 '백사집', '北遷日錄' 四禮訓蒙' 등이 있다.

過飮警戒 (과음 경계)

渴時一滴如甘露 (갈시일적여감로)
醉後添盃不如無 (취후첨배불여무)
酒不醉人人自醉 (주불취인인자취)
色不迷人人自迷 (색불미인인자미)

목말라 갈증날 때 술 한 방울은 단이슬 같지만.
취한 뒤 또 마시는 한 잔의 술은 안마심만 못해.
사람을 취하게 하는 것도 술이 아니라 제 스스로이고.
남자를 미치게 하는 것도 여자 아니고 제 스스로라네.

---

* 渴 : 목마를 '갈'.
* 滴 : 물방울 '적'.
* 添盃 : 첨배(添杯)와 같음. 첨잔(添盞).
* 趣後 : '醉後'의 誤記인 것같음. 취한 뒤.

해 의

평소 두주불사(斗酒不辭)로 술을 좋아했던 김삿갓도 과음을 스스로 경계하는 시를 지었다니 과연 술의 성인(聖人)이로고. 역자가 맹호부대에서 군 생활 졸병시절, 행정반 서무계 사수 박성우 병장(부산대 영문과 재학중 입대, 이후 대한항공 김해공항 지점장으로 근무하였음)이 내게 건네준 조그마한 책이 있었다. 시인이며, 성균관대 영문학 교수이자 대주호(大酒豪)로 명성이 자자하던 수주 변영로(樹州 卞榮魯) 선생이 지은 '명정사십년(酩酊四十年)'이란 책이었다. 그 책을 읽은 후 며칠간을 그 대목만 생각하면 도저히 웃음을 참을 수 없어 혼자 킬킬대다가 주임 상사로부터 주의를 받기도 하였다. 이명우 선생도 이 백주 대낮 희대의

154

사건을 언급하고 있었다.

혜화동에 살 때의 일이었다. 酒道의 명인들인 공초 오상순(空超 吳相淳), 성재 이관구(誠齋 李寬求), 횡보 염상섭(橫步 廉想涉), 이렇게 삼주선(三酒仙)의 내방(來訪)을 받았다. 술을 마시려고 四人의 주머니를 털어보니 불과 수삼원밖에 안 되었다. 이 액수는 이 대주호들에겐 유불여무(有不如無)였다. 궁리 끝에 동아일보(東亞日報) 편집국장 고하 송진우(古下 宋鎭禹)에게 "좋은 기고를 하여 줄 것이니 50원만 보내달라"고 편지를 써서 심부름꾼을 시켜 보냈다. 얼마 후에 심부름꾼이 받아가지고 온 50원으로 술은 소주에, 안주는 고기(牛肉)로, 장소는 사발정 약수터(성균관 뒤)로 하였다.

참으로 그날은 쾌음(快飮)·호음(豪飮)하였고, 객담(客談)·고담(古談)·농담(弄談)·치담(痴談)·문학담(文學談)을 순서없이 지껄이며 권커니 자커니 마셨다. 그러나 호사다마(好事多魔)랄까. 그때까지 맑고 푸르던 하늘이 난데없이 검은 구름으로 덮이더니 삽시간에 비가 쏟아지기 시작했다. 그야말로 유연작운(油然作雲)·패연하우(霈然下雨) 바로 그것이었다. 속수무책으로 살이 불어터질 지경으로 비를 흠뻑 맞았다. 산중취우(山中驟雨)의 그 장경은 필설난기(筆舌難記)였다.

우리 4인은 불기이동(不期而同)으로 노래를 고창하였다. 그 때에 공초(空超) 선지식(善知識)이 공초식 발언을 하였으니, 그것은 '옷을 찢어버리자'라는 제안이었다. 옷이란 대자연과 인간 사이의 이간지물(離間之物)이니 몸에 걸칠 필요가 없다는 것이었다. 먼저 공초가 찢어버렸고, 남은 사람 셋은 이에 호응하여 모두 옷을 찢어버렸다. 대취한 사나한(四裸漢)들 광가난무(狂歌亂舞)하였다. 서양에 Bachanalianorgy(바커스식 躁亂)란 말이 있으나 아무리 광조(狂躁)한 주연(酒宴)이라해도 이에 비하여서는 불급(不及)이 원의(遠矣)일 것이다.

우리는 어느덧 언덕 아래 소나무 그늘에 소 몇 필이 매여 있음을 발견·소를 잡아타자는 데 일치하였다.…

하여간 우리는 몸에 일사불착(一絲不着)한 상태로 그 소들을 잡아타고 유유히 비탈길을 내려갔고 똘물을 건너고 공자(孔子)님을 모신 성균관을 지나서 큰 거리까지 진출했다가 큰 봉변 끝에 시중(市中)까지 오려던 장도(壯圖)는 수포로 돌아가고 말았다.

―卞榮魯 著 '酩酊四十年'에서

移 徙 難 (이 사 난)

問君倘識移去法 (문군당식이거법)
非但三黨有五黨 (비단삼당유오당)
一似錢財交世交 (일사전재교세교)
二將文筆得人情 (이장문필득인정)

不然或有班根脈 (불연혹유반근맥)
出下能知製藥方 (출하능지제약방)
無四且兼盲地術 (무사차겸맹지술)
恃何敢入士夫鄕 (시하감입사부향)

묻노니, 그대 혹시 이사가는 법 잘 알고 있는가.
세 가지 동네 아닌 다섯 동네나 된다고 하는데.
첫째론 돈을 써서 선후 대대로 서로들 사귀고.
둘째론 글쓰는 기술있어 도덕적으로 인정받아야 돼.

그렇지 못하다면 혹시 근본이 양반줄기거나.
아니면 한약짓는 처방이라도 알아야만 하네.
이러한 네 가지를 갖춘바 없고 풍수도 모르면.
그 무슨 뱃짱으로 양반마을에 들어가려 하나.

訓 長 (훈 장)

世上誰云訓長好 (세상수운훈장호)
無烟心火自然生 (무연심화자연생)
日天日地靑春去 (왈천왈지청춘거)
韻賦韻詩白髮成 (운부운시백발성)

雖誠難聞稱道語 (수성난문칭도어)
暫離易得是非聲 (잠리이득시비성)
掌中寶玉千金子 (장중보옥천금자)
請囑撻刑施眞情 (청촉달형시진정)

세상에 어느 누가 훈장 생활이 좋다고 말했나.
속타는 울화병이 연기도 없이 저절로 생기네.
하늘 '천' 따 '지'하던 어느 사이에 청춘만 가고
부네, 시라네 하는 사이에 백발이 되었네.

성심껏 가르쳐도 칭찬은커녕
잠시 잠깐만 자리를 떠도 시비꺼리라네.
금이야 옥이야 귀한 자식 훈장손에 맡길 때에
종아리를 쳐서라도 가르치란 말 진정이었던가?

해 의

김삿갓이 가련과 인연을 맺은 마을에서 최 백담의 권유로 글방훈장을 할 때 지은 시라 한다.

---

* 誰云 : 누가 ~라고 이르더냐?
* 稱道語 : 칭도어. 좋게 칭찬하는 말.
* 易得是非聲 : 이득 시비성. 시비하는 소리를 듣기 쉽다.
* 千金子 : 천금같이 귀한 자식.
* 請囑撻刑 : 청촉 달형 : 종아리를 쳐달라고 청함.

嘲年長冠者 (조연장 관자)
- 관쓴 연장자를 조롱함

方冠長竹兩班兒 (방관장죽양반아)
新買鄒書大讀文 (신매추서대독문)
白晝猴孫初出胎 (백주후손초출태)
黃昏蛙子亂鳴池 (황혼와자난명지)

뿔이 난 관을 쓰고 긴담뱃대를 입에 문 양반아.
새로 산 맹자책을 크게 뽐내며 읽는 꼴이라니.
한낮에 원숭이 새끼가 태에서 떨어지며 소리를 치듯
황혼나절에 개구리떼가 연못 속에서 떠들어제키 듯.

해 의

612년(영양왕 23) 수(隋)나라의 우중문(于仲文)·우문술(宇文述)이 113만 여의 수륙양군(水陸兩軍)으로 고구려를 침범하자 압록강에서 대치하고 있을 때 적정을 살피기 위하여 거짓으로 항복, 적군의 허실을 정탐하고 돌아왔다. 적군이 이 사실을 알고 추격하자 적의 군사력을 소모시키기 위해 거짓 패배를 가장하여 평양성(平壤城) 30리 밖까지 유인하였다. 이때 장군은 적장 우중문에게 '神策究天文妙算窮地理戰勝功旣高知足願云止'라는 희롱의 시를 보냈다. 우중문이 비로소 술수에 빠진 것을 깨닫고 지친 군사로 회군(回軍)하자, 을지문덕은 살수(薩水 : 淸川江)에서 수나라의 후군(後軍)을 무찔러 대승하였다(薩水大捷). 침착 대담하고 지략과 무용에 뛰어났으며, 시문(詩文)에도 뛰어났다.

* 方冠 : 끝이 뾰죽뾰죽한 정자관.
* 長竹 : 장죽, 대나무로 만든 긴 담뱃대.
* 鄒書 : 나라이름 '추', 곧 '孟子'를 이름.
* 猴孫 : 원숭이 '후', 원숭이 새끼.

* 蛙子 : 개구리 '와'.
* 亂鳴 : 어지럽게 울다, 씨끄럽게 떠들다.

 예시 보기

　　神策究天文 (신책구천문)
　　妙算窮地理 (묘산궁지리)
　　戰勝功旣高 (전승공기고)
　　知足願云止 (지족원운지)

　　그대의 신통한 계책이야 하늘의 이치 깨달은 듯하고.
　　그대의 기묘한 계략이야 땅의 이치를 다 아는 듯하네.
　　그대는 이 전쟁에 이미 이겨서 그 공이 높으니.
　　그대는 이제 그만 만족하시고 그침이 어떨까?
　　　　　　　　　　　　　　　　-을지문덕(乙支文德)의 '五言詩'

* 을지문덕(乙支文德) : 고구려의 장군. 612년(영양왕 23) 수(隋)나라의 우중문(于仲文)·우문술(宇文述)이 113만 여의 수륙양군(水陸兩軍)으로 고구려를 침범하자 압록강에서 대치하고 있을 때 적정을 살피기 위하여 거짓으로 항복, 적군의 허실을 정탐하고 돌아왔다. 적군이 이 사실을 알고 추격하자 적의 군사력을 소모시키기 위해 거짓 패배를 가장하여 평양성(平壤城) 30리 밖까지 유인하였다. 이때 장군은 적장 우중문에게 이 희롱의 시를 보냈다. 우중문이 비로소 술수에 빠진 것을 깨닫고 지친 군사로 회군(回軍)하자, 을지문덕은 살수(薩水 : 淸川江)에서 수나라의 후군(後軍)을 물리친 것이 살수대첩(薩水大捷)이다. 침착 대담하고 지략과 무용에 뛰어났으며, 시문(詩文)에도 뛰어났다.

嘲 僧 儒 (조 승 유)
– 중과 선비를 조롱하다

僧首圓圓汗馬閬 (승수원원한마랑)
儒頭尖尖坐狗腎 (유두첨첨좌구신)
聲令銅鈴零銅鼎 (성령동령영동정)
目若黑椒落白粥 (목약흑초낙백죽)

중놈의 둥글둥글 대머리는 땀을 흘리는 말불알과 같고.
선비의 뾰족뾰족 정자관은 쪼그려앉은 개좆과 같구나.
음성은 구리방울 굴리듯이 우렁차지만
두 눈깔이야 흰죽에 빠진 후추알 같구나.

 예시 보기

詩絶方無我 (시절방무아)　내 시가 끊기면 나도 없어
我生豈絶詩 (아생기절시)　내 삶에 어찌 내 시가 끊기랴.
悠悠詩與我 (유유시여아)　유유히 시와 나는
世世願相隨 (세세원상수)　세세 년년을 서로 따르리라.
　　　　　　　　　　　－오암(鰲巖, 1710~1792)대사의 '來 因'

嘲 山 老 (조 산 노)
－산늙은이를 놀리다

巒裡老長在 (만리노장재)
鬻年今始貴 (육년금시귀)
所經多舊冠 (소경다구관)
太飯主人非 (태반주인비)

산속의 늙은이가 오래도 살아
나이 먹으니, 귀한 몸 되셨군.
지나는 사람 모두 구면이건만
콩밥만 주니, 돼먹지 못했군.

해 의

김삿갓의 가운데에는 음은 같으나 뜻이 다른 글자로 바꿔 놓은 시가 여러 편이 있다. 바로 위의 시도 한 예에 속한다.

萬里路長在 (만리노장재)
六年今始歸 (육년금시귀)
所經多舊舘 (소경다구관)
太半主人非 (태반주인비)

만 리 길 있었건만
6년만에 돌아왔네,
지나왔던 여관들은 그대로건만,
주인들 태반 옛얼굴 아니네.

－白樂天의 '商山老有感'

嘲幼冠子 (조 유관자)
-갓 쓴 어린아이를 놀리다

畏鳶身勢隱冠蓋 (외연신세은관개)
何人咳嗽吐棗仁 (하인해수토조인)
若似每人皆如此 (약사매인개여차)
一腹可生五六人 (일복가생오륙인)

소리개 무서워할 어린 아이가 갓아래 숨었나?
누군가 기침하다 토해내 뱉은 대추씨 같구나.
사람이 모두 다 이렇게 작다면
한 배에서 대여섯 명은 나올 수 있겠네.

---

* 鳶 : 솔개 '연'. 소리개.
* 隱冠蓋 : 갓으로 가리고 숨다.
* 棗仁 : 대추씨.
* 咳嗽 : 기침.
* 若似 : 만약에 ~와 같다면.

嘲地官 (조지관)

風水先生本是虛 (풍수선생본시허)
指南指北舌翻空 (지남지북설번공)
靑山若有公侯地 (청산약유공후지)
何不當年葬爾翁 (하불당년장이옹)

풍수는 원래부터 빈 말만 하는 사람들인지라.
남이네 북이네 가리키며 함부로 혀를 놀리며 산다네.
수많은 청산속에 명당자리가 있다고 친다면.
어째서 네 아비는 그 명당에다 묻지 않았는가?

---

* 풍수 : 음양5행에 기초하여 민속적으로 지켜내려오는 지술. 집이나 묏자리 등의 위치를 정하는 술법. 신라 말부터 민간에 성행했음.
* 公侯 : 제후. 공작과 후작. 여기서는 공후를 태어나게 할 만한 명당자리.
* 爾翁 : 너 '이'. 늙은이 '옹'. 곧 너의 아비.

嘲地師 (조지사)

可笑龍山林處士 (가소용산임처사)
暮年何學李淳風 (모년하학이순풍)
雙眸能貫千峰脈 (쌍모능관천봉맥)
兩足徒行萬壑空 (양족도행만학공)

顯顯天文猶未達 (현현천문유미달)
漠漠地理豈能通 (막막지리기능통)
不如歸飮重陽酒 (불여귀음중양주)
醉抱授妻明月中 (취포수처명월중)

허허허 가소롭네, 용산 산다는 임 아무개 처사.
다 늙은 나이에 이순풍의 높은 지술을 어찌 배웠는가?
그대의 두 눈동자 능히 천봉의 지맥을 꿰뚫고.
그대의 두발이야 1만 골짜기 다 누볐으나 모두 허사로고.

저 높은 하늘위의 온갖 형상도 통달치 못하고.
막막한 땅의 이치 어찌 다 환히 알 수가 있으랴.
집으로 돌아가 중양주를 먹는 것만 못할 바에는
밝은 달아래 늙은 아내나 안고 주무시게.

* 處事 : 세파의 표면에 나서지 않고 조용히 초야에 묻혀 사는 선비(居士).
* 李淳風 : 地師의 開祖.
* 雙眸 : 쌍 '쌍', 눈동자 '모'.
* 顯顯 : 높고높은.
* 不如 : ~만 같지 못하다.

제4부 遊離乞食 (유리 걸식)

自 嘆 (자 탄)
逐 客 (축 객)
風 俗 薄 (풍 속 박)
開城逐客詩 (개성 축객시)
姜座首逐客詩 (강 좌수 축객시)
吉州明川 (길주 명천)
二十樹下 (20수 하)
放 氣 (방 기)
宿 農 家 (숙 농 가)
是是非非詩 (시시비비시)
竹 詩 (죽 시)
破 格 詩 (파 격 시)
虛言詩詩 (허 언 시)
難字詩詩 (난 자 시)
覓字詩詩 (멱 자 시)
破 韻 詩 (파 운 시)
戒 世 詩 (계 세 시)
諺 文 詩 (언 문 시)
弄 詩 (농 시)
八大家詩 (8대가 시)
破字詩 (파 자 시)
免避姦通詩 (면피 간통 시)
布 字 詩 (포 자 시)
吟 空 家 (음 공 가)
沃溝金進士 (옥구 김진사)
晋州元堂里 (진주 원당리)
安岳城中 (안악 성중)
艱飮夜店 (간음 야점)
兩 班 論 (양 반 론)
濁酒來期 (탁주 래기)
自顧偶吟 (자고 우음)
眼 昏 (안 혼)
嶺南述懷 (영남 술회)
秋 吟 (추 음)
暮投江齋吟 (모 투강 재음)
逢雨宿村家 (봉우 숙촌가)
聽 曉 鐘 (청 효 종)
馬 島 (마 도)
思 鄕·一 (사 향·1)
思 鄕·二 (사 향·2)
鄕 愁 (향 수)

自 嘆 (자 탄)
-五更登樓 (5경 등루)

九萬長天擧頭難 (구만장천거두난)
三千地濶未足敍 (삼천지활미족서)
五更登樓非玩月 (오경등루비완월)
三朝辟穀不求仙 (삼조벽곡불구선)

9만 리 하늘인데, 머리 하나도 들기가 어렵고.
3천 리 넓은 땅에 다리 하나도 뻗을 곳 없구나.
한밤중 누각에서 달구경하러 오른 것 아니요.
사흘간 굶은 것은 신선되려는 풍류 아니로다.

해 의

참말로 눈물 나는 시이다. 본인의 처절한 체험 없이는 도저히 쓸 수 없기 때문이다. 부평같이 떠도는 방랑객인지라 조선땅 온 천지가 아무리 넓어도 머리 들 데도 다리 뻗을 데도 없는 신세라, 밤중에 누각에 오른 것도 하룻밤 노숙을 위함이요, 사흘을 굶은 것도 밥을 얻어먹지 못했을 터이니…

예시 보기

　　天衾地席山爲枕 (천금지석산위침)
　　月燭雲屛海作樽 (월촉운병해작준)
　　大醉居然仍起舞 (대취거연잉기무)
　　却嫌長袖掛崑崙 (각염장유괘곤륜)

　　　　　　　　　-震默大師 '偈 頌'

하늘을 이불삼고, 땅은 요삼고, 산은 베게 삼아.
밝은 달 촛불삼고, 구름병풍에 넓은 바다는 술동이로 삼아.
대취해 일어서서 춤을 추자니,
긴소매 끝에 곤륜산자락 걸릴까 두렵네.

逐客 (축객)

人到人家不待人 (인도인가불대인)
主人人事難爲人 (주인인사난위인)
設宴逐客非人事 (설연축객비인사)
主人人事難爲人 (주인인사난위인)

사람이 사람집에 찾아와도 사람대접을 안해주다니
주인 인사가 인간되기는 영 글러먹었네.
잔치를 벌려놓고 사람 쫓는 건 사람 아니니
주인 인사가 인간되기는 영 글러먹었네.

 예시 보기

泰山不辭土壤故 能成其大 (태산부사토양고 능성기대)
河海不澤細流故 能取其深 (하해부택세류고 능취기심)

태산은 흙 한줌도 마다않고 받아들여서 큰 산을 이뤘고.
바다는 작은 물도 마다않고 받아들여서 깊은 바다 됐네.

—李 斯의 '상진황축객서(上秦皇逐客書)'

---

* 이 사(李 斯) : 초나라 출신으로 진시황제의 장자방. 진(秦)나라 출신 관리들이 다른 나라에서 들어와 벼슬 하는 객경(客卿)들을 모두 내쫓아야 한다고 했을 때, 올린 상주문. '고문진보(古文眞寶)'에 실려 있다.

風 俗 薄 (풍 속 박)
-야박한 풍속

夕陽卽立兩柴扉 (석양즉립양시비)
三避主人手却揮 (삼피주인수각휘)
杜宇亦知風俗薄 (두우역지풍속박)
隔林啼送不如歸 (격림제송불여귀)

석양에 사립문 두드리며 서 있자니
주인양반 세 번이나 손사래 치며 나를 물리치네.
숲속의 두견새도 이 야박한 인심을 알고
수풀 속에서 돌아가라고 배웅하며 우네.

 예시 보기

  落日臨荒野 (낙일임황야) 지는 해 거친 들에 내려앉는데
  寒鴉下晩村 (한아하만촌) 저녁마을로 모이는 까마귀.

  空林烟火冷 (공림연화랭) 빈 숲 속 밥 짓는 찬 연기에
  白屋掩柴門 (백옥엄시문) 사립문 닫는 저물녘 초가집.
            -金 淨의 '즉 사(卽 事)'

---

* 김 정(金 淨, 1486~1521) : 조선 중기 문신. 본관 경주(慶州), 자는 원충(元冲),
 호는 충암(冲菴). 시호 문간(文簡).

開城逐客詩 (개성 축객시)

邑號開城何閉門 (읍호개성하폐문)
山名松岳豈無薪 (산명송악기무신)
黃昏逐客非人間 (황혼축객비인간)
禮義東方自獨秦 (예의동방자독진)

이고을 이름이 개성인데, 어찌 문을 닫아걸며
산이름은 송악인데, 어찌 땔감이 없다고 하느냐.
황혼에 찾아온 손 내쫓는 것은 도리가 아니니.
동방의 예라 하나 이곳만은 진시황처럼 흉악도 하구나.

해 의

김삿갓이 개성의 어느 집 문앞에서 하룻밤 재워주기를 청하자, 주인이 문을 닫아걸며, 땔감이 없어 못 재워준다고 하자, 즉석에서 지은 시.

姜座首逐客詩 (강 좌수 축객시)

祠堂洞里問祠堂 (사당동리문사당)
輔國大匡姓氏姜 (보국대광성씨강)
先祖遺風依北佛 (선조유풍의북불)
子孫愚流學西羌 (자손우류학서강)

主窺簷下低冠角 (주규첨하저관각)
客立門前嘆夕陽 (객립문전탄석양)
座首別監分外事 (좌수별감분외사)
騎兵步卒可堂堂 (기병보졸가당당)

사당동 들어가서 사당집을 물었더니,
집주인은 보국 대광의 강 씨라 뽐내네.
선조의 유풍이야 불교같은데
못난 자손들 못된 오랑캐 교육만 받았군.

정자관 기웃기웃 처마밑에서 엿보고 있는데.
나그네 문앞에서 갈 곳 모르고 석양만 원망해.
좌수나 별감은 네 분수엔 넘치는 벼슬,
창기병이나 보졸 따위가 네겐 딱 맞겠네.

---

* 輔國大匡 : 大匡輔國崇祿大夫. 정1품의 종친. 儀賓, 文武官의 품계.
* 依北佛 : 불교를 믿다, 불교에 따르다.
* 主窺 : 주인 '主'. 엿볼 '窺'.
* 座首別監 : 좌수는 鄕所의 어른. 별감은 鄕廳의 좌수 버금자리.
* 可當當 : 마땅히 그러하다. 딱 맞다.

吉州明川 (길주 명천)

吉州吉州不吉州 (길주길주불길주)
許可許可不許可 (허가허가불허가)
明川明川人不明 (명천명천인불명)
魚佃魚佃食無魚 (어전어전식무어)

이름만 길주라고 길주라 했지, 길한 곳 못 되고.
성씨만 허가라고 허가라 했지, 허락하지않네.
명천을 명천이라 부르지만, 사람들 모두 현명치 못 하고.
말로는 어전어전 떠들어대도 밥상위에는 고기 한 점 없네.

 해 의

'許可許可'는 許氏 姓을 뜻하므로 '許哥許哥'라 써야할 것임. '魚佃魚佃'
도 '魚廛魚廛'으로 써야 어물전이 많다는 뜻이 된다.

 예시 보기

충청도 고을의 젊은 선비가 아랫마을 규수에게 절절한 장문의 청혼
편지를 넣었다, 나이도 사뭇 궁금하고 청혼을 받아줄지 그것도 궁금
하였다. 며칠 후 그 처자가 답장을 보내온 즉,

南山有田邊土落 (남산유전변토락)
竹林在鳩鳥先飛 (죽림재구조선비)

남산에 밭 있잖유, 사방 밭둑이 다 무너졌쉬유.
대숲에 비둘기가 앉았잖아유, 새 먼저 갔시유.
∴ 〔~田-口(十) +鳩-鳥(九)=十九〕→ 19세.

點三口牛頭不出 (점삼구우두불출)

점 셋이 입 벌리니 쇠가 머리를 내밀지 않네유.
〔• 三口(言)+牛-¹(午)=許〕→ 허락함.

二十樹下 (20수 하)
-스무낢 아래서

二十樹下三十客 (이십수하삼십객)
四十家中五十食 (사십가중오십식)
人間豈有七十事 (인간기유칠십사)
不如歸家三十食 (불여귀가삼십식)

스무낢 아래있던 서른 나그네
마흔집에 가 쉰밥을 얻었네.
사람이 어찌 일흔 일을 하리요,
집에 돌아가 뜸 서린 밥을 먹음만 못하리.

---

* 二十樹 : 스무낢(스무나무, 낡은 나무의 고어). 스물.
* 三十客 : 낯선(설은) 나그네. 서른.
* 四十家 : 망할(놈의) 집. 마흔.
* 五十食 : 쉰(상한) 밥. 쉰.
* 七十事 : 이런 일. 일흔.
* 三十食 : 설은(선) 밥. 서른.

해 의

김삿갓의 북관 천리 방랑 중, 함경도 지방에서 겪은 이야기라고 전한다. 쉰밥을 얻어먹어야 하는 자신의 신세를 자조하면서도 스물, 서른, 마흔, 쉰, 일흔, 서른의 수리적 의성어로 결부시켜 풍자시로 완성해나가는 점이 과연 천재 시인이라 아니할 수 없다.

放 氣 (방 기)
-방귀

放糞南山第一聲 (방분남산제일성)
香震長安億萬家 (향진장안억만가)

남산에 올라가서 뒷일을 보는 첫방귀 소리다.
이 좋은 향기가 개성 읍내 모든 집마다 골고루 퍼져라.

해 의

개성도 역시 인심이 야박한 고장이었나 보다. 하룻밤 잠자리를 청하다 번번이 홀대를 받자 개성 남산에서 한뎃잠을 자고 아침에 일어나 용변을 보면서 개성 읍내 모든 사람들아! 내 방귀 냄새나 맡아보라는 시로 익살을 부려본 것이다.

예시 보기 1

驅去還來力亦疲 (구거환래력역피)
掩衾謀睡夢成遲 (엄금모수몽성지)
干人身分何須責 (간인신분하수책)
飛墮盃觴自不知 (비타배상자부지)

또 쫓고 쫓아내도 되돌아오니 쫓다가 지치네.
이불을 덮어 쓰고 잠을 청해도 잠들기 더디네.
사람의 몸을 빨며 괴롭히는 것 탓해 무엇하리.
날다가 잔에 빠져 제 죽을 줄도 알지 못하면서.

貪逐腥膻捨汝誰 (탐축성전사여수)
點成緇白任渠爲 (점성치백임거위)
蕭然衾枕看何物 (소연금침간하물)
侶集喧喧必睡時 (여집훤훤필수시)

너희 중 어느 누가 똥구린내를 그리 탐하나?
검은 점 흰 점, 저들 멋대로 얼룩을 만드네.
쓸쓸한 이부자리 뭐가 있다고
잠들려 할 때 무리지어서 윙윙거리는가.
　　　　　　－李奎報의 '수차질승(睡次疾蠅)'－졸릴 때 파리를 미워함.

 예시 보기 2

이번엔 모기를 주제로 한 민조시 한 편을 보자.

　밤마다
　날 원하는
　너의 열정에
　잠들긴 글렀네.

　한 치 앞
　어이 알리,
　삶과 죽음이
　손바닥에 있네.

　이승의 내 잘못
　내 스스로 털어내라고
　제 몸 다 바쳐,

　온밤내
　내 뺨
　내 때리게 하네.

　　　　　　　　　　－金進中 民調詩 '모 기'

宿農家 (숙농가)
- 농가에서 자고

終日綠溪不見人 (종일녹계불견인)
幸尋斗屋半江濱 (행심두옥반강빈)
門塗女媧元年紙 (문도여왜원년지)
房掃天皇甲子塵 (방소천황갑자진)

光黑器皿虞陶出 (광흑기명우도출)
色紅麥飯漢倉陳 (색홍맥반한창진)
平明謝主登前途 (평명사주등전도)
若思經宵口味辛 (약사경소구미신)

해종일 계곡길에 사람 하나 못 보겠더니,
다행히 강가 작은 집으로 찾아들어갔네.
문에는 아득한 여왜씨 원년의 종이를 발랐고
방비로 쓸자니 천황씨 적 갑자년에 낀 먼지가 쌓였네.

검은빛 상 그릇은 순임금 때의 질그릇 같고
붉은 보리밥 한 덩어리는 한나라 시절 묵은 곡식 같네.
날 밝자 주인에게 사례하고 길 떠나나
지난밤에 신세진 것은 입맛이 쓰구나.

是是非非詩 (시시비비시)
− 옳은 것은 옳고 그른 것은 그르다

是是非非非是是 (시시비비비시시)
是非非是非非是 (시비비시비비시)
是非非是是非非 (시비비시시비비)
是是非非是是非 (시시비비시시비)

옳은 걸 옳다하고 그른 것은 그르다함이 꼭 옳을 게 아님.
그른 걸 옳다하고 옳은 것을 그르다함이 반드시 옳지 않은 것은 아님.
그른 걸 옳다하고 옳은 것을 그르다고 하는 이것이 그른 것이 아님.
옳은 걸 옳다하고 그른 것을 그르다고 하는 이것이 시비거리라네.

해 의
是를 14번, 非를 14번 사용해 시를 지은 점이 돋보인다.

예시 보기

如以念念念 (여이염념념) 만약에 생각으로 생각하는 걸, 생각해본다면.
念念非眞念 (염념비진념) 생각을 생각하는 참다운 생각, 아니라하겠네.
將眞治妄念 (장진치망념) 참다운 생각으로 잘못된 생각, 다스려본다면.
未苦無一念 (미고무일념) 괴로움 일어나기 그전에처럼, 한 생각도 없네.
−印悟 祖師의 悟道頌 '無 念'

---

* 印悟 祖師(1548~1623) : 조선시대 스님. 자는 묵계(默契). 호 청매(靑梅).
청허 휴정(西山大師)의 제자. 선조 25년 임진왜란 때 승병장으로 3년 동안 참전
하여 큰 공을 세움. 왜군이 물러가자 전북 부안 요차봉 마천대 기슭에 월명암을
짓고 정진하다, 지리산 연곡사에서 입적.

竹 詩 (죽 시)

此竹彼竹化去竹 (차죽피죽화거죽)
風打之竹浪打竹 (풍타지죽랑타죽)
飯飯粥粥生此竹 (반반죽죽생차죽)
是是非非付彼竹 (시시비비부피죽)

賓客接待家勢竹 (빈객접대가세죽)
市井賣買歲月竹 (시정매매세월죽)
萬事不如吾心竹 (만사불여오심죽)
然然然世過然竹 (연연연세과연죽)

이대로 또 저대로 돼가는 대로,
바람 부는 대로, 물결치는 대로.
밥이나, 죽이나, 이대로 살아가고
옳으면 옳고 그르면 글러 저대로 맡기리.

내 집 온 손님에겐 집 형편대로
시장통에서 사고팔기는 세월 형편대로.
만사를 내 맘대로 하는 것만 못하거니,
그렇고 그런 세상살이야 그대로 지내세.

---

* 한자의 훈(訓)으로 절묘하게 표현을 하였다.
   此 : 이 '차', 竹 : 대나무 '죽' : 이대로. 彼 : 저 '피', 竹 : 저대로
   化 : 화할 '화'(되다), 去 : 갈 '거', 竹 : 되어 가는 대로.
   風 : 바람 '풍', 打 : 칠 '타', 竹 : 바람 부는 대로.
   浪 : 물결 '랑', 打 : 칠 타, 竹 : 물결치는 대로

家勢竹 : 집 형편 대로. 歲月竹 : 세월 형편 대로.
吾心竹 : 내 맘 대로. 過然竹 : 그대로 지내세.

 **해 의**

대나무를 소재로 하여 한문의 우리말 독음을 이용하여 소리나는대로 읊으면서도 인간사의 희노애락을 기발한 풍자시를 삿갓이 이처럼 썼는가 하면 대나무의 특성을 가지고 여러 선인들이 시와 시조를 짓기도 하였다.

 예시 보기

此君無曲性 (차군무곡성)
由來大節名 (유래대절명)
獨立天地間 (독립천지간)
斯爲聖之情 (사위성지정)

이것은 굽히는 성품이 아니니
예부터 큰 절개로 유명하다,
천지에 우뚝 홀로 섰으니
성인 중에도 맑은 성인이라.

-徐居正의 '畵 竹'

---

* 徐居正(1420~1488) : 조선 초기의 문신·학자. 본관은 달성. 자는 剛中. 初字는 子元. 호는 사가정 또는 정정정. 시호는 문충. 세종·문종·단종·세조·예종·성종의 여섯 임금을 섬겼다.

나무도 아닌 것이 풀도 아닌 것이
곧기는 뉘 시기며 속은 어이 비었는다
저러고 사철을 푸르르니 그를 좋아하노라

-孤山 尹善道의 '오우가' 중

---

* 孤山 尹善道(1587~1671) : 조선 중기·후기의 시인·문신·작가·정치인·음악가이다. '어부사시사' 등이 있음.

破格詩 (파격시)

天長去無執 (천장거무집)
花老蝶不來 (화로접불내)
菊樹寒沙發 (국수한사발)
枝影半從池 (지영반종지)

江亭貧士過 (강정빈사과)
大醉伏松下 (대취복송하)
月移山影改 (월이산영개)
通市求利來 (통시구리내)

하늘은 너무 멀어 가도가도 잡을 수 없고
꽃은 시들어 나비 오질 않네.
국화는 찬모래에 피어나고
나뭇가지 그림자 반이 연못에 빠졌네.

강가의 정자에는 가난한 선비 지나가다가
크게 취하여 소나무아래 엎어져버렸네.
저달이 기우니 산그림자 바꿔지고
사람들은 시장에 가서 돈을 벌어오네.

---

* 독음으로만 읽으면 거미집, 접붙네, 국수한사발,지영(간장) 반 종지, 강정, 사과, 대취, 복숭아, 월이(워리 : 개 부르는 소리), 통시(변소) 구린내 등이 된다.

虛言詩 (허언시)
-빈말로 지은 시

靑山影裡鹿抱卵 (청산영리록포란)
白雲江邊蟹打尾 (백운강변해타미)
夕陽歸僧紒三尺 (석양귀승계삼척)
機上織女閬一斗 (기상직녀랑일두)

푸른 산 그림자 속 꽃사슴이 알을 품고
흰구름이 흘러가는 강변에서는 게가 꼬리 치네.
저물녘 돌아가는 스님 머리엔 상투가 석자요.
베틀위 베를 짜는 계집 불알이 한 말은 되겠네.

 예시 보기

    雲住峯爲筆 (운주봉위필)　운주봉 붓을 삼고
    龍湫作硯池 (용추작연지)　용추폭포로 벼루를 만들어.
    巖屛開萬疊 (암병개만첩)　펼쳐진 일만 겹의 바위병풍에
    隨意寫吾詩 (수의사오시)　뜻 가는대로 내 시를 쓰리라.
        -오암(鰲巖, 1710~1792)대사의 '자풍(自諷)'. 오암집(鰲巖集)에서

難字詩 (난자시)
– 어려울 難자 시

難之難之蜀道難 (난지난지촉도난)
世上難之大同難 (세상난지대동난)
我年七歲失父難 (아년칠세실부난)
吾母靑春寡婦難 (오모청춘과부난)

어렵고 어려운 건 촉나라 길이 아주 어려운데,
세상에 어려운 게 대동 단결이 제일 어렵다네.
내 나이 일곱 살에 아버지 잃어 참 어려웠고,
어머니마저 청상 과부라 정말 어려웠네.

---

* 蜀道難 : 李 白이 지은 樂府. 蜀나라 출생인 그는 蜀道가 험하므로 玄宗皇帝의 西行을 풍자했다.

 해 의

정공채(1934~2008) 시인이 중앙대 입시 채점위원이던 시절, 어려울 난(難)자에 얽힌 일화 한 토막. 정 시인이 생존시 피맛골 소문난 집(三驚苑)에서 직접 들려준 이야기이다.
입시문제로 사자성어(四字成語) '난형난제(難兄難弟)'의 뜻을 설명하라 문제가 나왔는데 한 학생의 답인즉, '형도 어렵고 아우도 어렵다'라고 되어 있었다. 오답으로 처리하려다가 언뜻 생각해보니 자신도 장남으로서 동생(작사가 정두수) 보기에 형 노릇하기도 어렵고, 또 형이 보기에는 동생 노릇하기도 어려운 것 같았다. 그래서 결국 맞는 답으로 처리해 주었다고 한다.

覓 字 詩 (멱자시)

許多韻字何乎覓 (허다운자하호멱)
彼覓有難況此覓 (피멱유난황차멱)
一夜宿寢懸於覓 (일야숙침현어멱)
山村訓長但知覓 (산촌훈장단지멱)

허다한 운자 중에 어찌 멱을 부르는가,
저멱자도 어려운데 이멱자를 어찌하랴,
오늘 하룻밤 자고 못 잠은 멱자 하나에 달려 있으니,
산골 훈장님 글자라고는 멱자밖에 몰라.

해 의

산골 훈장은 초라한 행색의 김삿갓을 어떻게든 재워주지 않고 쫓아버리려고 일부러 어려운 '멱'자를 운으로 불렀다. 세 번이나 연거푸 '멱'자를 불렀으나 삿갓은 무난히 시를 지었다. 마지막에 또 멱자를 부르자 훈장에게 '멱'자밖에 모르느냐며 보기 좋게 한 방 먹이고 말았다.

破韻詩 (파운시)

頭字韻中本無春 (두자운중본무춘)
呼韻先生似變頭 (호운선생사변두)
飢日常多飽日惑 (기일상다포일혹)
客到門前立筇太 (객도문전입공태)

머리 '頭' 운부에는 봄 '春'자가 본래 없는데
운자 부르는 선생 머리가 돌은 것같구나.
굶는 날 항상 많고 배부른 날은 어쩌다 있느니.
길손이 문앞에다 대지팡이를 '콩'하고 세우네.

해 의

春·頭·惑·太 字를 韻으로 시를 지으라 했다.
4구에서 콩 '太'자를 지팡이 세우는 '콩'소리로 대입한 재치가 돋보인다.

예시 보기

擊鼓催人命 (격고최인명)   북소리 둥둥둥 내 목숨 재촉하고
西風日欲斜 (서풍일욕사)   서풍에 해는 뉘엿거리누나.
黃泉無客店 (황천무객점)   저승길 가에는 여관이 없다하니
今夜宿誰家 (금야숙수가)   오늘 밤은 어느 집에서 묵었다 갈꺼나.
　　　　　　　　　　　－성삼문(成三問)의 '臨死賦絕命詩'

戒 世 詩 (계 세 시)

世事熊熊思 (세사웅웅사)   세상일 곰곰이 생각느니,
此非虎虎時 (차비호호시)   범범치 않은 시절이로구나.
人皆弓弓去 (인개궁궁거)   남들은 모두 다 활활 가도,
我獨矢矢來 (아독시시래)   나 홀로 살살 기어가는구나.
心可花花守 (심가화화수)   마음을 꼿꼿하게 지켜야하니,
言何草草爲 (언하초초위)   어찌 함부로 풀풀이 말하랴.
我心蜂蜂戰 (아심봉봉전)   내 마음 항상 벌벌 떨고 있는데,
世事竹竹爲 (세사죽죽위)   세상일 따위 데데하기가 참 그지없구나.
其竹其竹居 (기죽기죽거)   그대로 그런대로 살다가보면,
前路松松開 (전로송송개)   앞길이 솔솔 열려져 가리라.

---

* 熊熊→곰곰. 虎虎→범범. 弓弓→활활. 矢矢→살살. 花花→꼿꼿. 草草→풀풀. 蜂蜂→벌벌. 竹竹→데데. 松松→솔솔.

 해 의

해학은 웃기기 위한 익살이고, 풍자는 어떠한 대상을 익살스럽게 비평하는 것이라고 했다. 무릇 37여년을 방랑생활로 유리걸식하면서 지새운 수많은 밤에도 삿갓은 이처럼 희작시를 지으며 자신을 스스로 위로하였으리라. 삿갓이 어느 마을에 들렀을 때 동네에 마침 초상이 났다고 했다. 마침 글을 모르던 그 집 상주는 삿갓을 보고 제문을 써 달라고 했다. 삿갓은 주인에게 죽은 원인을 물어보았더니 갑자기 온몸을 부들부들 떨더니 꼿꼿해져버렸다고 했다. 그리하여 가장 짧은 제문을 아래와 같이 쓰게 되었다는 이야기이다.

    柳柳 花花 (류류화화)   부들부들 떨다가 꼿꼿해졌다오.

나중에 후인들이 거기다가 두 자를 첨가하였다고 한다.

    柳柳 井井 花花 (류류 정정 화화)   버들버들 떨며 우물우물하다가 꼿꼿해졌다.

諺文詩 (언문시)

腰下佩기역(ㄱ) [요하패기억(ㄱ)]
牛鼻穿이응(ㅇ) [우비천이응(ㅇ)]
歸家修리을(ㄹ) [귀가수리을(ㄹ)]
不然点디귿(ㄷ) [불연점디귿(ㄷ)]

허리에 기억(ㄱ)자 모양의 낫을 차고
쇠코에는 이응(ㅇ)자 모양 코뚜레 뚫었네.
집으로 돌아가선 자기(己) 스스로 늘 닦고닦으라.
그렇지 아니하면 디귿(ㄷ)자위에 점 하나 찍으리.

---

* 腰 : 허리 腰.
* 패 : 찰 佩.
* 鼻 : 코 鼻.
* 穿 : 뚫을 穿.
* 기역(ㄱ) : 낫의 모양.
* 이응(ㅇ) : 쇠코뚜레 모양.
* 리을(ㄹ) : 자기 '己' 자로 자기. 몸.
* 디귿(ㄷ) : ㄷ에 점 하나를 더하면 망할 '亡' 자가 된다. 즉 죽는다는 뜻.

해 의

한글자음을 넣어서 이렇게도 재미있는 시를 지었다. 과연 그발상이 천재적이라 아니할 수 없다. 또 항간에는 전 두 구를 바꿔 쓴 파격시도 있다.

吾看世시옷   이내가 세상사람(人) 살펴보니
是非在미음   옳고 그름이 그 입(口)에 있더라.
歸家修리을   집으로 돌아가서 몸(己)을 닦으라.
不然点디귿   그리 않으면 점하나 찍어 망(亡)하고 말리라.

弄 詩 (농 시)

六月炎天鳥坐睡 (유월염천조좌수)
九月涼風蠅盡死 (구월양풍승진사)
月出東嶺蚊簷至 (월출동령문첨지)
日落西山烏向巢 (일락서산오향소)

유월의 무더운 날 날던 '새'도 앉아졸고
9월 바람 서늘해지면 '파리'도 다 죽어.
둥근달 동녘에서 돋아오니, '모기'떼들도 처마끝에 놀고.
하루해 서산으로 넘어가니, '까마귀'들도 제 둥지로 가네.

* 趙坐首→鳥坐睡→새가 앉아 졸다.
* 承進士→蠅盡死→파리가 죽는다.
* 文僉知→蚊簷至→모기가 처마에 이르다.
* 吳鄕首→烏向巢→까마귀가 집으로 향해 돌아가다.

 예시 보기

    請看千石鐘 (청간천석종)　한 천 석 되는 종
    非大扣無聲 (비대구무성)　크게 쳐야 소리 나는데.
    萬古天王峯 (만고천왕봉)　만고 천왕봉
    天鳴猶不鳴 (천명유불명)　하늘이 쳐도 울리지 않으리.
                              -曺 植의 '天王峰'

* 千石 : 부피의 단위. 섬. 무게의 단위. 一石= 10斗.=120斤.
* 大扣 : 큰 종채로 치다. * 天鳴 : 하늘이 울리는 것.
* 조 식(曺 植, 1501~1572) : 조선중기의 성리학자. 본관 창녕(昌寧), 자는 건중(健中), 호는 남명(南冥). 영남학파의 거두로 좌퇴계, 우남명으로 유명함.

八大家詩 (8대가 시)

李謫仙翁骨已霜 (이적선옹골이상)
柳宗元是但流芳 (유종원시단류방)
黃山谷裡花千片 (황산곡리화천편)
白樂天邊雁數行 (백낙천변안수행)

杜子美人今寂寞 (두자미인금적막)
陶淵明月久荒凉 (도연명월구황량)
可憐韓退之何處 (가련한퇴지하처)
惟有孟東野草生 (유유맹동야초생)

이적선, 신선이라 말하지만 이미 뼛가루 서리가 되었고.
유종원, 원래부터 꽃다운 이름 널리 전해오네.
황산곡, 골짜기에 속지는 꽃잎 여기저기 날고.
백낙천, 하늘가에 두어 줄기의 기러기떼 나네.

두자미, 옛미인도 고인이 되어 지금 적막하고.
도연명, 밝은 달도 황량해진 지 이미 오래일세.
한퇴지, 어디론가 가련하게도 물러가 버리고.
맹동야, 들녘에는 푸른 잡초만 무성히 자랐네.

해 의

이 시는 성명이나 호, 자 등을 이중으로 번역해야 한다.
중국 당송 8대가인 이들은 이적선(이백→백골), 유종원(유자후→이름), 황산곡(황정경→산골짝), 백낙천(백거이→하늘), 두자미(두보→미인), 도연명(도잠→밝은 달), 한퇴지(한유→물러남), 맹동야(맹교→들)의 호와 자 등으로 시를 풀어나갔다. 과연 김삿갓다운 절묘한 시라 아니할 수 없다.

破字詩 (파자시)

仙是山人佛不人 (선시산인불부인)
鴻惟江鳥鷄奚鳥 (홍유강조계해조)
氷消一點還爲水 (빙소일점환위수)
兩木相對便成林 (양목상대변성림)

신선은 山사람, 부처는 인간이 아니네,
기러기는 강위의 새요, 닭은 奚가 큰새.
얼음에 점 하나 사라지면 다시 물되고
나무 두 그루 마주서보면 곧 수풀이 되네.

---

* 惟 : 생각할 '유'. * 奚 : 어찌 '해', 무엇, 큰 배(腹) '해'.
* 仙 : 人+山. * 佛 : 人+弗(不).
* 鴻 : 江+鳥. * 鷄 : 奚+鳥
* 氷 : 水+· * 林 : 木+木

 예시 보기

나무에 눈'달리면 서로 '相'字요,
외나무다리 쇠'건너갈 때 날 '生'字이거늘.

팔벌려 낮잠자면 큰 '大'字라 있었더니
열살 못된 아들놈 말이 클 '太'字 같다네.

그러면, 번개치고 천둥 우는 장대비 속을
삽자루 메고 논둑길 위로 왔다리, 갔다리,
걱정하는 자는?

갯가래 논 임자. 장마철 옛할배.

  －金進中 連作民調詩 '沙村詩篇·59－논 임자'

免避姦通詩 (면피 간통 시)

桃花已時爛漫開 (도화이시난만개)
探花狂蝶紛紛來 (탐화광접분분래)
此花誰栽繁華地 (차화수재번화지)
折者不非種者非 (절자불비종자비)

도화꽃 하마 피어 난만하게도 흐드러졌으니.
꽃 찾는 미친 나비 여기저기서 날아드는구나.
이토록 고운 꽃을 누가 길가에 심어 놓았는가.
꺾은 이 죄가 아닌 심은 사람의 큰 잘못임이라.

해 의

삿갓이 첩첩산중에서 날이 저물어 겨우 민가를 발견하고 그집에 하룻밤 유숙을 청하자 젊은 아낙네가 쾌히 승낙하였다.
여인이 말하기를 '남편은 사냥을 한번 나가면 닷세는 보통이고 열흘씩도 걸린다'면서 은근짜 삿갓을 유혹하고 있었다. 그리하여 삿갓도 그여인과 객회를 풀고 있는데 밤중에 야차같이 우람한 남정네가 들이닥쳐서 삿갓을 꽁꽁 결박하고 말았다. 그리고는 삿갓을 죽이겠노라고 씩씩대며 칼을 갈고 있을 때, 삿갓이 죽을 때 죽더라고 글은 한 줄 쓰고 죽게 해 달라고 말을 걸며 운자를 부르랬더니 '네가 내집에 왔으니 올 '來'자로 하라'고 했다.
결국 이 한 수의 시로 그남편을 설득하여 죽음을 면했다고 하니 이것이 '시'의 힘이라 하겠다.

布字詩 (포자시)

四升五升六升布 (사승오승육승포)
咸興以來古來布 (함흥이래고래포)
許多韻中豈語布 (허다운중기어포)
先生素學但只布 (선생소학단지포)

베요 베! 네 새 닷 새 여섯 일곱 새
옛함흥에서 많이도 나왔지.
하많은 운자 중에 어찌 '포'자만 그리 부르는가.
선생을 아는 자가 단지 베 '포'자 하나밖에 몰라.

해 의

삿갓이 노비라도 보태 쓸려고 베를 사서 지고 다닌 적도 있었는데, 어느 서당에 가서 하룻저녁 재워주기를 청하니 훈장 눈에는 영락없는 무식한 장사꾼처럼 보여, 베 '布'字 韻을 연거푸 내었다고 한다. 삿갓의 또 다른 '타'字 韻이나 '覓字詩'와 비슷한 상황이다.

吟空家 (음공가)

甚寒漢高祖 (심한한고조)
不來陶淵明 (불래도연명)
欲擊始皇子 (욕격시황자)
豈無楚覇王 (기무초패왕)

한고조 추운데
도연명은 오지않네
진시황 아들 치려하는데
어찌하여서 초패왕은 없나?

---

* 한고조의 이름은 劉邦, 도연명은 陶潛, 진시황의 아들은 扶蘇, 초패왕은 項羽이다.
* 甚寒邦 : 몹시 추운 방→방(房)
* 不來潛 : 잠이 오지않아→잠(睡)
* 欲擊扶蘇 : 부시를 치려 하는데(불을 피우고 싶은데)→부시. 부싯돌.
* 豈無羽 : 어째서 깃(부시깃)마저 없느냐?→깃(약쑥이나 솜을 비벼 만든 부싯돌. 불쏘시개).

해 의

전자는 한자의 원래뜻으로 해석한 것이고 후자는 해학적으로 소리와 새김으로 풀이한 것이다. '추운겨울밤에 홀로 방에서 잠도 오지않고 부싯돌 깃마저 떨어진 딱한 처지를 해학적으로 재치있게 그려내고 있다.

沃溝金進士 (옥구 김진사)

沃溝金進士 (옥구김진사)
與我二分錢 (여아이분전)
一死都無事 (일사도무사)
平生恨有身 (평생한유신)

옥구에 산다는 김 진사가
나를 거지 대접하며 두 푼 돈을 던져 주네,
한 번 죽으면 이런 꼬라지 안봐도 될 걸,
평생 딱한 몸, 살아서 한이라.

해 의

김삿갓은 그래도 명문거족(名門巨族)의 피가 흐르는 선비 시인으로서 자존심 하나로 방랑생활을 영위하고 있었다. 전라도 옥구(沃溝)에 들렀을 때 무엇보다도 명색이 진사(進士)라는 양반이 동전 두 푼을 던져 주는 거지 취급의 홀대를 받자 너무나 분하고 서러워서 자신의 신세를 한탄한 시이다.

晋州元堂里 (진주 원당리)

晋州元堂里 (진주원당리)
過客夕飯乞 (과객석반걸)
奴出無人云 (노출무인운)
兒來有故曰 (아래유고왈)

朝鮮國中初 (조선국중초)
慶尙道內一 (경상도내일)
禮義我東方 (예의아동방)
世上人心不 (세상인심불)

진주땅 원당리에 다달아서
나그네가 저녁 한 끼를 구걸하였도다.
종놈이 나와서 사람이 없다고 말하더니,
아이놈이 나와서는 집안 변고가 있다고 말하네.

이러한 인심이란 조선에서는 첨보는 일이요.
경상도 안에서도 이런 집구석 하나뿐일 게다.
예의로 이름높은 이나라에서
세상 인심은 정말 아닐 게다.

---

* 夕飯乞 : 저녁밥을 빌다.
* 奴 : 종 '奴'.
* 有故 : 변고가 있음.
* 東方 : 우리 나라. 東邦의 誤記인 듯함.

安岳城中 (안악 성중)

安岳城中欲暮天 (안악성중욕모천)
關西孺子聳詩肩 (관서유자용시견)
村風厭客遲炊飯 (촌풍염객지취반)
店俗慣人但索錢 (점속관인단색전)

虛腸雷聲頻有響 (허장뇌성빈유향)
破窓透冷更無穿 (파창투랭갱무천)
朝來一吸江山氣 (조래일흡강산기)
試問人間辟穀仙 (시문인간벽곡선)

안악성 짧은 해가 지려고 할 때
관서 유생이 시자랑으로 어깨 우쭐대네.
시골의 풍속인가, 손을 꺼려 밥을 일부러 늦으막히 짓고.
주막집 습속도 고약해서 오로지 돈만 밝히는 것같네.

허기진 뱃속에서 우렛소리 진동하고
깨진 창에 찬바람불어 문구멍뚫을 여지도 없다네.
내일은 아침기운 공짜로 한 번 들이마시고
시험삼아서 사람몸으로 벽곡선된 이 누군지 물으리.

---

* 欲暮天 : 해가 저물려고 한다.
* 厭客 : 나그네를 꺼려함.
* 遲炊飯 : 밥을 더디 짓다.
* 但索錢 : 단순히 돈만 찾는다.
* 辟穀 : 곡식을 안먹고 솔잎이나 밤·대추 등을 먹고 사는 일.

艱飮野店 (간음 야점)
－주막에서 술마실 것을 생각하며

千里行狀付一柯 (천리행장부일가)
餘錢七葉尙云多 (여전칠엽상운다)
囊中戒爾深深在 (낭중계이심심재)
野店斜陽見酒何 (야점사양견주하)

천 리 길 행장이야 다만 하나의 대지팡이 따라.
남은 돈 일곱 푼이 오히려 많은 나그네 신세라.
네 신세 가여워서 주머니깊이 숨으라 했지만,
석양이 비낀 길가 주막을 보면 내 어찌 지나랴.

---

* 付一柯 : 지팡이에 의지하다.
* 囊中 : 주머니 속.
* 戒爾 : 너에게 경계하라 일렀건만.
* 野店 : 들가에 있는 주막.

 예시 보기

　　　日暮朔風起 (일모삭풍기)　하루해 다 저무니 찬바람 일어
　　　天寒行路難 (천한행로난)　먼길 나서기 어려운 날씨라.
　　　白烟生凍樹 (백연생동수)　흰 연기 언 나무에 일어나는데
　　　山店雪中看 (산점설중간)　눈 속에 뵈는 산마을 점방집.
　　　　　　　　　　　　　　－尹 堦의 '途 中'

---

* 윤 계(尹 堦, 1622~1692) : 조선 후기의 문신. 본관 해평(海平). 자는 태승(泰升), 호는 하곡(霞谷). 영의정 두수(斗壽)의 증손. 저서 하곡집(霞谷集). 시호 익정(翼正).

兩班論 (양반론)

彼兩班此兩班　(피양반차양반)
班不知班何班　(반부지반하반)
朝鮮三姓其中班　(조선삼성기중반)
駕洛一邦在上班　(가락일방재상반)

來千里此月客班　(내천리차월객반)
好八字今時富班　(호팔자금시당반)
觀其兩班厭眞班　(관기양반염진반)
客班可知主人班　(객반가지주인반)

이양반 저양반에 양반타령만 늘어놓고도
양반이 양반 못 알아보니 양반은 뭔 양반.
예부터 내려오는 조선 3성이 그중 양반인데.
가락국 으뜸가는 내 성 김 씨가 가장 양반이라.

천리길 찾아오니 이달엔 내가 손님양반이요.
돈많고 팔자 좋은 그대들이야 부자양반일시.
그따위 양반들이 진짜 양반을 몰라보다니
손님양반이 주인양반네 싹수를 알겠네.

---

* 厭 : 싫을 '염'. 족하다. 차다. 가득 차다.
* 駕洛 : 가야나라를 일컫는 말. 여기서는 자기네 김 씨가 가장 귀한 양반이라는 뜻.
* 一邦 : 한 나라.

 해 의

삿갓이 어느 마을 사랑채에 들렀는데 부잣집 노인네가 족보를 따지고 있었다.
삿갓은 자기 가문을 밝힐 수도 없는 처지라 상대방이 상놈 대접을 해도 어쩔 수가 없었다. 그는 가락국·신라시대부터 朴·昔·金 3姓 가운데 하나인 왕족인지라, 弄詩로 兩班論을 읊어 주인에게 무안을 주고 그 집을 나와버렸다. 이시는 기존 한시의 운과 율을 무시하고 班자를 무려 13번이나 사용하여 시를 지었다.

 예문 보기

……前略.
維厥兩班 名謂多端 讀書曰士 從政爲大夫 有德爲君子 武階
列西 文秩敍東 是爲兩班 任爾所從 絕棄鄙事 希古尙志 五
更常起 點硫燃脂 目視鼻端 會踵支尻 東萊博議 誦如氷瓢
忍餓耐寒 口不說貧 叩齒彈腦 細嗽嚥津 袖刷毳冠 拂塵生波
無擦拳 漱口無過 長聲喚婢 緩步曳履
古文眞寶 唐詩品彙 寫如荏 一行百字 手毋執錢 不問米價 署
毋跣襪 飯毋徒 食毋先羹 毋流聲 下箸毋 毋餌生葱 飮醪毋
最鬚 吸煙毋輔䫉 忿毋搏妻 怒毋蹋器 毋拳歐兒女 毋罵死奴
僕 叱牛馬 毋辱鷖主 病毋招巫 祭不齊僧 爐毋煮手 語不齒
唾 毋屠牛 毋賭錢

(전략). 오직 이 양반은 여러 가지로 일컬어지나니 글을 읽으면 사(士)라 하고 정치에 나아가면 대부(大夫)가 되고 덕이 있으면 군자(君子)이다. 무반(武班)은 서쪽에 늘어서고 문반(文班)은 동쪽에 늘어서는데 이것이 '양반'이니 너 좋을 대로 따를 것이다. 야비한 일을 딱 끊고 옛을 본받고 뜻을 고상하게 할 것이며, 늘 오경(五更)만 되면 일어나 유황에다 불을 당겨 등잔을 켜고서 눈은 가만히 코끝을 보고 발꿈치를 궁둥이에 모으고 앉아 '동래박의(東萊博義)'를 얼음 위에 박 밀듯 왼다. 주림을 참고 추위를 견뎌 입으로 구차스러움을 남에게 말하지 아니하되 고치·탄뇌(叩齒彈腦)를 하며 입안에서 침을 가늘게 내뿜어 연진(嚥津)을 한다. 소매자락으로 모자를 쓸어서 먼지를 털어 물결무늬가 생겨나게 하고, 세수할 때 주먹을 비비지 말고, 양치질을 지나

치게 말고, 소리를 길게 뽑아서 여종을 부르며, 걸음을 느릿느릿 옮겨 신발을 땅에 끄은다. 그리고 '고문진보(古文眞寶)'·'당시품휘(唐詩品彙)'를 깨알 같이 베껴 쓰되 한 줄에 백 자를 쓰며, 손에 돈을 만지지 말고, 쌀값을 묻지 말고, 더워도 버선을 벗지 말고, 밥을 먹을 때 맨상투로 밥상에 앉지 말고, 국을 먼저 훌쩍 떠먹지 말고, 무엇을 후루루 마시지 말고, 젓가락으로 방아를 찧지 말고, 생파를 먹지 말고, 막걸리를 들이켠 다음 수염을 쭈욱 빨지 말고, 담배를 피울 때 볼에 우물이 파이게 하지 말고, 화난다고 처를 두들기지 말고, 성내서 그릇을 내던지지 말고, 아이들에게 주먹질을 말고, 노복(奴僕)들을 야단쳐 죽이지 말고, 마소를 꾸짖되 그 판 주인까지 욕하지 말고, 아파도 무당을 부르지 말고, 제사 지낼 때 중을 청해다 재(齋)를 드리지 말고, 추워도 화로에 불을 쬐지 말고, 말할 때 이 사이로 침을 흘리지 말고, 소 잡는 일을 말고, 돈을 가지고 놀음을 말 것이다.

(중략)

維天生民 其民四維 四民之中 最貴者士 稱以兩班 利莫大矣 不耕不商 粗涉文史 大決文科 小成進士 文科紅牌 不過二尺 百物具備 維錢之 進士三十 乃筮初仕 猶爲名蔭 善事雄南 耳白傘風 腹皤鈴諾 室珥冶妓 庭穀鳴鶴 窮士居鄕猶能武斷 先耕隣牛 借耘里氓 孰敢慢我 灰灌汝鼻 暈髻汰鬢 無敢怨咨 (하략)

"하늘이 민(民)을 낳을 때 민을 넷으로 구분했다. 사민(四民) 가운데 가장 높은 것이 사(士)이니 이것이 곧 양반이다. 양반의 이익은 막대하니 농사도 안 짓고 장사도 않고 약간 문사(文史)를 섭렵해 가지고 크게는 문과(文科) 급제요, 작게는 진사(進士)가 되는 것이다. 문과의 홍패(紅牌)는 길이 2자 남짓한 것이지만 백물이 구비되어 있어 그야말로 돈자루인 것이다. 진사가 나이 서른에 처음 관직에 나가더라도 오히려 이름있는 음관(蔭官)이 되고, 잘 되면 남행(南行)으로 큰 고을을 맡게 되어, 귀밑이 일산(日傘)의 바람에 희어지고, 배가 요령 소리에 커지며 방에서 기생이 귀고리로 단장하고, 뜰에는 학(鶴)을 기른다. 궁한 양반이 시골에 묻혀 있어도 능히 무단(武斷)을 하여 이웃의 소를 끌어다 먼저 자기 땅을 갈고 마을의 일꾼을 잡아다 자기 논의 김을 맨들 누가 감히 나를 괄시하랴. 너희들 코에 잿물을 들이붓고 머리끄댕이를 회회 돌리고 수염을 낚아채더라도 누구 가히 원망하지 못할 것이다."

—朴趾源의 '연암집'

濁酒來期 (탁주 래기)
-탁주 내기

主人呼韻太環銅 (주인호운태환동)
我不以音以鳥熊 (아불이음이조웅)
濁酒一盆速速來 (탁주일분속속래)
今番來期尺四蚣 (금번래기척사공)

주인이 운자들을 너무 '고리'고 '구리'게 불러
나는 음으로 시를 안짓고 '새김'으로 짓네.
막걸리 한 동이 어서어서 가져오게
이번 내기는 바로 '자네' '지네'.

해 의

주막에서 시짓기 내기를 하게 되자 주인이 운자를 동·웅·공으로 불렀다. 삿갓의 기발한 재치로, 새겨들어야 하는 시를 지었다.

---

* 環 : 고리 '환'. 고리다.
* 銅 : 구리 '동'. 구리다.
* 我不以音 : 나는 음을 가지고 하지않는다.
* 鳥熊 : 새 '鳥', 곰 '熊'. 합하여 '새곰'→'새김'
* 尺四 : '자넷'. 곧 '자네'를 뜻함.
* 蚣 : 지네 '공'.

 예시 보기

어느 절 법회가 있던 날, 자칭 시를 잘 쓴다는 스님이 누구라도 자기와 시짓기 내기를 하여 자기와 같이 시를 지으면 백 냥을 내 놓을 거라며 큰 소리를 치고 아래와 같은 시를 지었다.

  天有天佛 地有地佛 人有人佛
  我之腹中 有八萬大藏經
  金氏求學許之 李氏求學許之
  其學不學 吾不關

  하늘엔 하늘부처, 땅엔 땅부처, 사람부처도 계실테지만,
  내 뱃속에는 팔만장경이 다 들어 있다네.
  김 씨가 배움을 청해도, 이 씨가 청해도 다 좋으나,
  배우든지 안 배우든지, 내 알 바 아니네.

마침 절밥이나 얻어먹으려고 그 자리에 있었던 삿갓이 이 시를 한 번 슬쩍 훑어보고는 단숨에 일필휘지하였다.

  天有天皇氏 地有地王氏 人有人王氏
  我之腹中 有四書三經
  金氏求學許之 李氏求學許之
  其學不學 吾不關

  하늘엔 천황씨, 땅에는 지왕씨, 사람 중에 왕도 있지만,
  내 뱃속에는 사서삼경이 다 들어 있다네.
  김 씨가 배움을 청해도, 이 씨가 청해도 다 좋으나,
  배우든지 안 배우든지, 내 알 바 아니네.

스님은 이 글을 다 읽어보고는 겸연쩍어하면서도 백 냥을 삿갓에게 건네주었다.
그러자 이 모습을 옆에서 지켜보던 한 의원이 자기도 짓겠다며 나섰다.

  天有天門冬 地有地骨皮 人有人蔘
  我之腹中 有東醫寶鑑八十卷
  金氏求學許之 李氏求學許之
  其學不學 吾不關

하늘엔 천문동, 땅에는 지골피, 이 세상엔 삼도 있지만,
내 뱃속에는 동의보감이 팔십 권이나 들어가 있다네.
김 씨가 배움을 청해도, 이 씨가 청해도 다 좋으나
배우든지 안 배우든지, 내 알 바 아니네.

이 또한 스님이 살펴보니 이치에 맞는지라 할 수 없이 백 냥을 그 의원에게 내 줄 수밖에 없었다. 그러자 그 의원을 따라 왔던 기생 하나가 팔을 걷어 부치고 시를 써 나갔다.

天有姮娥 地有仙女 人有名妓
我之腹中 有一空
金氏求學許之 李氏求學許之
其學不學 吾不關

하늘엔 항아요, 땅엔 선녀, 사람 중엔 기생들도 많겠지만,
내 뱃속에는 뚫린 빈구멍 하나가 있다네.
김 씨가 보채도 줄 것이고, 이가네가 달라 해도 대줄 것이나,
찔러대던지 안 찔러대던지, 내 알 바 아니네.

이리하여 그 스님은 꼼짝없이 3백 냥을 날려버렸다나, 어쨌다나.

自顧偶吟 (자고 우음)
-자신을 돌아보며

笑仰蒼穹坐可迢 (소앙창공좌가초)
回思世路更迢迢 (회사세로갱초초)
居貧每受家人讁 (거빈매수가인적)
亂飮多逢市女嘲 (난음다봉시여조)

萬事付看花散日 (만사부간화산일)
一生占得明月宵 (일생점득명월소)
也應身業斯而已 (야응신업사이이)
漸覺靑雲分外遙 (점각청운분외요)

웃으며 푸른하늘 우러러보니, 마음 아득하고.
지난 날 돌아보니, 살아갈 일은 더욱 아득하네.
가난케 살다보니, 늘 식구들 핀잔 받았고
술 어지러이 마시다보니, 여인들에게 조롱도 받았네.

이세상 모든 일을 낙화 보듯이 한 세월 보냈고.
일생을 달밤처럼 흐릿하게도 살아 왔었구나.
당연히 내 몸으로 짓는 업이 이것뿐이니,
청운의 꿈은 내 분수밖의 일임을 알았네.

---

* 穹 : 하늘 '궁'.
* 迢 : 멀 '초'. 까마득할 '초'.
* 讁 : 귀양갈 '적'. 꾸지람. 유배하다.
* 身業 : 三業(身業·口業·意業)의 하나. 몸으로 짓는 모든 업.
* 靑雲 : 젊은이의 푸른 희망.

* 조선 초 端宗復位를 꾀했던 生六臣의 한 분으로 역시 벼슬을 버리고 周遊天下하던 梅月堂(또는 東峯) 金時習의 '無題'가 생각난다. 蘭皐의 마음과 一脈相通하리라.

 예시 보기

   終日芒鞋信脚行 (종일망혜신각행)
   一山行盡一山靑 (일산행진일산청)
   心非有想系形役 (심비유상계형역)
   道本無名豈假成 (도본무성기가성)

   宿露未晞山鳥語 (숙로미희산조어)
   春風不盡野花明 (춘풍부진야화명)
   短筇歸去千峰靜 (단공귀거천봉정)
   翠壁亂烟生晩晴 (취벽난연생효청)

             -金時習의 '無 題'

   온종일 미투리 신고걷는 나그네길
   산 하나를 넘고나니, 또 푸른 산이 다시 나타나네.
   마음이 있는 것이 아니거늘 어찌 육신에 얽매여 있을까.
   진리라 이름짓지 못하는 것을 가식적으로 어찌 이루리요.

   흰이슬 내리기 전 산새들은 지저귀고
   봄바람 부는 들길가에는 꽃이 피어있네.
   단장을 사려짚고 산속으로 들어가니,
   아지랑이도 멀어져가고 날씨도 좋구려.

眼 昏 (안 혼)
-눈이 흐림

向日貫針絲變索 (향일관침사변삭)
挑燈對案魯無魚 (도등대안노무어)
春前白樹花無數 (춘전백수화무수)
霽後靑天雨有餘 (제후청천우유여)

해아래 바늘꿰면 가는실도 새끼같고
심지돋워 책을 봐도 '魯'자속에 '魚'자 없네.
봄도 오기 전 나뭇가지에 흰꽃송이가 무수히 달렸고.
비개인 하늘에도 비가 남은 양 뿌옇게 보이네.

揖路少年云誰某 (읍로소년운수모)
探衣老虱動知渠 (탐의노슬동지거)
可憐南浦垂竿處 (가련남포수간처)
不見風波浪費蛆 (불견풍파난비저)

길에서 인사하는 아이를 보고 누구더라 묻고.
옷벗어 이잡을 땐 늙은 이가 움직거려야 알 수가 있다네.
가련타, 남포의 낚시터에 드리워진 낚싯대여,
도는 물결 보지 못해 낚시미끼만 헛되이 버리네.

---

* 索 : 동아줄 삭. 새끼 꼬다.
* 挑 : 휠 도. 심지를 돋우다.
* 竿 : 장대 간.
* 貫針 : 바늘에 실을 꿰다.

嶺南述懷 (영남 술회)
- 영남에서의 감회

超超獨倚望鄉臺 (초초독의망향대)
强壓覇愁快眼開 (강압패수쾌안개)
與月經營觀海去 (여월경영관해거)
乘花消息入山來 (승화소식입산래)

長遊宇宙餘雙履 (장유우주여쌍리)
盡數英雄又一杯 (진수영웅우일배)
南國風光非我土 (남국풍광비아토)
不如歸對漢濱梅 (불여귀대한빈매)

높다란 망향대에 홀로 기대어
수심누르며 주위를 살폈네.
저달과 영을 지나 바다보러 나갔다가
꽃소식 따라 산으로 왔다네.

긴 세월 천지를 유람해도 신 한 컬레는 아직 남았는데.
기구한 영웅 팔자 술이나 한 잔, 또 한잔 하리라.
남녘의 산천 경개 좋다하지만 내 고향 아니니.
고향에 돌아가서 냇가 매화꽃 대함만 못하네.

해 의
이명우 씨의 '김삿갓 시집'에는 둘째 句에서 '强厭'(강염)으로 되어 있음.

* 述懷 : 마음속의 생각을 말하는 것. * 超超 : 넘을 '초'. 높고 높은.
* 盡數 : 운수가 다함. 기구한 운명. * 英雄 : 여기서는 김삿갓 자신을 가리킴.

秋 吟 (추음)
-가을을 읊다

邨裡重陽不記名 (촌리중양불기명)
故人書到喜平生 (고인서도희평생)
登樓便有登山意 (등루편유등산의)
送馬還勝送酒情 (송마환승송주정)

病起黃花今歲色 (병기황화금세색)
秋深落木異鄕聲 (추심낙목이향성)
快賞前宵獨月明 (쾌상전소독월명)
此來相見爲佳節 (차래상견위가절)

구석진 시골에서 중양절도 잊고살다가,
옛사람글을 대하고보니, 큰기쁨이라네.
누각에 올라보니, 높은 산에도 오르고싶어,
술보다 말을 보내준 정이 훨씬 더 고맙네.

앓다가 일어나니, 이제 국화가 철을 만났고,
가을은 깊어 낯선 곳으로 낙엽도 떠나네.
어제도 홀로 나와 밝은 달 보고,
오늘은 명절, 달구경하러 산위에 올랐네.

---

* 便 : 문득 '변'. 편리할 '편'.
* 邨裡 : 촌리. 시골 촌구석.
* 重陽 : 음력 9월 9일 중양절. 重九. 重光. 九日이라고도 함.
* 黃花 : 국화의 별칭.
* 佳節 : 名節. 경사스러운 날.

예시 보기 1

黃昏獨立佛堂前 (황혼독립불당전)
滿地槐花滿樹蟬 (만지괴화만수선)
大抵四時心總若 (대저사시심총약)
就中腸斷是秋天 (취중장단시추천)

황혼녘 불당 앞에 홀로 서니
땅에 가득한 회나무꽃에 온통 매미소리.
하물며 사시사철 마음 괴로워
애끊는 아픔, 곧 가을이어라.

-白居易의 '暮 立'

* 白居易(772~846) : 당나라 시인. 洛陽 부근의 新鄭 출생. 자는 樂天, 호는 醉吟先生, 香山居士 등. 그의 시는 경쾌하지 않고 구세제민을 주제로 삼아 약간 무거운 느낌이 있다.

 예시 보기 2

有田誰布穀 (유전수포곡)   밭가에 뻐꾸기 울음 울 때
無酒可提壺 (무주가제호)   빈 병 들고서 술 받으러 가네.
山鳥何心緖 (산조하심서)   산새는 무슨 맘에
逢春謾自呼 (봉춘만자호)   봄만 만나면 부질없이 우나.

-崔承老의 '偶 吟'

* 최승로(崔承老, 927~989) : 고려 성종 때의 문신. 본관 경주. 수시중. 청하후. 시호 문정.

暮投江齋吟 (모 투 강 재음)
-저문 강가 서재에 묵으며

滿城春訪讀書家 (만성춘방독서가)
雜木疎篁暎墨花 (잡목소황영묵화)
鶴與淸風橫遊浦 (학여청풍횡유포)
鴻因落日伴平沙 (홍인낙일반평사)

江山有助詩然作 (강산유조시연작)
歲月無心酒以過 (세월무심주이과)
獨倚乾坤知己少 (독의건곤지기소)
强將織律和高歌 (강장직률화고가)

봄기운 가득한 성안에서 글읽는 집 찾았더니,
대숲 잡목이 묵화로 어리네.
백학은 맑은 바람 가로지르며 갯벌에서 놀고.
해지자 기러기는 모래밭에서 서로 짝을 짓네.

강산의 도움으로 그런대로 시도 짓고
세월이야 무심해도 술로나마 달랬노라,
나야 항상 천지간에 의지했으니, 아는 이 적어도.
보잘 것 없는 시나 지어가면서 즐거이 부르리.

---

* 篁 : 대숲 '황'.
* 鴻 : 기러기 '홍'.
* 伴 : 짝 '반'.
* 平沙 : 모래밭.
* 知己 : 知己知友. 오래된 친구.
* 知己少 : 알아주는 친구가 적다.

해 의

이명우 씨는 '김삿갓 시집'에서 轉句의 '知己少'는 崔致遠의 '秋夜雨中' 承句의 '少知音'을 연상케 한다고 하며 다음과 같이 번역하였다.

秋風惟苦吟 (추풍유고음) 가을 바람에 오직 괴롭게 읊나니
世路少知音 (세로소지음) 세상엔 내 마음을 알아 줄 이 별로 없구나.
窓外三更雨 (창외삼경우) 창밖엔 밤이 깊도록 비가 내리고
燈前萬里心 (등전만리심) 등불아래서 내 마음은 만리 고국으로 달리고 있네.

그러나 나는 같은 시를 다음과 같이 3·4·5·6조 民調詩 운율에 맞춰 다음과 같이 번역해 보았다.

秋風惟苦吟 (추풍유고음) 갈바람 쓸쓸하고 애처로운데(3·4·5)
世路少知音 (세로소지음) 세상엔 나를 알아줄 이 적네.(5·6)
窓外三更雨 (창외삼경우) 창밖에 밤은 깊고 비는 오는데(3·4·5)
燈前萬里心 (등전만리심) 등잔불 따라 외로운 마음 만리를 내닫네. (5·5·6)

-金進中 譯

이 작품도 역시 내게는 아주 훌륭한 민조시로 읽힌다.
어차피 한자는 뜻글자 위주이기 때문에 한자는 그안에 내포되어있는 숨은 뜻을 밝혀내어 해석해야 한다. 그뜻을 가장 알맞은 우리말로 골라 그 소리 장단가락에 실어야 하는 것이다.

---

* 최치원(857년.문성왕 19년~?) : 신라 말 학자·문장가. 본관은 경주(慶州). 자(字)는 고운(孤雲),해운(海雲). 868년(경문왕 8년) 12세 때 당나라 서경(西京 : 長安)에 유학. 18세에 예부 시랑(禮部侍郎) 배찬(裵瓚)이 주시(主試)한 빈공과(賓貢科)에 장원 급제로 한림 학사가 됨. 귀국 후 만년(晩年)에 가야산에서 신선이 되었다고 전한다.

逢雨宿村家 (봉우 숙촌가)

曲木爲椽簷着塵 (곡목위연첨착진)
其間如斗僅容身 (기간여두근용신)
平生不欲長腰屈 (평생불욕장요굴)
此夜難謀一脚伸 (차야난모일각신)

鼠穴煙通渾然漆 (서혈연통혼연칠)
篷窓茅隔亦無晨 (봉창모격역무신)
雖然免得衣冠濕 (수연면득의관습)
臨別慇懃謝主人 (임별은근사주인)

휘어진 서까래에 처마는 아예 땅에 붙었는데.
방안은 말통같아 몸이 간신히 들어갈 만하네.
내 평생 긴허리를 굽힐 일이야 없으리련만
오늘밤에는 다리 하나도 펴기 어렵구나.

쥐구멍 매운 연기 칠흑밤같아
낡은 봉창은 띠로 덮어서 날 새는 줄 몰라.
다행히 의관을 적시지는 않았으니,
떠나갈 때엔 주인장에게 고맙다 하리라.

해 의

독립운동가·문인·역사 학자였던 단재 신채호 선생은 일본이 강요하는 신사 참배를 거부하면서 세수를 할 때에도 꼿꼿한 자세로 씻으니, 그의 저고리앞섶은 매일 젖었다고 한다. 김삿갓도 세상의 모든 명리를 버리고 자연 합일로 유유 자적하는 모습일러니, 그 누구에게 허리를 숙일 것인가.

聽 曉 鐘 (청 효 종)
-새벽종소리를 들으며

霖雨長安時孟秋 (임우장안시맹추)
嶠南歸客獨登樓 (교남귀객독등루)
吼來地上雷霆動 (후래지상뇌연동)
擊送人間歲月流 (격송인간세월류)

鳴吠俱淸千戶裡 (명폐구청천호리)
乾坤忽蕭九街頭 (건곤홀소구가두)
無窮四十年間事 (무궁사십연간사)
回首今宵又一悲 (회수금소우일비)

장맛비 하염없는 가을의 장안
남녘에서 온 나그네 홀로 누각에 오르다.
때마침 들려오는 새벽종소리 천둥소리같고.
인간사 세상 모두 흘러 보내듯 골고루 퍼지네.

닭소리 개소리가 집집마다 울려퍼지다,
홀연 온천지 적막에 싸이네.
흘러간 40평생 한 많은 사연
돌이켜보니, 오늘밤 다시 슬퍼지는구나.

馬島 (마도)

故人吟望雪連天 (고인음망설련천)
別後梅花又一年 (별후매화우일년)
快士暫遊仍出塞 (쾌사잠유잉출색)
冷官多曠不求田 (냉관다광불구전)

山川重閱龍灣路 (산천중열용만로)
禍盡纔歸馬島船 (화진재귀마도선)
城外未將壺酒餞 (성외미장호주전)
此詩難寫意茫然 (차시난사의망연)

옛벗을 생각하며 한 수 읊자니 눈이 내리네
헤어진 후에 매화꽃 피니 또 한해가 갔군.
한동안 같이 놀던 쾌활한 친구 변방으로 가
초라한 벼슬 빈자리 많아 농사할 이 없네.

지나간 산천은 옛임금님 피난갔던 길
난이 끝나고 겨우 돌아온 마도 뱃길이라.
성밖에 술과 함께 송별치 못해
생각이 멍해 시 쓰기 어렵네.

* 仍 : 거듭 잉.
* 塞 : 막을 색. 변방 사.
* 馬島 : 충청남도 서천군근흥면에 속하는 면적 0.25km²의 섬.
* 冷官 : 지위가 낮고 보수가 적은 보잘것없는 벼슬.
* 龍灣路 : 임금이 피난 갔던 길.

思 鄕·一 (사향·1)

西行已過十三州 (서행이과십삼주)
此地猶然惜去留 (차지유연석거류)
雨雪家鄕人五夜 (우설가향인오야)
山河逆旅世千秋 (산하역려세천추)

幕將悲慨談靑史 (막장비개담청사)
須向英豪問白頭 (수향영호문백두)
玉舘孤燈應送歲 (옥관고등응송세)
夢中能作故園遊 (몽중능작고원유)

관서에 놀다보니 열세 고을을 이미 지났는데.
아직도 이곳에서 떠날까 말까 머뭇거린다네.
진갈비 내리는 밤 나그네 홀로 고향을 그리며.
산하를 따라따라 평생 동안을 떠돌아다니네.

허무한 옛흥망을 열받아가며 말하지 말지니.
아무렴 영웅들께 백발에 대해 물어봐야겠네.
여관의 외로운 등잔아래 허송 세월을 보내고 있나니.
꿈에서 돌아갈까 그리운 고향 찾아볼까 하네.

 예시 보기

慈親鶴髮在臨瀛 (자친학발재임영)
身向長安獨去情 (신향장안독거정)
回首北村時一望 (회수북촌시일망)
白雲飛下暮山靑 (백운비하모산청)

자상한 어머님은 흰머리 되어 강릉에 계시고.
이몸은 서울 향해 홀로 떠나는 슬픈 마음이여.
님 계신 북촌으로 고개 돌려 바라보니
흰구름이 낮게 드리운 산빛만 푸르러.

-申師任堂의 '읍별자모(泣別慈母)'

* 노모를 臨瀛(강릉의 옛 이름)에 두고 한양으로 향할 때 대관령마루에서.
* 신사임당(申師任堂, 1504~1551년) : 강원도 강릉 출신. 조선 시대 중기의 문인, 유학자, 화가, 작가, 시인. 본관은 평산(平山). 본명은 인선(仁善).
외조부 이사온과, 기묘사화로 관직을 단념하고 향리에 은거한 아버지 신명화로부터 성리학을 교육받았다. 아버지가 아들없이 죽자 경기도 파주 시댁과 강원도 강릉 친정을 오가면서 친정어머니를 극진히 모셨다. 아들 이이는 대학자이자 정치인으로, 딸 이매창과 아들 이우 등은 문인 화가로 명성을 날렸다.
그림, 서예, 시 재주가 탁월하였고, 십자수와 옷감 제작에도 능했다. 성리학적 지식과 도학, 문장, 고전, 역사 지식 등에 해박하였다. 임진왜란 때 충주 탄금대에서 전사한 신립은 그의 9촌 조카였고, 대한민국의 정치인 해공 신익희는 14대 방손이 된다.
2007년 정부에 의해 5만 원권 지폐의 주인공으로 도안되었다.

思 鄕·二 (사향·2)

皇州古路杳如天 (황주고로묘여천)
日下芳名動小年 (일하방명동소년)
嬉笑文章蘇學士 (희소문장소학사)
風流詞曲柳屯田 (풍류사곡유둔전)

遊淸薊樹浮煙海 (유청계수부연해)
別語灣燈明玉盞 (별어만등명옥잔)
未識今宵能憶我 (미식금소능억아)
寒梅老屋坐蕭然 (한매노옥좌소연)

황주의 옛길이 하늘처럼 아득한데
해처럼 빛난 그이름 벌써 소년시절에 이미 떨쳤다네.
웃음이 묻어나는 문장으로는 소동파와 같고.
풍류에 어울리는 노랫가락은 유종원과 같네.

놀던 정 안개바다 계수나무 떠있는 듯
간 곳마다 이별하는 밤 옥등잔불을 끄지를 못했네.
어쩌면 오늘 밤도 고향집에서 내 생각하면서.
한 그루 매화꽃이 쓸쓸한 뜰에 홀로 피었으리.

* 皇州 : 천자의 서울. 여기서는 김삿갓의 본고향인 서울을 뜻함.
* 蘇 學士 : 東坡 蘇軾.
* 柳 屯田 : 柳宗元(773~819). 唐宋八大家의 한 사람.

鄕 愁 (향수)

一粒粟中藏世界 (일립속중장세계)
半升鐺內煮乾坤 (반승당내자건곤)
二月江南花滿枝 (이월강남화만지)
他鄕寒食遠堪悲 (타향한식원감비)

三五夜中新月色 (삼오야중신월색)
二千里外故人心 (이천리외고인심)

四十餘年睡夢中 (사십여년수몽중)
而今醒眼始朦朧 (이금성안시몽롱)
不知日巳過停午 (부지일사과정오)
起向高樓撞曉鐘 (기향고루당효종)

한 알의 좁쌀 속에 온세계가 숨었는데
반 되들이 솥 안에서는 천지가 삶기네.
2월 달 강남에는 가지마다 꽃이 피나
타향에서 맞는 한식 고향생각에 견딜 수가 없네.

한가위 보름달이 두리둥실 솟아오니,
2천 리밖 타향에 있는 벗의 심사라니.
마흔 해 가까이를 잠을 자며 꿈꾸다가
이제 겨우 깨어나 보니, 정신이 희미해.
하루 해 한낮이 지났는데, 늦은 줄도 잘 모르고
이제야 겨우 누각에 올라 새벽종을 치네.

* 粒 : 알 '립'.
* 鐺 : 쇠사슬 '당'. 솥. 노구솥.
* 煮 : 삶을 '자'. 지질 '자'. 달일 '자'.
* 遠堪悲 : 슬퍼서 견딜 수 없다.
* 三五夜 : 보름날 밤. 十五夜. '팔월 보름날 밤'으로 많이 씀.

 예시 보기

  長江悲已滯 (장강비이체)
  萬里念將歸 (만리염장귀)
  況屬高風晚 (황속고풍만)
  山山黃葉飛 (산산황엽비)

  장강은 슬프게도 이미 막히고,
  고향에 돌아 가고 싶은 맘뿐.
  더구나 저녁바람 세차게 일어
  온산 날리는 노오란 잎새들.

         -王 勃의 '山 中'

* 王 勃(647~674) : 당나라 시인, 高宗 때 궁정에 들어가 朝散郞이 되다. 劍南으로 가서 都督 염백서(閻伯嶼)를 위해 쓴 '滕王閣의 序' 및 시가 특히 유명하다. 盧照隣 · 駱賓王 · 陽炯과 함께 初唐의 4傑이라고 일컫는다.

제5부 千年江山 (천 년 강산)

秋 (추)
石 白 (석 백)
雪景·一 (설 경·1)
雪景·二 (설 경·2)
雪景·三 (설 경·3)
雪景·四 (설 경·4)
雪·一 (눈·1)
雪·二 (눈·2)
雪 日 (설 일)
杜鵑花消息 (두견화 소식)
風 月 (풍 월)
年年年去 (연년 년거)
破來訴題 (파래 소제)
霽後回頭詩 (제후 회두시)
卽 景 (즉 경)
遊 山 吟 (유 산 음)
新 溪 吟 (신 계 음)
落 葉 吟 (낙 엽 음)
洛 花 吟 (낙 화 음)
秋夜偶吟 (추야 우음)
貧 吟 (빈 음)
李氏之三女吟 (이씨지 3녀음)
看 山 (간 산)
雪中寒梅 (설중 한매)
梅花幽情 (매화 유정)
僧 乎 汝 (승 호 여)
落 葉 (낙 엽)
伐 木 (벌 목)
平 壤 (평 양)
江邊에서

秋 (추)
−가 을

梧桐一葉落 (오동일엽락)
天下盡如秋 (천하진여추)

오동잎
하나 지니,
온천지 모두
가을이로구나.

해 의

마치 한 폭 만추의 풍경화를 보는 듯한 압축과 확산의 미감이여.

萬木迎秋氣 (만목영추기)
蟬聲亂夕陽 (선성난석양)
沈吟感物性 (침음감물성)
林下獨彷徨 (임하독방황)

−姜靜一堂의 '聽秋蟬'

어느덧 나무마다 가을빛인데,
놀에 비끼는 매미떼 소리들.
제철이 다하는 게 슬퍼서인가,
쓸쓸한 숲을 혼자 헤맸다네.

---

* 姜靜一堂(1772~1832) : 조선시대 여류시인.

石白 (석백)
- 흰 돌

石白松靑山老少 (석백송청산노소)
楓丹苔碧巷春秋 (풍단태벽항춘추)

돌 희고
솔 푸르러
산은 저절로
늙다가 젊다가.

단풍잎
붉게 타고
이끼 푸르러
갈봄 섞여있네.

 해 의

뜻글자 위주(한자)의 7언 절구를 소리글자 위주(한글) 3·4·5·6조의 18자로 풀이하다.

예시 보기

山僧貪月色　산속의 스님께서 달빛이 탐나
并汲一甁中　병에 가득히 아울러 길었네.
到寺方應覺　절간에 다다르면 바야흐로 깨달으리
甁傾月亦空　병 기울이면 달빛도 따라 쏟아지는 것을.

　　　　　　　　　　　-李奎報의 '詠井中月'

雪景·一 (설경·1)

白屑誰飾亂洒天 (백설수식난세천)
雙眸忽爽霽樓前 (쌍모홀상제루전)
練舖萬壑光斜月 (연포만학광사월)
玉削千峰影透烟 (옥삭천봉영투연)

訪隱人應隨剡掉 (방은인응수섬도)
懷兄吾易坐講筵 (회형오역좌강연)
文章大手如逢此 (문장대수여봉차)
興景高吟到百篇 (흥경고음도백편)

흰가루 누가 마구 온하늘에 뿌리는가,
몰아치던 눈발개니, 정자앞이 환해지네,
흰비단을 온골짝에 펼쳐놓은 듯 달빛은 환하고,
옥깎아 세운 듯이 산봉우리엔 서기가 감도네.

은사(隱士)를 찾으려면 눈속이라도 '섬도'로 가리니,
못 가는 근심풀고 자리에 앉아 강론이나 하리.
만약에 문장가가 이런 설경 만난다면
흥겨워 높이 읊어댄 시가 백 편에 이르리.

---

* 剡掉(섬도) : 중국 秦·漢代의 會稽縣을 이르는 地名. 隱士들이 많았다고 함.

雪景·二 (설경·2)

飛來片片三月蝶 (비래편편삼월접)
踏去聲聲六月蛙 (답거성성유월와)
寒將不去多言雪 (한장불거다언설)
醉或以留更進盃 (취혹이유갱진배)

펄펄펄 날아오는 흰눈송이는 춘3월 봄나비.
밟을 때 뽀득뽀득 나는 소리는 오뉴월 맹꽁이.
눈이 와 추워서 못가겠네 핑계를 대며
좀 더 취하면 머물게 될까, 다시 잔을 드네.

---

* 片片 : 나비가 날 듯 눈송이가 펄펄 내리는 의태어.
* 聲聲 : 맹꽁이가 울 듯 뽀득뽀득 거리는 의성어.
* 多言雪 : 눈 이야기를 많이 하다. 눈 핑계를 대다.

해 의

或者는 이시의 起·承, 두 句를 아래와 같이 번역하였다.

> 하늘에서 훨훨 날아오는 눈송이는 춘3월 호시절에 나는 나비와 같고. (28자)
> 그눈을 밟고걸어가니 발밑에서 뻐걱뻐걱 나는 소리는 오뉴월 논두렁에서 우는 맹꽁이 소리와 같도다. (41자)

바로 이런 점이 우리말의 3·4·5·6조 民調詩의 장점인 것이다. 위와 같이 28자+41자=69자로 풀이한 이 시를 동일한 의미의 18자+18자=36자로 간결하게 간추려 시적 긴장감과 음악적 韻律과 함축적 묘미를 되살려 낼 수 있는 것이다.

雪景·三 (설경·3)

足下三冬雪 (족하삼동설)
身邊六月麻 (신변유월마)

발아래 3동 눈이 쌓였는데
이몸에는 여름베옷이 걸쳐져 있구나.

 예시 보기

山下孤村深閉門 (산하고촌심폐문)
溪橋日晚靑煙起 (계교일만청연기)
石泉凍合無人蹤 (석천동합무인종)
知有山妻炊雪水 (지유산처취설수)

산 아래 작은 마을 깊게 문이 닫혀있고
개울 다리 해 넘어가니 푸른 연기 올라.
돌샘은 얼어붙어 사람 종적 바이없고
산아낙네 흰눈을 녹여 물 만들고 있네.

—尹 鑴의 '苦 寒'

---

* 尹 鑴(1617~1680) : 조선 중기의 문신, 성리학자, 정치인, 시인. 자(字)는 두괴(斗魁), 희중(希仲), 호는 백호(白湖), 하헌(夏軒), 야보(冶父). 본관은 남원(南原). 남인의 거두, 예송 논쟁 주요 논객. 간서재(澗西齋) 김덕민의 외손으로, 김덕민, 이민구, 이원익의 문인. 학행(學行)으로 시강원진선이 되었고 이후 성균관사업, 사헌부대사헌, 이조판서, 의정부좌찬성 등을 지냈다.

雪景·四 (설경·4)

送月開簾小碧峯 (송월개렴소벽봉)
滿庭疑是玉人逢 (만정의시옥인봉)
冥魂灑入孤江釣 (명혼새입고강조)
冷意添牽暮寺鐘 (냉의첨견모사종)

却訪梅花淸我興 (각방매화청아흥)
能令蔀屋素其封 (능령부옥소기봉)
個邊頗有精神竹 (개변파유정신죽)
助合詩腸動活龍 (조합시장동활룡)

달지고 주렴여니 산봉우리가 옥같이 보이고.
뜰안에 하얀눈이 가득히 쌓여 고운님만 같네.
어두운 생각벗고 외로운 강에 낚시 드리우고.
청량한 생각느니, 저녁절에서 종소리 나누나.

매화꽃 바라보니, 나의 흥취는 점점 맑아지고.
가난한 오막살이 살림살이도 부유한 것같네.
한쪽엔 기개높은 대나무숲이 높이 솟아있어.
시심을 돋궈주어 자못 시상이 용트림하누나.

---

* 碧峯 : 옥 같은 산봉우리.
* 玉人 : 모양과 마음이 아름다운 사람.
* 淸我興 : 나의 흥취가 맑아지다.
* 蔀屋 : 풀로 지붕을 이은 오막살이 집. 가난한 집.
* 素封 : 관록이나 봉토는 없으나 생활이 풍족한 부잣집.
* 頗 : 자못 '파'.

예시 보기 1

간밤의 눈 갠 後에 景物이 달랃고야
이어라 이어라
압희눈 萬頃琉璃 뒤희눈 천첩강산
至匊총 至匊총 於思臥
仙界ㄴ가 佛界ㄴ가 人間이 아니로다

－尹善道의 '孤山遺稿－漁父四時詞' 중에서

 예시 보기 2

이 중에 시름없는 이 어부의 생애로다.
일엽편주를 만경창파에 띄워두고
인세(人世)를 다 잊었거니 날 가는 줄 알 것인가.

굽어보면 천 길 푸른 물, 돌아보니 만 겹 푸른 산,
열 길 속세의 티끌에 세상사 얼마나 가려져 있는가.
강호에 밝은 달이 밝게 비치니 더욱 무심하구나.

연잎에 밥을 싸고 버들가지에 물고기 꿰어서,
갈대와 억새풀 우거진 곳에 배 대어 묶어 두니,
이러한 자연의 참된 재미를 어느 분이 아실까.

산봉우리 한가로운 구름 일고 물 위엔 갈매기 나네.
아무런 사심 없이 다정한 건 이 둘뿐이로다.
한평생 시름을 잊고 너희와 더불어 지내리라.

서울을 돌아보니 궁궐이 천 리로구나.
고깃배에 누워 있은들 잊은 적이 있으랴.
두어라 내 시름 아니다, 세상 건질 현인이 없으랴.

－李賢輔의 '어부가'

---

* 이현보(李賢輔, 1467~1555) : 연산군, 중종 때의 문신·문인·학자. 자는 비중, 호는 농암(聾巖)·설빈옹(雪賓翁), 본관은 영천. 연산군 때 문과 급제. 정언으로 있을 때, 연산군의 노여움을 사 안동으로 유배됨. 10장으로 전하던 〈어부가〉를 그가 5장으로 고쳐 지은 것이 〈청구영언〉에 실려 있음. 저서 〈농암(聾巖)문집〉에 〈효빈가(效嚬歌)〉, 〈농악가〉, 〈농암가(聾巖歌)〉 등이 수록.

雪·一 (눈·1)

天皇崩乎人皇崩 (천황붕호인황붕)
萬樹靑山皆被服 (만수청산개피복)
明日若使陽來弔 (명일약사양래조)
家家簷前淚滴滴 (가가첨전누적적)

천황씨 인황씨가 돌아가셨나,
온산 나무들 소복을 입었네.
낼 아침 햇님 와서 문상할 때
이집 저집 처마끝마다 눈물이 뚝뚝뚝.

 예시 보기

　　　屋後林鴉凍不飛 (옥후임아동불비)
　　　晚來瓊屑壓松扉 (만래경소압송비)
　　　應知昨夜山靈死 (응지작야산영사)
　　　多小靑峰盡白衣 (다소청봉진백의)

　　　뒤란가 수풀 속에 언 까마귀 날지 못하고
　　　청솔사립에 흰 눈이 쌓여 맨살을 에이네.
　　　알겠네, 지난밤에 산신령 죽어
　　　모든 산봉이 상복을 입었군.

　　　　　　　　　　　　　　　　　－申儀華의 '雪 後'

---

* 申儀華(1637~1662) : 조선시대 학자.

雪·二 (눈·2)

蕭蕭密密又霏霏 (소소밀밀우비비)
故向斜風滿襲衣 (고향사풍만습의)
澗邊獨鶴無愁語 (간변독학무수어)
木末寒鴉凍不飛 (목말한아동불비)

從見江山颺白影 (종견강산양백영)
誰知天地弄玄機 (수지천지농현기)
强近店婆因問酒 (강근점파인문주)
緬然醉臥却忘歸 (면연취와각망귀)

쓸쓸히 흩날리는 함박눈은
바람에 옷을 함부로 적시네.
물가의 학 한 마리 수심에 겨워 울지도 않는데.
나무끝 웅크린 까마귀도 얼어붙은 듯 날지를 못하네.

이강산 자욱히도 흩뿌려대는 백설을 보련만.
세상에 어느 뉘가 천지조화를 알 수 있으리요.
내 굳이 가까운 주모에게 술 한 잔 청해
취해 누우니, 돌아갈 생각 아예 잊었네라.

雪 日 (설 일)
-눈 오는 날

或：雪日常多靑日或 (혹 : 설일상다청일혹)
亦：前山旣白後山亦 (역 : 전산기백후산역)
壁：推窓四面琉璃壁 (벽 : 추창사면유리벽)
莫：分咐寺童故掃莫 (막 : 분부사동고소막)

　　눈오는 날이 많고 개인날이 간혹 있는데
　　앞산은 이미 하얗게 되고 뒷산도 하얗네.
　　창문을 열고보니, 4방이 은빛 유리벽이라
　　절아이 불러 쓸지 말라고 신신 당부하네.

해 의

금강산의 어느 암자에서 스님이 운을 불렀는데, 어려운 운자이었으나 김삿갓은 거침없이 지어 나갔다. 눈을 주제로 한 조선 시대의 시조 한 편을 보자.

　　산촌에 눈이 오니 돌길이 무쳐셰라
　　柴扉를 여지 마라 날 츠즈리 뉘 이시리
　　밤중만 一片明月이 긔 벗인가 하노라
　　　　　　　　　　-象村 申 欽의 '珍本 靑丘永言'

杜鵑花消息 (두견화 소식)
－진달래 소식을 묻다

問爾窓前鳥 (문이창전조)
何山宿早來 (하산숙조래)
應識山中事 (응식산중사)
杜鵑花發耶 (두견화발야)

창에 와 우는 새야,
어느 산에서 자고 왔느냐,
산중 소식은 네 잘 알리니,
진달래꽃은 잘 피어났더냐.

 예시 보기

봄에 관한 시 한 편.

昨夜山中雨 (작야산중우)
前溪水政肥 (전계수정비)
竹堂幽夢罷 (죽당유몽파)
春色滿柴扉 (춘색만시비)

어젯밤 산속에 비가 내려
앞개울 냇물 더 불어났구나.
대숲집 그윽한 꿈 깨어나 보니
봄빛 사립에 가득 차 있구나.

－白光勳의 '溪堂雨後'

＊ 白光勳 : 선조 때 崔慶昌, 李達과 함께 三唐詩人의 한 사람.

風月 (풍월)

僧 : 風動樹枝動 (풍동수지동)
　　 月昇水波昇 (월승수파승)

　　바람이 움직이니, 나뭇가지도 움직거리고
　　달이 오르니, 물결도 오르네.

笠 : 風失古行路 (풍실고행로)
　　 月得新照處 (월득신조처)

　　바람은 예전부터 제가 다니던 길을 잃었고
　　달은 새로이 비출 곳 얻었네.

 예시 보기

　　古木寒雲裏 (고목한운리)
　　秋山白雨邊 (추산백우변)
　　暮江風浪起 (모강풍랑기)
　　漁子急回船 (어자급회선)

　　차가운 구름 속에, 고목 한 그루
　　가을산에는 찬비가 내린다.
　　저무는 강바람에 물결이 일어
　　어부는 급히 뱃머릴 돌린다.

　　　　　－金得臣(1604.선조37.~1684.숙종10.)의 '龍 湖'

年年年去 (연년 년거)
-해마다 해는 가고

年年年去無窮去 (연년년거무궁거)
日日日來不盡來 (일일일래불진래)
年去日來來又去 (년거일래래우거)
天時人事此中催 (천시인사차중최)

해마다 해는 가고, 오는 해마다 끝도 없이 가고.
날마다 날은 오고, 다시 새날이 끝도 없이 오네.
해가고 날이 오며 오고 또 가서
세상사 모두 그 가운데서 이루어진다네.

해 의

이 시에 나오는 전체 28자 중, 年·日·去·來 자를 각각 4번씩 사용하였고, 나머지 12자는 각각 다른 글자이다. 같은 글자를 이처럼 거듭 거듭 쓰면서도 그 문맥을 잘 통하게, 우주의 이치를 잘 나타내고 있다.

 예시 보기

    來從何處來 (내종하처래) 이몸이 어디에서 어디로 오며
    去向何處去 (거향하처거) 어디를 향해 어디로 가는가.
    去來無定縱 (거래무정종) 이 세상 왔다 가는 정해진 바 없는 터이니
    悠悠百年許 (유유백년허) 걱정으로만 살지를 말지니.
                               -金麟厚의 '題忠州望京樓韻'

---

* 金麟厚(1510~1560) : 조선의 문신. 학자. 자는 후지, 호는 하서(河西), 본관은 울산. 전라남도 장성 출생. 김안국의 제자, 후에 성균관 유생으로 이황과 함께 수학. 중종 때 문과 급제, 승문원 정자에 등용. 을사사화 후 칭병 귀향하여 성리학의 연구에 몰두. 천문·지리·의약·산수·율력에 정통. 저서《하서집》,〈주역관상편〉 등.

破來訴題 (파래 소제)
－파격적 소송

深秋一葉 (심추일엽)
病於嚴霜 (병어엄상)
落於微風 (낙어미풍)
嚴霜之故耶 (엄상지고야)
微風之故耶 (미풍지고야)

깊어진 가을날 잎새 하나
무서리 맞고 병이 들어서
실바람결에 떨어지나니,
무서리 탓이냐,
실바람 탓이냐.

---

* 故耶(고야) : ~의 탓이냐?

 예시 보기

天地無古今 (천지무고금)
人生有始終 (인생유시종)
默然觀物理 (묵연관물리)
霜葉下溪楓 (상엽하계풍)

천지는 예나 지금 변함없건만
삶엔 시작과 마침이 있구나.
가만히 대자연의 이치를 보니
계곡물 위로 떠내려가는 서리진 단풍잎.

－오암(鰲巖)대사의 '풍음추광(諷吟秋光)'

霽後回頭詩 (제후 회두시)
- 비온 뒤의 경치

班苔碧草亂鳴蛙 (반태벽초난명와)
客斷門前村路斜 (객단문전촌로사)
山雨驟來風東竹 (산우취래풍동죽)
魚澤跳濺水翻荷 (어택도천수번하)

閑吟朗月松窓滿 (한음낭월송창만)
淡抹靑煙柳巷遮 (담말청연유항차)
鰥老一宵淸景飽 (환노일소청경포)
顏朱換却髮皤波 (안주환각발파파)

청이끼 푸른 수풀 우거진 곳에 개구리가 울고.
손끊긴 문전에는 비탈길만이 가팔라보이네.
산중비 몰아치니, 거친 바람은 대숲을 흔들고.
연못에 물고기들 뛰어오르니 연잎 반짝이네.

한가히 시읊으니, 맑은 달빛은 창에 가득 차고.
버들에 반 가려진 엷고푸른 길 안개를 둘렀네.
이 늙은 홀아비 오늘밤 좋은 경치 실컷 보니,
붉은 얼굴 다 지나가고 나도 몰래 백발.

---

* 驟 : 달릴 '취'. 빠르다. 신속하다.
* 濺 : 흩뿌릴 '천'.
* 翻 : 날 '번'. 번뜩이다.
* 皤 : 머리 센 모양 '파'.
* 鰥 : 환어 '환'. 홀아비 '환'.

卽景 (즉경)
－경치를 보며

叶執猶煩帶一條 (협집유번대일조)
淸風纔生復寥寥 (청풍재생부요요)
綠憐焦葉凉如蘸 (녹련초엽양여잠)
紅恨榴花照欲燒 (홍랑류화조욕소)

微雷小雨相爭篩 (미뢰소우상쟁사)
老魃驕炎未格苗 (노발교염미격묘)
聞說江樓堪避飮 (문설강루감피음)
漁舟準備月明宵 (어주준비월명소)

너무나 무더워서 띠 한 가닥도 번거로운데
시원한 바람 겨우 일었다 또 잠잠하구나.
푸르른 파초잎은 물에 잠긴 듯 시원해 보이고.
빠알간 석류꽃은 불이 붙은 듯 화사해 보이네.

번개와 마른 가뭄 서로 다투듯 오락가락하고.
늦더위 늦가뭄에 불볕햇살이 모종을 태우네.
강루엔 더위 피해 술자리를 편다는데
달오르면 고기잡이배 띄워나 볼까나.

* 叶 : 화합할 '협'.
* 煩 : 괴로워할 '煩'. 번거롭다. 답답하다. 귀찮다.
* 蘸 : 물에 담글 '잠'.
* 寥寥 : 고요하고 쓸쓸하다. '바람이 잠잠하다'.
* 聞說 : 소문이나 말을 들어 보건대.

遊山吟 (유산음)
－산에서 놀며 읊다

一笠茅亭傍小松 (일립모정방소송)
衣冠相對完全客 (의관상대완전객)
橫籬蟬蛻凉風動 (횡리선세양풍동)
藥圃虫聲夕路濃 (약포충성석로농)

秋雨纔晴添晚暑 (추우재청첨만서)
暮雲爭出幻寄峰 (모운쟁출환기봉)
悠悠萬事休提設 (유유만사휴제설)
未老須謀選日逢 (미로수모선일봉)

삿갓쓴 나그네가 띠집정자옆 솔밭에서 쉴 때.
의관을 보아하니, 정자나 그나 똑같이 생겼네.
늦매미 울타리에 숨어우니, 찬바람 일고
약포 가운데 벌레들 소리 이슬로 내리네.

가을비 겨우개니 늦더위가 기승부리고
저녁구름이 다투어이니 봉우리마다 환상적이구나.
세상사 유유한데 작은 일일랑 말하지 말자,
우리 아직도 젊은 편이니, 다시 만날 날 기약이나 하세.

해 의

늦여름 어느 날, 잠깐 비를 피하느라 초가(띠 '茅')로 지붕을 이은 정자에서 쉬어가면서 정자모습이 삿갓쓴 자신의 모습과 같다고 의인화하여 곧 백로가 다가오는 계절의 풍경과 나그네의 소회를 읊은 시이다.

---

* 籬 : 울타리 '리'. * 蟬 : 매미 '선'. * 藥圃 : 약을 심은 밭. * 晚暑 : 늦더위.

新 溪 吟 (신 계 음)
－신계에서

一任東風鷰子斜 (일임동풍연자사)
棠梨樹下訪君家 (당리수하방군가)
君家春盡飛將去 (군가춘진비장거)
留待棠梨後世花 (유대당리후세화)

봄바람 따라서 제비들 날아왔네
팥배나무밑 그대 집으로 다시 찾아 왔네.
그대도 봄이 가면 멀리멀리 떠났다가
팥배나무 꽃피는 내년, 봄을 기다리리.

해 의

제비는 음력 3월 3일 삼짇날에 우리나라에 왔다가 9월 9일 중량절에 남쪽나라로 가는 철새로서, 정처없는 방랑객인 삿갓 자신과 견주어보며 지은 시라 하겠다.

---

* 一任 : 완전히 맡김.
* 新溪 : 황해도 신계군의 면.
* 鷰子 : 제비들.
* 棠梨 : 팥배나무.
* 留待 : 기다리다.
* 後世 다음해.

 예시 보기 1

春暖鳥聲軟 (춘난조성연)
日斜人影長 (일사인영장)

小園山意足 (소원산의족)
隨意自徜徉 (수의자상양)

따뜻한 봄날에 새소리 그침 없고
해 기우니 사람 그림자 길어져만 가네.
조그만 동산에 정취 얻어 만족하니
내 뜻 따라서 내 뜻대로 놀리.

 －李奎報의 '五言絕句' : 해탈의 경지를 담은 시

 예시 보기 2

백설이 잦아진 골에 구름이 머흘네라
반가운 매화는 어느 곳에 피었는고
석양에 홀로 서 있어 갈 곳 몰라 하노라

 －李 穡의 '청구영언'

---

* 이 색(李 穡. 1328~1396) : 경상북도 영덕 출생. 고려 말의 문신. 정치인, 유학자. 본관은 한산, 자는 영숙(穎叔), 호는 목은(牧隱), 시호는 문정(文靖). 성리학을 조선에 소개, 확산시키는 역할을 하였으며, 새로운 사회의 개력, 지향점으로 지목하였다. 찬성사(贊成使) 이곡(李穀)의 아들, 이제현의 제자. 정도전, 유창증의 스승. 이성계 일파의 역성혁명에 의문의 최후를 맞이한다. 고려 말 삼은(三隱)의 한 사람.

落葉吟 (낙엽음)

蕭蕭瑟瑟又齊齊 (소소슬슬우제제)
埋山埋谷或沒溪 (매산매곡혹몰계)
如鳥以飛還上下 (여조이비환상하)
隨風之自各東西 (수풍지자각동서)

綠基本色黃有病 (녹기본색황유병)
霜是仇綠雨更凄 (상시구록우갱처)
杜宇爾何情薄物 (두우이하정박물)
一生何爲落花啼 (일생하위낙화제)

낙엽은 쓸쓸히 우수수 흩날리는데
산에 묻히고 골짝을 덥고 냇물에 묻히네.
새들이 날아가듯 위아래로 돌아날면서
바람결따라 제각각 절로 동서로 헤이네.

푸름이 나뭇잎의 제색깔이요, 누런 건 병든 것.
서리가 원수라네, 가을찬비도 또 내리는구나.
두견아, 너는 어찌 그렇게도 박정하여
한평생을 낙화만 위해 피울음 우는가.

---

* 蕭蕭 : 쓸쓸한.
* 瑟瑟 : 매우 쓸쓸하고 적막함. 바람이 솔솔 부는 소리.
* 齊齊 : 가지런하다. 우수수 휘날리다.
* 還上下 : 위 아래로 돌다.

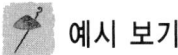 **예시 보기**

半夜嚴霜遍八紘 (반야엄상편팔굉)
肅然天地一番淸 (숙연천지일번청)
望中漸覺山容瘦 (망중점각산용수)
雲外初驚雁陳橫 (운외초경안진횡)
殘柳溪邊凋病葉 (잔유계변조병엽)
露叢籬下燦寒英 (로총리하찬한영)
却愁老圃秋歸盡 (각수노포추귀진)
時向西風洗破盞 (시향서풍세파잔)

―權文海의 '草澗先生文集' 中

한밤중 된서리가 사방팔방에 골고루 내리니.
숙연히 온천지가 단 한번만에 깨끗해지누나.
가만히 바라보니 점점 산 모양 파리해 보이고,
구름끝 기러기떼 나란나란히 가로질러 가네.

시냇가 남은 버들 잎병이 들어 시들어 가는데.
울타리 아래에는 이슬이 내려 꽃망울이 차네.
근심이 되는 것은 늙은 농부가 가을이 다 가면,
때때로 서풍 향해 깨진 술잔을 씻는 것이라네.

---

* 권문해(權文海, 1534~1591) : 조선 중기 문신. 본관 예천(醴泉), 자는 호원(灝元), 호는 초간(草澗). 중종 29년 권지의 아들로 태어나, 이황에게 배움. 1560년 (명종 15년) 별시 문과에 병과로 급제, 좌부승지·관찰사 역임, 1591년(선조 24년)에 사간이 되었으나 그해에 죽었다. 저서로 요즘의 백과사전 격인《대동운부군옥 大東韻府群玉》과《초간집》이 있음. 고향 봉산서원에 배향.

落花吟 (낙화음)

曉起飜驚滿山紅 (효기번경만산홍)
開落都歸細雨中 (개락도귀세우중)
無端作意移黏石 (무단작의이점석)
不忍辭枝倒上風 (불인사지도상풍)

鵑月靑山啼忽罷 (견원청산제홀파)
鷰泥香逕蹴全空 (연니향경축전공)
繁華一度春如夢 (번화일도춘여몽)
坐嘆城南白頭翁 (좌탄성남백두옹)

아침에 깨어보니, 온산 천지가 붉게 물들었네.
꽃피고 지는 것이 찬가랑비에 달려 있었구나.
단서를 알 수 없는 창조의 뜻을 바위에 붙이고.
가지를 못 떠나는 아쉬움으로 바람에 날리네.

두견은 청산에서 달빛에 젖은 울음을 그치니.
제비는 꽃향기에 홀로 취했나, 온하늘을 차네.
봄한철 모든 영화 꿈만 같은 것이라고
옛성터의 흰머리노인 세월만 탓하네.

秋夜偶吟 (추야 우음)

白雲來宿碧山亭 (백운내숙벽산정)
夜氣秋懷兩杳冥 (야기추회양묘명)
野水精神通室白 (야수정신통실백)
市嵐消息入簾靑 (시람소식입렴청)

生來杜甫詩爲癖 (생래두보시위벽)
死且劉伶酒不醒 (사차유령주불성)
欲識吾儕交契意 (욕식오제교계의)
勿論淸濁謂刎頸 (물론청탁위문경)

흰구름 날아와서 푸른 산속의 정자에 머무니.
밤기운 가을회포 두 가지가 다 깊고아득하네.
들녘에 흐르는 물 방을 스치니, 한결 시원하고.
시정의 폭풍소식 발안에 드니, 더욱 서늘하네.

두보는 날 때부터 시짓기에는 버릇이 되었고.
유령은 죽어서도 술에서 깨지 못했다고 하네.
나 함께 사귄 교분 다 알려하면
청탁은 물론 가릴 것없이 '문경지교'라 이를 것이라네.

* 杳冥 : 어두울 '묘'. 어두울 '명'.
* 嵐 : 남기 '람'. 산바람. 폭풍.
* 杜甫 : 字는 子美, 號는 少陵, 또는 杜陵. 후인들이 그가 拾遺를 지내서 杜拾遺, 工部員外郞을 지내서 '杜工部'라고도 한다. 또한 成都에서 초가집을 '짓고 살아서 '草堂'이라고도 하며, 대접으로 老杜, 晩唐의 시인 杜牧과 분별하기 위해 '大杜'

라고도 한다. 元나라 順帝 2년(1336)에 文眞이라는 시호를 추서받았다. 그가 과거에 떨어지고 난 뒤 특별 채용을 바라서 임금에게 올린 글에도 7세 때부터 지어온 시가 40이 되는 지금까지 1천여 편이 넘는다고 했다.

* 刎頸 : '문경지교'의 준말. 죽고살기를 같이할 만한 친한 사이나 벗을 이름.

 예시 보기

春深無客訪僑居 (춘심무객방교거)
林鳥相呼午睡餘 (임조상호오수여)
老去詩隨淸漫興 (노거시수청만흥)
病來愁托酒消除 (병래수탁주소제)

봄날은 깊어가도 내 집 찾는 이, 한 사람도 없고.
낮잠에 깨어보니 숲의 새들만 서로를 부르네.
몸이야 늙어가도 흥나는 대로 시를 쓸 뿐이라.
병나면 근심이야 술힘을 빌어 씻어내면 되리.

— 李 集의 '복부전운이수(復賦前韻二首)'

---

* 이 집(李 集, 1327~1387) : 고려 후기의 문신. 본관은 광주(廣州), 초명은 원령(元齡), 자는 성노(成老), 호연(浩然), 호는 묵암자(墨岩子), 둔촌(遁村). 이당(李唐)의 아들로 정몽주(鄭夢周), 이색(李穡), 이숭인(李崇仁) 등과 교유. 충목왕 때 과거에 급제. 1368년(공민왕 17) 신돈의 비행을 비판하고 장차 화가 미칠 것을 예견해 아버지를 업고 도망하여 영천(永川)에서 은거. 1371년(공민왕 20) 신돈 사후, 송경(松京)의 수양산(龍首山) 아래 현화리(玄化里)에 돌아온 후 판전교시사(判典校寺事)에 임명, 사직. 여주 천령현(川寧縣)에서 독서와 농경으로 은거. 1669년(현종 10), 광주(강동구 암사동)의 구암서원(龜岩書院)에 제향, 유고『둔촌유고(遁村遺稿)』.

貧 吟 (빈 음)
-가난을 읊음

盤中無肉權歸菜 (반중무육권귀채)
廚中乏薪禍及籬 (주중핍신화급리)
姑婦食時同器食 (고부식시동기식)
出門父子易衣行 (출문부자이의행)

밥상에 고기가 없으니, 나물이 판치고
부엌에 땔나무 없으니, 울타리가 화를 입네.
시어미와 며느리는 한 그릇에 밥을 먹고
부자간에 들고날 때엔 옷을 바꿔 입네.

해 의

청백리 황희 정승이 9순의 임종 무렵에 부인이 한탄하였다.
"대감께서 돌아가시면 우리 딸을 어찌 시집보낼지 걱정입니다. 대감도 없는 마당에 집안이 궁색하여 혼수 하나 장만할 길 없는 형편인데 어찌하면 좋겠습니까?" 그러자 황희 정승은 태연히 웃음을 지며 말했다. "부인 너무 걱정마시오. 저자거리 광대가 우리 딸 시집을 잘 보낼 터이니 염려놓고 기다려 보시오." 하고는 이내 세상을 떠났다.
어느 날 세종대왕께서 평복을 하고 잠행할 때, 시장에서는 광대의 줄타기 놀이가 한참 펼쳐지고 있었다. 광대는 날렵한 몸매로 북장단에 맞추어 줄타기를 하다가 나비춤을 추며 줄 위에서 재담을 늘어놓았다.
"이 춤으로 말할 것 같으면 황희 정승 댁 속곳춤입니다. 한 번은 마님이 입고 또 한 번은 아씨가 입고, 이렇게 번갈아가며…"
얼마나 살림이 궁색하길래 속옷 한 벌로 어머니와 딸이 외출할 때마다 번갈아 입었을까? 이를 본 세종대왕은 직접 중매에 나서서 황희 정승의 딸이 잘 시집가게 해주었다고 한다.

李氏之三女吟 (이씨지 3녀음)
－이 씨네 셋째딸

折枝李之三枝 (절지리지삼지)
知李家之三女 (지리가지삼녀)
開面鏡面反覆 (개면경면반복)
望晦間之來期 (망회간지래기)

오얏의 셋째 가지 꺾었으니,
이 씨 집안 셋째딸인 줄 알 수가 있구나.
거울을 열었다 닫았다 반복하니,
나날이 빨리 지나가라는 기약인 줄 알라.

---

* 面鏡 : 거울.
* 望晦 : 보름과 그믐.

 해 의

출가하지 않은 이 씨네 셋째 딸이 혼례일이 빨리 다가오라는 듯 자꾸 거울을 쳐다보고 있네.

看 山 (간 산)
― 산 구 경

倦馬看山好 (권마간산호)
停鞭故不加 (정편고불가)
岩間纔一路 (암간재일로)
煙處惑三家 (연처혹삼가)

花色春來矣 (화색춘래의)
溪聲雨過耶 (계성우과야)
渾忘吾歸家 (혼망오귀가)
奴日夕陽斜 (노왈석양사)

게으른 말을 타니, 구경하기 더 좋구나,
채찍 들고도 때리질 않노라.
바윗길 사이로 난 오솔길 하나
연기나는 곳 초가집 서너 채.

꽃들이 피었으니, 봄이 왔는가,
시냇물 소리 비지나갔는가.
까맣게 돌아갈 일 잊고 있는데
하인이 일러 해저문다 하네.

* 倦 : 게으를 '권'.
* 故 : 옛 '고'. 여기서는 '故意的으로'.
* 矣 : 어조사 '의'. 단정, 한정, 결정, 의문, 등을 나타냄.
* 耶 : 어조사 '야'. 의문 조사.

해 의

백곡 김득신(1604~1684)이 한식날 하인과 길을 가다가 5언시 한 구절을 얻었다. 그 구절은 '마상봉한식'(말 위에서 한식을 만나니)이었다. 그가 한참동안이나 대꾸를 찾지 못해 끙끙대자 하인이 이유를 물길래 대꾸를 못찾아 그런다 했더니 하인녀석이 대뜸 '도중속모춘'을 외치는 것이었다. 즉 '말위에서 한식을 만나니, 도중에 늦은 봄을 맞이하였네'로 그럴싸한 구절이 되었다.
깜짝 놀란 김득신이 말에서 내리더니, "네 재주가 나보다 나으니, 이제부터 내가 네 말구종을 들겠다." 하니 하인 녀석이 씩 웃으며 "나으리가 날마다 외우시던 당시가 아닙니까?" 하였다. 김득신 왈, "아 참 그렇지!" 하며 뒷머리를 긁었다고 한다.

예시 보기 1

馬上逢寒食 (마상봉한식)　말타고 한식을 만났으니
途中屬暮春 (도중속모춘)　가는 도중에 늦봄이 되었네.
可憐江浦望 (가련강포망)　가련타! 강 포구를 바라보니
不見洛橋人 (불견낙교인)　낙교 위엔 고향 사람들 보이지를 않네.

　　　　　　　－송지문(宋之問)의 '도중한식(途中寒食)' : 당나라 시인

예시 보기 2

騎馬悠悠行不行 (기마유유행불행)
石橋南畔小溪淸 (석교남반소계청)
問君何處尋春好 (문군하처심천호)
花未開時草欲生 (화미개시초욕생)

말 타고 유유히 가다서다 하노라니
돌다리 남녘 작은 시냇물 맑기도 하구나.
그대에 묻노니 봄 구경 언제가 좋은가
꽃은 아직 피지를 않고 풀 돋으려 할 때.

　　　　　　　　　　　　　　－尹鑴의 '謾興'

---

* 尹 鑴(1617~1680) : 조선 중기의 문신, 성리학자, 정치인, 시인.

雪中寒梅 (설중 한매)
-눈속의 매화

雪中寒梅酒傷妓 (설중한매주상기)
風前橋柳誦經僧 (풍전교류송경승)
栗花落花尨尾短 (율화낙화방미단)
榴花初生鼠耳凸 (류화초생서이철)

눈 속의 매화는 술취한 기녀같고
바람앞에 버들가지는 경읽는 중이라.
떨어진 밤꽃은 삽살개 꼬리같고
석류꽃새움 돋는 모습은 쥐뿔과 같구나.

 예시 보기 1

臘雪孤村積未消 (납설고촌적미소)
柴門誰肯爲相鼓 (시문수긍위상고)
夜來忽有淸香動 (야래홀유청향동)
知放梅花第幾梢 (지방매화제기초)

-柳方善의 '雪 後'

외로운 산마을에 눈은 쌓여 차가운데
누가 있어 저 사립문을 즐겨 두드리랴.
밤 되자 홀연히도 맑은 향기 일어나니
매화가지에 몇몇 꽃송이 벙근 줄 알겠네.

---

* 柳方善(1388~1443) : 조선초 문인.
　본관은 서산(瑞山). 자는 자계(子繼), 호는 태재(泰齋). 12세 무렵부터 변계량(卞季良)·권근(權近) 등에게 배움. 1405년(태종 5) 국자사마시(國子司馬試)에 합격, 성균관에서 수학. 1409년 아버지가 민무구의 옥사에 연좌되어 유배생활중,

학행이 높이 드러나 유일(遺逸)로 주부(主簿)에 천거되었으나 사양.
유배지 영천의 명승지에 "태재(泰齋)"라는 서재를 짓고 이안유(李安柔)·조상치(曺尙治) 등 문사들과 교유, 이보흠(李甫欽)·서거정(徐居正)·한명회(韓明澮)·권람(權擥)·강효문(康孝文) 등의 문하생을 배출하여 정몽주(鄭夢周)·권근·변계량을 잇는 영남성리학의 학통을 잇게 함.
경현원(景賢院)과 영천 송곡서원(松谷書院)에 제향, 저서로는 "태재집"이 있다.

 예시 보기 2

桑榆髮已短 (상유발기단)
葵藿心猶長 (규곽심유장)
山家雪未消 (산가설미소)
梅發春宵香 (매발춘소향)

− 한용운의 '無題'

늙은이 머리칼은 짧아져도
해바라기양, 마음은 징해유.
산집엔 아직 눈이 녹지 않아도
매화꽃 피니 봄밤 향긋해유.

---

* 한용운(俗名 韓貞玉, 1879~1944) : 일제 강점기의 시인, 승려, 독립운동가. 본관은 청주. 불교를 통한 언론, 교육 활동. 3·1 만세 운동 당시 민족대표 33인의 한 사람. 독립선언서의 "공약 3장"을 추가보완. 옥중에서 '조선 독립의 서(朝鮮獨立之書)'를 지음.
1918년 11월, 불교 최초의 잡지《유심》을 발행. 1919년 3·1 만세 운동 뒤 3년간 서대문 형무소에서 복역. 1926년 시집《님의 침묵》을 출판. 장편소설《흑풍》(黑風),《후회》,《박명》(薄命), 단편소설《죽음》등 소설 발표. 저서로는 시집《님의 침묵》을 비롯하여《조선불교유신론》,《불교대전》,《십현담주해》,《불교와 고려제왕》등.

梅花幽情 (매화 유정)

却訪梅花淸我興 (각방매화청아흥)
能令篢屋素其封 (능령부옥소기봉)
周邊頗有精神竹 (주변파유정신죽)
助合詩復動活龍 (조합시복동활용)

눈 속의 매화찾아 이내 흥취를 더 맑게 하려니.
그윽한 꽃향기에 가난한 집도 부잣집도 없네.
매화꽃 곁에는 정신을 맑게 하는 대숲이 있어
나의 시흥을 다시 일깨워 꿈틀대게 하네.

---

* 却 : 물리칠 '각'. 어조사 '각'. ~해 버리다.
* 篢屋 : 풀로 지붕을 이은 오막살이.
* 封 : 봉할 '봉'. 부자.
* 綬 : 인끈 '수'.

 예시 보기

　　雪滿空山月滿城 (설만공산월만성)
　　孤吟獨酌到深更 (고금독작도심경)
　　書燈睡熟殘燈冷 (서등수숙잔등냉)
　　一樹梅花歲暮情 (일수매화세모정)

　　　　　　　　　　　　　　　-念庵 尹秉綬의 '梅 花'

　　빈산엔 눈이 가득 성안에는 달빛 가득
　　홀로 잔들고 읊조리면서 늦도록 앉았소.
　　글소리 졸고있고 등잔불은 까불대는데
　　매화꽃가지 곱게 피어나 세모를 지키네.

僧乎汝 (승호여)
-계룡산에서 내려오는 중에게

僧乎汝在何山寺 (승호여재하산사)
寺在鷄龍上上阿 (사재계룡상상아)
昔聞鷄龍今見汝 (석문계룡금견여)
景物風光近如何 (경물풍광근여하)

중에게 어느절에 있느냐고 물었더니,
절은 계룡산 상상봉에 있대.
예전에 말만 듣다 지금 왔는데
경계 풍광이 요새는 어떤고?

 예시 보기

寺在白雲中 (사재백운중)	절집이 구름속에 묻혀있어도
白雲僧不掃 (백운승부소)	스님은 구름 쓸어내지 않네.
客來門始開 (객래문시개)	손님이 찾아와야 문열어보니
萬壑松花老 (만학송화로)	송화 꽃가루 온산에 날리네.

-李 達의 '佛日庵因雲釋'

---

* 李 達 : 조선 선조(宣祖) 때의 시인. 자는 익지(益之), 호는 손곡(蓀谷), 동리(東里), 서담(西潭). 충청남도 홍주(지금의 홍성)에서 이수함과 관기 사이에서 출생. 서얼 출신이라는 신분적 제약으로 벼슬길이 막힌 울분을 시문(詩文)으로 달래며 지금의 강원도 원주시 손곡리(蓀谷里)에 은거. 시문에 뛰어난 정사룡과 박순 등의 문인(門人). 당시풍(唐詩風)의 시를 잘 지어 '三唐詩人'으로 불림. 초기에는 방랑과 이별, 슬픔 등을 주로 다루었으나 중기에는 초월의 경지를 보여주는 '산사'(山寺), '강행'(江行)과 같은 명시와, 서민들의 누추한 삶을 따뜻한 시선으로 바라보는 '습수요'(拾穗謠) 등을 씀. '손곡시집'(蓀谷詩集)을 남겼으며 허균(許筠)은 스승의 전기 '손곡산인전'(蓀谷山人傳)을 집필.

落 葉 (낙엽)

盡日聲乾啄啄鴉 (진일성간탁탁아)
虛庭自屯減空華 (허정자둔감공화)
如戀故查徘廻下 (여련고사배회하)
可恨餘枝的歷斜 (가한여지적력사)

夜久堪聽燈外雨 (야구감청등외우)
朝來忽見水西家 (조래홀견수서가)
知君去後惟風雪 (지군거후유풍설)
怊悵離情倍落花 (초창이정배락화)

해종일 갈까마귀 목쉰 소리에 뚝뚝 지던 잎새.
빈뜰에 절로 쌓여 환하던 하늘 볼품없어졌네.
고향을 그리듯이 땅위로 내려 떠돌아다니다.
가지에 달렸을 때 그리워하며 자꾸 흩어지네.

밤깊자 등잔너머 비오는 소리 들려오더니,
아침에 홀연 서쪽 냇가에 집 한 채 보이네.
그대는 아실런지, 잎진 뒤엔 눈과 바람 뿐,
이별하는 맘 그슬픔이야 꽃질 때보다 곱절도 더함을.

---

* 啄啄 : 쫄 '탁'. 부리로 쪼다. 갈가마귀의 탁한 울음소리.
* 自屯 : 저절로 모이다, 절로 쌓이다.
* 減空花 : 화려하던 하늘이 텅비듯 볼품없어지다.
* 知君 : 그대 아는가? '君'은 2인칭 대명사.
* 怊悵 : 슬플 '怊'. 슬퍼할 '悵'.

伐 木 (벌 목)

虎踞千年樹 (호거천년수)
龍顚一夕空 (용전일석공)
杜楠全後無 (두남전후무)
桓斧古今同 (환부고금동)

影斷三更月 (영단삼경월)
聲虛十里風 (성허십리풍)
出門無所見 (출문무소견)
搔首望蒼穹 (소수망창궁)

범처럼 도사리고 앉아있는 듯 천 년된 나무가.
청룡이 넘어지듯 하룻밤사이 사라져버렸네.
두보의 남목같은 고사이거나
무지막지한 환태의 도끼 옛날과 같구나.

깊은 밤 달그림자 없어지고
부는 바람에 빈메아리만 쓸쓸히 돌아와.
문앞에 나서봐도 나무는 버혀 보이지를 않아.
뒷머리 긁적이며 푸른 하늘만 바라보고 있네.

平 壤 (평양)

千里平壤十里'於'　(천리평양십리'어')
大蛇當道人皆'也'　(대사당도인개'야')
落日練光亭下水　(낙일연광정하수)
白鷗無恙去來乎　(백구무고거래호)

천리라 평양길이 아직 10리가 늘어지게 남아.
길에서 큰뱀이 나타나니, '잇끼 야' 하며 모두들 놀라네.
연광정 아래에는 강물결위로 해는 저무는데.
무심한 백구들만 아무일없이 오가며 날으네.

---

* 於 : 어조사 '어'. ~에서(처소격).
* 也 : 어조사. 이끼 '야'. 늘어지다. 잇다.
* 無恙 : '無故'의 잘못된 표기같음. 아무탈없이. 아무런 일없이.

 예시 보기

　　淸流壁下古今路 (청류벽하고금로)　청류벽 아래엔 옛길이 남아있어
　　靑草夕陽人去來 (청초석양인거래)　풀 자란 저녁, 사람들 오가네.
　　欲問千秋興廢事 (욕문청추흥폐사)　천년의 흥망사를 묻고 싶은데
　　白雲橋畔野花開 (백운교반야화개)　백운교 옆엔 들꽃만 피었네.
　　　　　－四溟堂 惟政의 '과서도(過西都) 평양을 지나며'

---

* 사명당 유정(四溟堂 惟政, 1455~1610) : 조선 중기의 고승, 승장(僧將). 속성은 임(任), 속명은 응규(應奎). 법명인 유정(惟政)보다 당호인 사명당(泗溟堂)으로 더 유명하다. 국가의 위기 때 의승을 이끌고 전공을 세웠고 전후 대일 강화조약 등, 민족의식 발현에 크게 이바지하였음.

江邊에서

塵襪仙娥石履僧 (진말선아석리승)
凌波滑步遞如鷹 (능파활보체여응)
層心易裂嫌銅馬 (층심이열혐동마)
潔體無瑕笑玉蠅 (결체무하소옥승)

雪氣凝中橫素鏡 (설기응중횡소경)
月光穿底見紅燈 (월광천저견홍등)
也知造物多神術 (야지조물다신술)
亘作銀橋濟衆筇 (선작은교제중공)

선녀는 버선발을 적시지않고, 중은 돌신을 빠뜨리지않고.
매처럼 강위를 재빠르게 미끄러지듯 지나가는구나.
결고운 마음씨도 깨지기 쉬운 구리말굽이라.
깨끗한 살결은 흠이 없는 백옥이라, 청파리떼를 꺼려하는구나.

눈같이 정기어린 얼음속에는 흰거울이 있고.
달빛이 강속까지 뚫었으니, 가히 용궁의 붉은 등불이라.
알겠네, 조물주의 묘한 재주가 무궁 무진함을.
은다리 걸어놓고 나그네들의 대지팡이를 건너게 해주네.

* 塵襪 : 티끌 '진'. 버선 말. * 石履 : 돌 '석'. 신발 '리'.
* 凌波 : 걸음새가 아름다움. * 滑步 : 미끄러지듯 걷다.
* 遞如鷹 : 매처럼 빠르다. * 嫌銅馬 : 구리말굽을 의심하다.
* 橫素鏡 : 흰 거울이 놓이다.
* 濟衆筇 : 나그네들의 지팡이를 건너주다.

제6부 動物 靜物 (동물 정물)

草 (초)
松餠 (흰 송편)
甘瓜 (감)
蚤虱 (조슬)
鷄·1 (계·1)
鷄·2 (계·2)
狗 (구)
猫·1 (묘·1)
猫·2 (묘·2)
猫·3 (묘·3)
蛙 (와)
魚 (어)
牛 (우)
燕子 (연자)
老鯉 (노리)
白鷗 (백구)
鷹 (응)
太冠 (태관)
筆 (필)
紙 (지)
硯 (연)
簾 (염)
門 (문)
影 (영)
燈 (등)
燈火 (등화)
網巾 (망건)
眼鏡 (안경)
煙竹·1 (연죽·1)
煙竹·2 (연죽·2)
木枕 (목침)
溺缸 (요항)
火爐·1 (화로·1)
火爐·2 (화로·2)
碁棋 (바둑기)
將棋 (장기)
織錦 (직금)
車 (차)
石 (석)
攪磨 (교마)

萱 草 (훤 초)
- 원 추 리

觀萱占曆是唐虞 (관훤점역시당우)
創始軒皇化鼎湖 (창시헌황화정호)
春夏秋冬相遞永 (춘하추동상체영)
弦望晦朔各分弧 (현망회삭각분호)

都包高庳玄黃理 (도포고비현황리)
備載坎離紫白圖 (비재감리자백도)
三十六旬成十二 (삼십육순성십이)
均其大小閏奇餘 (균기대소윤기여)

원추리 잎새보고 날짜 알기론 순임금 때이니.
헌황제 정호에서 신선되시기 이전부터라네.
봄가을 사계절이 번갈아 가고
그믐과 초승 달그림자로 서로 나뉜다네.

이 세상 높고 낮은 묘한 이치와
감리 자백도 다 갖추었나니.
열흘씩 서른여섯 열두 달이라
크고 작게 달 고루고 남아 윤달이라 하네.

해 의

태곳적 달력이 없던 시절에는 '낭〈萱〉'이라는 식물의 변화를 보고 달력을 삼았다고 한다. 곧 낭은 매월 15일까지 매일 잎이 한 껍질씩 자라나고, 16일이 지나면 그것이 매일 한 껍질씩 시들어서, 그믐이 되면 완전히 없어져 버린다고 한다. 고대에는 이것을 보고 달력 대신으로 사용

했다 한다. 훤초(萱草), 망우초(忘憂草), 금침채(金針采), 의남초(宜男草) 등으로 불린다.

(문태성 번역해설)
훤엽(원추리 잎)을 보고 달력을 점치기는 요(堯)임금이 당(唐)이라는 곳에 수도를 삼고, 순(舜)임금이 우(虞)라는 곳에 서울을 삼았을 때부터이다.
요순 임금 때부터 시작되었지만 이는 오래전 황제(아득한 옛날의 제왕이었다는 전설의 인물로 헌원(軒轅)이라는 곳에 있었기에 헌황(軒皇)이라고 하였다 함)께서 신선되기 전부터라.
봄과 여름 가을 겨울 서로 돌고 돌아 바뀌이고
달이 차서 보름이 되고 일그러져 그믐이 됨과

이 세상의 높고 얕음을 모두 포함하여 온갖 이치 모두 있고
감리 등등 팔괘를 얹어 갖추고 있고 자백도도 갖춰있네.
열흘씩이 서른여섯이 되어 열두 달이 이룩되고
크고 작게 달을 골라내면 나머지는 기이하게 윤달이 남네.

* 萱 : 원추리 훤.
* 唐虞 : 당우. 중국 고대 순 임금 때.
* 軒皇 : 헌황. 중국 고대 황제. 신농씨(神農氏) 다음 임금으로 육서, 병법, 율법, 의료를 처음 제정하였다 함.
* 鼎湖 정호. 중국 하남성 형산 아래 지명. 황제(黃帝)가 구리(銅)로 마구를 만들어 용을 타고 승천했다는 곳.
* 弦望 : 반달과 둥근 달.
* 晦朔 : 그믐과 초승.
* 高庳 : 고비. 높고 낮음.
* 坎離 : 감리. 주역의 감괘(坎卦)와 이괘(離卦). 우주만물이 운행 이치를 뜻함.

松 餠 (송 경)
－송 편

手裡廻廻造成卵 (수리회회조성란)
指頭個個合蚌脣 (지두개개합방순)
金盤削立峰千疊 (금반삭립봉천첩)
玉箸懸燈月半輪 (옥저현등월반륜)

손안에 뱅뱅 돌려 새알 만들고
손끝에 낱낱 조개입맞추네.
쟁반에 첩첩 쌓인 천 봉우리
옥젓가락에 내걸린 반달등.

---

* 가족들이 둘러앉아 반죽으로 송편을 빚는 모습이 잘 표현되어있다.
* 廻廻 : 뱅글뱅글 돌리다.
* 個個 : 낱 '개'. 낱낱이.
* 削立 : 깎아 세우다. 층층이 쌓다.
* 千疊 : 여러 겹으로 겹쳐 쌓다.
* 玉箸 : 옥 젓가락.
* 懸燈 : 내 걸다.

甘 瓜 (감 과)
- 참 외

外貌將軍衛 (외모장군위)
中心太子燕 (중심태자연)
汝本地氣物 (여본지기물)
何事體天圓 (하사체천원)

외모는 위청 장군 이름처럼 푸르른데
속빛깔은 연태자단의 선약처럼 붉네.
넌 본래 땅기운을 타고 자란 몸,
무슨 까닭에 천체와 같이 몸이 둥그런고?

 해 의

  흔히 감과(甘瓜)는 참외이고 서과(西瓜)는 수박을 말한다.
  이 시에서는 제목을 '甘瓜-참외'로 하였으나 내용을 보면 '西瓜-수박'
  을 묘사한 것으로 보아야 한다. 수박을 소재로 한 시 한 편을 보자.

🖋 예시 보기

  西瓜如雪齒牙寒 (서과여설치아한)
  熱氣無從入我間 (열기무종입아간)

  수박이 눈처럼 차가워서 이가 시리니
  불볕더위도 내 뱃속으로 들어갈 수 없네.
  　　　　　　　　　　　-牧隱 李 穡의 '수 박(西 瓜)'

蚤 (조)
-벼룩

貌似棗仁勇絶倫 (모사조인용절륜)
半風爲友蝎爲隣 (반풍위우갈위린)
朝從席隙藏身密 (조종석극장신밀)
暮向衾中犯脚親 (모향금중범각친)

尖嘴嚼時心動索 (첨취작시심동색)
赤身躍處夢驚頻 (적신약처몽경빈)
平明點檢肌膚上 (평명점검기부상)
剩得桃花萬片春 (잉득도화만편춘)

모습은 대추씨 같지만 용기가 뛰어나
이와는 친구삼고 전갈과는 이웃일세.
아침에는 자리틈에 몸을 숨겨 찾을 수 없고
저녁이 되면 이불속으로 다리물려고 숨어들어오네.

뾰족한 주둥이에 물릴 때면 찾아볼 맘 생겨나고
알몸 뛸 때면 단꿈 놀라 깨네.
날밝아 일어나 살갗을 살펴보면
붉은 복사꽃 만발한 봄날 아침 경치로고.

 해 의

벼룩의 모양과 습성을 묘사하고 벼룩에 물린 사람의 피부를 복숭아꽃이 만발한 봄 경치에 비유.

虱 (슬)
−이

飢而吮血飽而擠 (기이연혈포이제)
三百昆蟲最下才 (삼백곤충최하재)
遠客懷中愁午日 (원객회중수오일)
窮人腹上聽晨雷 (궁인복상청신뢰)

形雖似麥難爲麴 (형수사맥난위국)
字不成風未落梅 (자불성풍미낙매)
問爾能侵仙骨否 (문이능침선골부)
麻姑搔首坐天台 (마고소수좌천태)

주리면 피를 빨고 배부르면 떨어지니,
3백 곤충 중 가장 하등일세.
나그네 품에 숨어 잡힐까 봐 종일 근심
굶주린 사람 배위에서는 우레소리 듣네.

모양은 보리지만 누룩 못 되고
글자로 보면 풍자가 못 돼 꽃잎 못 떨구네,
묻노니, 네가 능히 신선이라도 범하겠는가,
마고, 할멈이 머리 긁으며 천태산에 있네.

* 吮 : 빨 '연', 핥을 '연'.

 해 의
보리같으나 누룩이 못되고, 한 획이 없어 바람 風이 못 된다는 해학과
기지가 돋보인다.

鷄 · 一 (계 · 1)
－닭

養塒物性異沙鷗 (양시물성이사구)
搏翼之晨同斗牛 (박익지신동두우)
爾鳴秋夜何山月 (이명추야하산월)
玉帳悲歌淚楚猴 (옥장비가루초후)

홰에서 잠을 자는 그대 습성이 갈매기와 달라.
홰치는 새벽이면 북두 7성도 기울어진다네.
그대는 가을밤에 달을 보고도 그렇게 우느냐.
초나라 원숭이도 장막안에서 눈물 흘린다네.

---

* 塒 : 홰 시. 횃대.
* 沙鷗 : 갈매기.
* 斗牛 : 북두 7성.
* 玉帳 : 장수가 거처하는 막사.
* 초후 : 초패왕 항우.

 예시 보기

養鷄縱鷄食 (양계종계식) 닭들을 기를 때엔 맘껏 먹여서
鷄肥乃烹之 (계비내팽지) 닭이 살찌면 곧 삶아 먹지요.
主人計固佳 (주인계고가) 주인은 멋진 계획 미리 세우나
不可使鷄知 (불가사계지) 닭들은 절대 모르게 하지요.

－袁 枚의 '鷄'

---

* 袁 枚(1716~1797) : 청(淸) 중기의 문인. 자는 자재(子才), 호는 간재(簡齋), 또는 수원노인(隨園老人).

鷄·二 (계·2)
−닭

擅主司晨獨擅雄 (천주사신독천웅)
絳冠蒼距拔於蕞 (강관창거발어최)
頻驚玉兎旋藏白 (빈경옥토선장백)
每噢金烏卽防紅 (매욱금오즉방홍)

欲鬪怒瞋瞳閃火 (욕투노진동섬화)
將鳴奮鼓翅生風 (장명분고시생풍)
名高五德標於世 (명고오덕표어세)
迥代桃都響徹空 (형대도도향철공)

새벽을 주관함은 오직 수탉이 독차지하니,
짙붉은 벼슬 푸른발톱이 그중에 가장 빼어난 풍모라.
달빛속 옥토끼가 스러지면 자주 놀라고
금까마귀가 붉은햇살을 비추려하면 매양 슬퍼하네.

화가나 두 눈을 부릅뜨면 눈동자에는 불꽃이 튀고
목청을 빼고 홰를 칠 때면 양 날개에서 바람이 생긴다.
그대는 5덕으로 이름 떨치니, 세상의 지표라.
먼옛날 무릉에서 그울음소리 하늘 울렸으리.

* 擅 : 멋대로 '천'. 오로지 하다. 독차지하다. 제마음대로 하다.
* 絳冠 : 닭의 붉은 벼슬.
* 蒼距 : 푸른 발톱.
* 玉兎 : 달의 별칭. 달속에 옥토끼가 산다는 전설에서 온 말.
* 每噢 : 매양 슬퍼하다.
* 金烏 : 태양의 별칭. 해속에 세 발 달린 까마귀(三足烏)가 있다는 전설.

* 五德 : 닭이 가진 다섯 가지의 덕.
  ① 붉은 벼슬은 文官의 기상.
  ② 날카로운 발톱은 武官의 위엄.
  ③ 싸움에 있어 勇敢함.
  ④ 모이를 보면 서로 불러서 함께 먹는 仁慈함.
  ⑤ 밤중에도 시각을 잊지않는 信義.

 해 의

태약목계(呆若木鷄) : 기성자는 주선왕의 싸움닭 길들이는 벼슬아치다. (닭을 길들이기 시작한지)열흘이 지나자 주선왕이 물었다. 닭 길들이는 건 잘 돼가지? 하자 기성자가 대답해 올리길 "아직입니다. 자신감으로 교만과 긍지로 들떠있습니다" 하였다. 10일 후에 주선왕이 또 묻는다. 잘 돼가나? 대답해 올리길 "아직 소리를 들으면 바로 짓고 그림자를 봐도 바로 뛰어 다닙니다" 하였다. 10일 후에 주선왕이 또 묻는다. 대답해 올리길 "아직도 눈빛이 살아있습니다." 하였다. 또 10일이 지나자 주선왕이 물으니 보고하길 "제대로 되었습니다. 닭이 우는 것 외에는 이놈은 어떤 변화도 없습니다. 마치 나무로 깎아 만든 닭을 보는 것과 같습니다. 이놈의 싸움닭 소질은 참으로 완벽하다 할 수 있습니다. 다른 닭들이 감히 싸울 엄두를 내지 못하고 도망칩니다" 하였다.
여기서 시사하는 바는 인간들이 경거망동 하지 말라는 것이다. 인간은 어떤 환경에 처하더라도 자기의 중심을 마음속에 두고 언행을 신중히 하면 남들은 당신을 함부로 대하지 않게 된다.

 예시 보기

出海日猶遠 (출해일유원)	바다에 해 뜨기가 아직 멀어
乾坤尙未明 (건곤상미명)	하늘과 땅이 밝지 않았는데.
沈酣萬眼睡 (침감만안수)	사람들 아직까지 자고 있을 때
驚破一聲鳴 (경파일성명)	큰 울음 울어 놀라게 깨운다.
索食呼雌共 (색식호자공)	먹이를 찾으면 암컷 불러 같이 먹고
誇雄遇敵爭 (과웅우적쟁)	수컷 뽐내며 적 만나 싸운다.
吾憐五德備 (오련오덕비)	오덕을 모두 갖춰 어여쁘나니
莫與黍同烹 (막여서동팽)	기장과 함께 삶지를 말지니.

-이규보(李奎報)의 '영계(詠鷄)-닭을 읊다'.

狗 (구)
-개

稟性忠於主饋人 (품성충어주궤인)
乎來斥去任其身 (호래척거임기신)
挑前搖尾偏蒙愛 (도전요미편몽애)
退後重頭却被嗔 (퇴후중두각피진)

職察奸偸司守固 (직찰간투사수고)
名傳義塚頌聲頻 (명전의총송성빈)
褒勳自古施惟蓋 (포훈자고시유개)
反愧無力尸位臣 (반괴무력시위신)

품성이 충직하여 밥주는 이 잘 섬기고
부르면 오고, 물리면 가고, 말도 참 잘 들어.
꼬리를 흔들면서 앞으로 오니, 귀여움을 받고,
야단을 맞을 때면 뒤로 물러나 꾸지람도 듣네.

네 일은 간사한 도둑 살펴 집 잘 지키고,
주인 모르는 무덤을 알려 때론 칭찬 받네.
공훈을 표창할 때 사당에 모셔 공을 기리는데,
자리만 차지하는 신하들이여, 부끄러워하라.

---

* 被嗔 : 꾸지람을 듣다. 노할 '嗔'.
* 饋人 : 궤인. 왕의 음식에 독의 유무를 검사하는 사람. 음식을 개에게 먼저 먹여 독의 유무를 검사한다.
* 惟蓋 : 장막을 치다. 사당에 모시다. 제사를 지내다.
* 義塚 : 주인없는 무덤. 개가 변사체의 시신 일부를 물고 오는 일이 있는데 이것을

묻은 것을 의총이라 함.
* 尸位 : 시위 소찬(尸位素餐)의 준말. 무능하면서 자리만 차지하고있는 관리.

 예시 보기 1

옛 글에 개를 소재로 한 재미있는 사설시조도 있다.

> 개를 여남은이나 기르되 요같이 얄미우랴.
> 미운 임 오면은 꼬리를 홰홰 치며 치뛰락 나리뛰락 반겨서 내닫고
> 고운 임 오면은 뒷발을 바동바동 무르락 나오락 캉캉 짖는 요 도리암캐
> 쉰밥이 그릇그릇 날진들 너 먹을 줄이 있으랴.
>
> —무명씨

 예시 보기 2

> 屎風莫如犬公眠 (시풍막여견공면)
> 終日辱說速速放 (종일욕설속속방)
> 不然犬公從汝夢 (부연견공종여몽)
> 夢中遭犬伊如何 (몽중조견이여하)
>
> 시골의 풍경은 잠든 개 모습만한 것이 없나니,
> 종일토록 한 욕설은 빨리 내려놓으시라.
> 그렇지 아니하면 개가 꿈속에 쫓아 올지 몰라.
> 그 개를 꿈속에서 다시 만나면 그땐 어쩔려우?
>
> —무명씨의 '如屎風詩'

猫·一 (묘·1)
－고양이

三百群中秀爾才 (삼백군중수이재)
乍來乍去不飛埃 (사래사거불비애)
行時見虎暫藏跡 (행시견호잠장적)
走處逢尨每打腮 (주처봉방매타시)

獵鼠主家雖得譽 (엽서주가수득예)
捉鷄隣里豈無猜 (착계인리기무시)
南街北巷啼歸路 (남가북항제귀로)
能㤉千村夜哭孩 (능겁천촌야곡해)

3백의 짐승 중에 네 재주가 가장 좋아
사뿐사뿐 오고가지만 티끌 하나 없네.
다니다 범을 보면 잠시 숨고
달려가다 개를 만나면 양 볼을 놀리네.

쥐라도 잡았을 땐 주인집에서 칭찬도 듣지만.
이웃집 닭이라도 잡았을 때엔 얄밉기도 하지.
남쪽길 북쪽골목 울며 다니면
밤마다 울던 마을아이들 울음 뚝! 그치네.

---

* 乍來乍去 : 잠깐 '사'. 여기서는 사뿐사뿐 걸어 다니는 것을 뜻함.
* 埃 : 티끌 '애'.
* 尨 : 삽살개 '방'.
* 腮 : 뺨 '시'.
* 捉鷄 : 닭을 잡다.

猫·二 (묘·2)
－고양이

乘夜橫行路北南 (승야횡행노북남)
中於狐狸傑爲三 (중어호리걸위삼)
毛分黑白渾成繡 (모분흑백혼성수)
目挾靑黃半染藍 (목협청황반염람)

貴客床前偸美饌 (귀객상전투미찬)
老人懷裡傍溫衫 (노인회리방온삼)
那邊雀鼠能驕慢 (나변작서능교만)
出獵雄聲若大談 (출렵웅성약대담)

한밤에 남북의 길 제멋대로 오가나니,
너는 여우와 삵과 더불어 3걸(三傑)이로구나.
흰털과 검정털로 무늬섞인 수를 놓았고
누런 눈자위 푸른눈동자 반은 남색일세.

손님의 밥상에서 맛있는 반찬 낼름 훔쳐먹고.
노인의 품에 안겨 따슨 옷 감고 꿈꾸는 듯 조네.
어디서 새새끼 쥐새끼가 감히 까불어?
사냥나가는 우렁찬 소리 호령과 같도다.

* 乘夜 : 밤을 타다. 밤을 이용하다.
* 偸美饌 : 맛있는 반찬을 훔치다.
* 狐狸 : 여우와 삵(살쾡이).
* 那邊 : 어느 곳. 어디.
* 雄聲 : 우렁찬 소리.

猫・三 (묘·3)
－고양이

世稱虎犠色何玄 (세칭호회색하현)
射彩金精視必園 (사채금정시필원)
迥察兩端趨縮地 (형찰양단추축지)
高聽亂齧勢騰天 (고청난설세등천)

屹威能使安藩內 (흘위능사안번내)
俘馘堪觀弄困前 (부괵감관농곤전)
田舍秋登應無害 (전사추등응무해)
曾蒙禮典歲三千 (증몽예전세삼천)

세상에 일컫기를 고양이는 호랑이에게 잡힌다는데 색은 왜 검을까?
빛으로 쏘아보는 그 눈동자는 정원을 살핀다.
골고루 살피다가 쥐만 보면 축지법 쓰듯 내달려나가고.
무엇을 깨무는 쥐소리가 멀리 들려도 날쌔게 쫓아가.

큰소리 야옹하며 위엄 부리면 쥐가 도망가 집안이 편하고.
잡은 쥐 어지러히 놀릴 때에는 참으로 볼만 해.
농가엔 추수 때도 쥐로 인하여 피해가 없으니.
일찍이 고양이에 관한 칭송은 책에도 있구나.

---

* 趨縮地 : 축지법을 쓰듯이 달려 가다.
* 騰天 : 등천(騰踐)의 오기인 듯. 밟고 넘어가다.
* 齧 : 깨물 '설'. 씹을 '설'.
* 俘 : 사로잡을 '부'.
* 馘 : 벨 '괵'.

蛙 (와)
-개구리

草裡逢蛇恨不飛 (초리봉사한불비)
澤中冒雨怨無蓑 (택중모우원무사)
若使世人敎拑口 (약사세인교겸구)
夷齊不食首陽薇 (이제불식수양미)

풀숲서 뱀만나면 날지 못해 한스럽고
연못에서 비만나면 도롱이없어 원망스럽네,
개구리같이 말많은 이들 입 다 다물면
백이 숙제는 고사리조차 안먹었을 것을.

---

* 冒 : 무릅쓸 '모'.   * 蓑 : 도롱이 '사'.
* 拑 : 입 다물 '겸'.
* 薇 : 고비 '미'. 고사리.
* 夷齊 : 백의와 숙제.

 예시 보기 1

　　樹樹薰風碧葉齊 (수수훈풍벽엽제)
　　正濃雲意數峰西 (정농운의수봉서)
　　小蛙一種靑於艾 (소와일종청어애)
　　跳上梅梢效鵲啼 (도상매초효작제)

　　나무들 더운 바람 푸른 잎들도 축축 처졌고
　　산봉우리엔 비품은 구름 마구 몰려온다.
　　파아란 쑥잎같은 청개구리 한 마리가
　　매화나무에 튀어 올라가 까치 울음 운다.

　　　　　　　　　　-柳得恭의 '비가 오려나(將雨)'

* 유득공(柳得恭, 1748~1807) : 조선 정조 당시 실학자, 문신, 시인. 본관은 문화(文化), 자(字)는 혜보(惠甫)·혜풍(惠風), 호는 영재(泠齋), 영암(泠菴), 가상루(歌商樓), 고운거사(古芸居士), 고운당(古芸堂), 은휘당(恩暉堂).
생원시와 진사시에 입격하고, 1779년 (정조 3) 규장각검서(奎章閣檢書), 포천, 제천, 양근 등의 군수를 거쳐 풍천부사에 이름. '발해고'와 '사군지' 등을 출간. 이덕무(李德懋)·박제가(朴齊家)·서이수(徐理修) 등과 함께 4검서라고 불림.

 예시 보기 2

가갸 거겨
고교 구규
그기 가.

라랴 러려
로료 루류
르리 라.

― 韓何雲의 '개구리'

* 韓何雲(1920. 3. 20~1975. 2. 28) : 본명 태영(泰永). 함경남도 함주 출생. 중국 베이징[北京]대학 농학원을 졸업한 후 함남·경기 도청 등에 근무하다가 나병의 재발로 사직하고 고향에서 치료하다가 1948년에 월남., 1949년 제1시집 〈한하운 시초(詩抄)〉를 간행하여 나병시인으로서 화제를 낳았다. 이어 제2시집 〈보리피리〉를 간행하고, 1956년 〈한하운시전집〉을 출간하였다. 1958년 자서전 〈나의 슬픈 반생기〉, 1960년 자작시 해설집 〈황토(黃土) 길〉을 냈다. 자신의 천형(天刑)의 병고를 구슬프게 읊은 그의 시는 애조 띤 가락으로 하여 많은 사람의 심금을 울렸다.

鯉 魚 (이 어)

遊泳得觀底好時 (유영득관저호시)
錦潭斜日綠揚垂 (금담사일녹양수)
銀鱗如舞鶯相和 (은번여무앵상화)
玉躍旋潛鷺獨知 (옥약선잠노독지)

影醮橫雲嫌罟陷 (영초횡운혐고함)
光沈初月似釣疑 (광침초월사조의)
歸來森列雙眸下 (귀래삼렬쌍모하)
畵出心頭一幅奇 (화출심두일폭기)

맑은 물 헤엄치며 노는 고기가 잘 보일 때에
비단연못에 해가 저무니, 버들이 푸르네.
은비늘 춤을 추면 금꾀꼬리는 노래로 답하고.
옥빛을 번쩍이며 뛰어오르다 다시 숨은 곳 백로만이 아네.

흰구름 그림자가 연못위를 지나가면 그물인가 겁을 내고
초승달이 환히 비추면 낚싯줄인가 의심하며 숨네.
집에 와 눈감아도 두 눈에 눈물 출렁거리는 그모습 어리어.
맘속에 한 폭 가득 신기한 그림 그리고 있구나.

---

* 鯉魚 : 잉어.
* 玉躍 : 옥같이 고운 빛깔을 내며 뛰어오름.
* 旋 : 돌 '선'. 재빠르다.
* 醮 : 그림자가 물위에 어리는 모습
* 罟 : 그물 '고'.

老牛 (노우)

瘦骨稜稜滿禿毛 (수골릉릉만독모)
傍隨老馬兩分槽 (방수노마양분조)
役車荒野前功遠 (역거황야전공원)
牧竪靑山舊夢高 (목수청산구몽고)

健耦常疏閑臥圃 (건우상소한와포)
苦鞭長閱倦登皐 (고편장열권등고)
可憐明月深深夜 (가련명월심심야)
回憶平生謾積勞 (회억평생만적로)

파리한 골격은 앙상하고 털도 빠져 엉성한데,
곁에 있는 늙은 말과 한 마굿간을 같이 써왔구나.
들에서 수레끌던 지난 날 공도 이젠 옛말이고.
목동과 청산에서 놀던 옛꿈만 아직 새롭구나.

힘들던 쟁기질도 이젠 어려워 밭둑에서 쉬고.
괴롭던 채찍질에 시달렸어도 언덕엔 게을러.
가련타! 달도 밝아 깊어 가는 밤,
부질없어라, 평생 쌓은 공 되새김질하네.

---

* 禿 : 대머리 '禿'.
* 健耦 : 힘드는 쟁기질.
* 臥圃 : 밭둑에 눕다.
* 長閱 : 오래 겪다.
* 苦鞭 : 쓸 '苦'. 채찍 '鞭'.

燕子 (연자)
-제비

一任東風燕子斜 (일임동풍연자사)
棠梨樹下訪君家 (당리수하방군가)
君家春盡飛將去 (군가춘진비장거)
留待棠樹後歲花 (유대당수후세화)

동풍에 몸맡기고 제비가 날아,
팥배나무밑 그대집으로 다시 돌아왔네.
이봄이 지나가면 그대도 멀리 날아갔다가,
팥배나무꽃 피는 봄날을 또 기다리겠네.

---

* 一任 : 완전히 맡겨 둠.
* 燕子 : 제비. 玄鳥. 燕兒.
* 棠梨 : 팥배나무.

 예시 보기

燕子初來時 (연자초래시) 청제비 한 마리 처음으로 날아와서
南南語不休 (남남어불휴) 지지배배 지저귀느라 쉴 사이가 없네.
語意雖未明 (어의수미명) 말하는 그 뜻이야 잘 모르지만
似訴無家愁 (사소무가수) 집 없는 설움 호소하는 듯 해.
楡槐老多穴 (유괴로다혈) 홰나무 느릅나무 묵은 구멍 많이 있는데
何不此淹留 (하불차엄류) 어찌 그곳엔 깃들지를 않나?
燕子復南南 (연자부남남) 제비는 다시 또 지저귀며
似與人語酬 (사여인어수) 사람들에게 말하는 듯하네.
楡穴鸛來啄 (유혈관래탁) 느릅남 구멍이야 황새가 쪼고
槐穴蛇來搜 (괴혈사래수) 홰나무 구멍 뱀이 와 뒤지니.

-茶山 丁若鏞의 '燕子'

白鷗詩 (백구시)
- 갈매기 시

沙白鷗白兩白白 (사백구백양백백)
不辨白沙與白鷗 (불변백사여백구)
漁歌一聲忽飛去 (어가일성홀비거)
然後沙沙復鷗鷗 (연후사사부구구)

모래도 갈매기도 희고 또 희니,
흰모래밭과 갈매기 떼를 구별할 수 없네.
홀연히 고기잡이 노랫소리 날아오르니,
모래는 모래 갈매기떼는 갈매기로구나.

---

* 갈매기와 비슷한 해오라기 시 한 수.

  人方憑水檻 (인방빙수함)
  鷺亦入沙灘 (노역입사탄)
  白髮誰相似 (백발수상사)
  吾閒鷺未閒 (오한노미한)

           -林億齡의 '鷺'

사람들 난간위에 기대어 섰고
해오라기는 모래여울로 다시 날아오네.
머리가 하얀 것은 서로 같으나
난 한가한데 넌 바쁜 것같군.

---

* 林億齡 : 朝鮮 中宗 때 詩人.

278

鷹 (응)
—매

萬里天如咫尺間 (만리천여지척간)
俄從某巖又玆山 (아종모암우자산)
平林博兎何雄壯 (평림박토하웅장)
也似關公出五關 (야시관공출오관)

만 리 길 먼하늘을 지척같이 날아와서
잠깐 사이에 저바위에서 또 이산에 드네.
숲에서 토끼를 잡았으니, 그 얼마나 대견한가!
마치 관우의 오관 기세 같네.

 예시 보기

    元戎承命獵郊坰 (원융승명렵교경)
    勅賜新羅白海靑 (칙사신나백해청)
    得雋歸來如奏凱 (득준귀내여주개)
    天鵝馳進入宮庭 (천아치진입궁정)

    원융이 명을 받아 교외에서 사냥할 때
    칙명으로 신라 흰 매를 하사하였다네.
    새 잡아 오는 모습 개선장군 모습 같아,
    고니 바치려 궁중 뜰로 가네.
                      -가구사(柯九思)의 '원궁사(元宮詞)'

---

* 白海靑 : 흰 해동청(매).
* 가구사(柯九思) : 원나라 때 화조화의 대가.

太 (태)
－콩

字在天皇第一章 (자재천황제일장)
穀中此物大如王 (곡중차물대여왕)
介介全黃蜂轉蜜 (개개전황봉전밀)
團團或黑鼠瞋眶 (단단혹흑서진광)

新抽臘甑盤增采 (신추랍증반증채)
潤入晨廚鼎減糧 (윤입신주정감량)
當時若奪周家粟 (당시약탈주가속)
不使夷齊餓首陽 (불사이제아수양)

글자는 고사손의 저서 천황장 제일장에 있고.
곡식 중 이물건이 가장 굵으니, 꼭 왕과 같구나.
알갱이 하나하나 모두 노랗게 벌들이 꿀에 굴린 것만 같고.
동그란 모양새에 검은 점은 쥐가 두 눈을 부릅뜬 것같아.

3동에 콩시루에 기른 나물로 찬이 늘어나고.
그믐을 물에 불려 밥밑에 깔면 양식이 늘어나.
주나라 곡식들이 더럽다할 때 콩이 있었다면.
백이와 숙제도 수양에서 굶어죽지는 않았었을 것을.

冠 (관)
- 갓

首冠端儀勝挿花 (수관단의승삽화)
纖纖密孔僅容沙 (섬섬밀공근용사)
紵篁合體均圓滿 (저황합체균원만)
漆黑成章極潤華 (칠흑성장극윤화)

文物攸同箕自國 (문물유동기자국)
規模粤自大明家 (규모월자대명가)
一曲滄浪纓可濯 (일곡창랑영가탁)
至今前唱楚江歌 (지금전창초강가)

머리에 단정히 갓을 쓰고 예를 갖춤은 꽃보다 좋아,
가늘고가는 작은 구멍은 모래알이나 겨우 용납하리.
모시와 대나무로 합쳐진 몸이 골고루 원만해.
옻칠과 당먹빛이 아른거리는 무늬도 화려해.

이 관의 문물은 아득한 날 기자 시대의 풍광과도 같고.
규모는 찬란하던 명나라 시절 그에 못지않네.
그래서 창랑이 맑아지면 선비 갓끈을 씻을 만도 하고.
유명한 곡조따라 초강의 노래 지금도 불리네.

---

* 勝挿花 : 꽃을 꽂는 것보다 낫다.
* 纖纖 : 가늘고 세미한 모양. 연약하고 가냘픈 모양.
* 僅容沙 : 구멍이 작다는 뜻.
* 紵篁 : 모시 '저'. 대숲 '황'. 모시와 대나무.
* 粤 : 어조사 '월'.

筆 (필)

四友相須獨號君 (사우상수독호군)
中書總記古今書 (중서총기고금서)
銳精隨世昇沈別 (예정수세승침별)
尖舌由人巧拙分 (첨설유인교졸분)

畵出蟾烏照日月 (화출섬오조일월)
模成龍虎動風雲 (모성용호동풍운)
管城歸臥雖衰禿 (관성귀와수쇠독)
寵擢當時最有勳 (총탁당시최유동)

네 벗은 서로서로 어울리는데 홀로 君이라니.
그중에 특히 붓은 중서군이라 고금의 글을 붓으로 적는다.
예리한 그 정기로 말미암아서 성패가 갈리고.
뾰족한 혀끝으로 교묘·졸렬의 인품이 나뉜다.

두꺼비 까마귀를 그려내면 일월 성신이 밝게 빛이 나고.
용과 범 그려내면 살아 풍운을 일으킬 것같네.
그대가 비록 닳아 뭉툭해져서 돌아누웠지만.
뛰어난 그 이름을 날리던 때엔 공이 최고였네.

---

* 四友 : 文房四友의 준말. 종이 '紙', 붓 '筆', 먹 '墨', 벼루 '硯'을 말함. 그 중에서도 붓은 君王의 직위를 부여하여 '中書君' 또는 '管城子'로 부름.
* 中書 : 中書君. 붓의 별칭.
* 昇沈 : 성공과 실패.
* 巧拙 : 교묘함과 졸렬함.

紙 (지)
－종이

闊面藤牋木質情 (활면등전목질정)
舖來當硯點毫輕 (포래당연점호경)
耽看蒼籙千編積 (탐간창록천편적)
誕此靑天萬里橫 (탄차청천만리횡)

華軸僉名皆後進 (화축첨명개후진)
文房列座獨先生 (문방열좌독선생)
家家資爾糊窓白 (가가자이호창백)
永使圖書照眼明 (영사도서조안명)

면넓은 등나무로 만든 종이는 나무같지만
활짝 펴놓고 벼루옆에서 날랜 점을 찍네.
옛책을 즐겨 보아, 천 편쯤이나 쌓여 있다하니.
가로로 펼쳐보면 만 리 장공의 하늘이 되겠네.

화축의 여러 이름 모두 후진의 이름자일러니.
문방에 벌려 앉은 종이 홀로만 선생이로구나.
집집이 너를 취해 방문을 희게 풀칠해 바르고.
책으로 모든 이의 안목을 밝게 길이 비추리라.

---

* 滑面 : 면적이 넓다. * 藤牋 : 등나무로 만든 종이.
* 舖來 : 펼쳐 놓다. * 毫 : 붓.
* 耽看 : 즐길 '탐'. 볼 '간'. * 蒼籙 : 오래된 서적.
* 華軸 : 여러 권으로 한 벌이 되는 책. * 僉 : 다 '첨'. 여럿. 모두.
* 糊 : 풀칠할 '호'.

硯 (연)
―벼 루

腹埋受磨額凹池 (복매수마액요지)
拔乎凡品不磷奇 (발호범품불린기)
濃研每値工精日 (농연매치공정일)
寵任常從興逸材 (총임상종흥일재)

楮老敷容知漸變 (저로부용지점변)
毛公炎舌見頻滋 (모공염설견빈자)
元來四友相須力 (원래사우상수력)
圓會文房似影隨 (원회문방사영수)

큰배는 갈리어서 깊이 파였고, 오목한 이마 연못이 되었네.
평범한 돌일 뿐 뛰어나고 진기스러운 옥돌이 아니네.
새까만 빛색깔로 갈리는 동안 필력이 늘어나.
맡은 바 은혜롭게 큰인재들을 만드는 일이라.

지면이 넓은 종이 점점 변하여 가는 걸 알겠고.
붓끝이 자주자주 벼루먹물에 적셔짐을 보네.
벼루의 네 벗들이 모름지기 서로 도움이
문방 둘레에 온전히 모여 마치 그림자 따르듯이 하네.

---

* 腹埋受磨 : 배가 갈리어서 깊게 패이다.
* 額凹池 : 이마가 오목하여 연못이 되다.
* 拔乎凡品 : 빼어나지 않은 평범한 돌.
* 楮老 : 닥나무 저. 닥나무 껍질로 만든 漢紙.
* 敷容 : 넓은 얼굴. 넓은 지면을 뜻함.   * 炎舌 : 붓끝.

예시 보기 1

天女何年一乳亡 (천녀하년일유망)
今日偶然落文房 (금일우연낙문방)
少年書生爭手撫 (소년서생쟁수무)
不勝羞愧淚滂滂 (불승수괴누방방)

선녀가 언젠가 가슴 한쪽을 잃어버렸는데.
우연히 오늘 보니 문방구점에 떨어져있구나.
나 어린 학생들이 서로 다투듯 손으로 만지니.
부끄러 부끄러워 진주눈물만 주루룩 주루룩.

-無名氏의 '硯 滴'

 예시 보기 2

星宿崑崙始發源 (성숙곤륜시발원)
滔滔萬里入中原 (도도만리입중원)
何方可縮黃河水 (하방가축황하수)
億萬里龍一口呑 (억만리용일구탄)

하늘과 곤륜에서 그 근원이 시작되었나
만리 물길이 넘실거리며 중원으로 가네.
어떻게 황하수가 줄지 않을까?
수많은 용을 한 입에 삼키네.
　　-이언진(李彦瑱, 1740~1766)의 '연적명(硯滴銘) 연적에 대하여'

簾 (염)
－발

最宜城市十街樓 (최의성시십가루)
遮却繁華取閒幽 (차각번화취한유)
三更皓月玲瓏照 (삼경호월영롱조)
一陣紅埃隱映浮 (일진홍애은영부)

漏出琴聲風乍動 (누출금성풍사동)
覘看山影霧初收 (첨간산영무초수)
林葱萬類眞顔色 (임총만류진안색)
盡入窓櫳半掛鈎 (진입창롱반쾌조)

주렴은 시가지 누각에 있어야 가장 좋아
번잡함을 물리치고 그윽하고도 한가로울 테니.
한밤중 밝은 달이 영롱하게 비추어서
한웅큼의 붉은티끌이 은은히 떠도네.

안에서 새어나는 거문고소리 바람에 흔들려.
가만히 엿보자니, 산의 안개도 전처럼 걷혔네.
수풀이 우거져서 온갖 모습 여러 색채가
창으로 들다 난간에 반쯤 낚시로 걸렸네.

門 (문)

十字相連口字橫 (십자상련구자횡)
間間棧道峽如巴 (간간잔도협여파)
隣翁順熟低首人 (인옹순숙저수인)
稚子難開擧手爬 (치자난개거수파)

열'十'자 가로질러 입'口'자가 나란한데
그사이사이 좁다란 길이 험한 파촉같네.
이웃집 노인은 익숙하게 머리숙여 들어오지만
어린아기는 열지 못해서 두 손으로 긁네.

 예문 보기

김삿갓이 관북 천리를 방랑할 때에 어느 마을 동구 밖 정자나무 그늘에서 잠시 쉬노라니 옆에 앉았던 마을 사람이 저쪽에서 오는 친구를 보자 반갑게 인사 하는데

"오! 서서 十하는 어르신인가? 어서 오시게." 하자 그 친구라는 사람도 반갑게 인사를 한다.

"앗따! 이사람, 입으로 十하는 어른이구만"

김삿갓이 두 사람의 수작을 듣고보니 아무래도 이해가 되지 않아서 그 연유를 물어보자,

"이보슈, 저 친구는 성(姓)이 신(辛)가이고, 나는 전(田)가라고 해서 친구간에 그리 부른다오."라는 대답이었다.

—鄭飛石의 소설 '김삿갓'에서

影 (영)
-그림자

進退隨儂莫汝恭 (진퇴수농막여공)
汝儂酷似實非儂 (여농혹사실비농)
月斜岸面驚魁狀 (월사안면경괴상)
日午庭中笑矮容 (일오정중소왜용)

枕上若尋無覓得 (침상약심무멱득)
燈前回顧忽相逢 (등전회고홀상봉)
心雖可愛種無信 (심수가애종무신)
不映光明去絶蹤 (불영광명거절종)

날따라 오고감이 너보다도 더 공손한 자 없네.
너와 나 비슷해도 네가 나는 아니로다,
달밤언덕 비친 너는 놀랍도록 괴상하고
한낮마당에 비친 모습은 우스운 난장이.

자리에 누워서 널 찾으면 찾아볼 길 없다가도
등잔앞을 돌아다보면 홀연 또 만나네.
진실한 사랑을 주려하나 믿음이 없고
빛이 없으면 어디 갔는지 종적조차 없네.

---

* 儂 : 나 '농'.
* 魁 : 으뜸 '괴'. 클 '괴'.

燈 (등)

用似焚香欲返魂 (용사분향욕반혼)
方生方死隔晨昏 (방생방사격신혼)
虞陶聖德從今覺 (우도성덕종금각)
燧鑽神功自古存 (수찬신공자고존)

滿腹出灰留客恨 (만복출회유객한)
終身呑炭報誰冤 (종신탄탄보수원)
靑樓煮酒曾何日 (청루자주증하일)
天下英雄哇可言 (천하영웅와가언)

향불을 피우는 건 어느 혼을 부르려는 것
등잔불 혼도 새벽녘에는 죽었다가도 저녁엔 살아나.
요순의 성덕을 지금도 밝히나니,
수인씨의 큰공덕도 그옛날부터 전해온 탓이라.

뱃속의 그을음을 토해내면 길손의 한이 더 깊게 서리고.
너와 나 일평생 검은 숯을 삼킨다해도 누구를 탓하랴.
청루의 홍등아래 술먹던 날이 그 언제였던가.
허황한 영웅들을 비웃어가며 이밤을 지새리.

---

* 方生方死 : 살아났다가 죽는다.
* 隔晨昏 : 새벽과 밤을 사이하여.
* 燧 : 부싯돌 '수'.
* 燧人氏 : 중국 고대 三皇의 한 사람으로 불 기술을 가르쳤고 식물의 조리법을 전했다고 함.

* 鑽 : 뚫을 '찬'.
* 吞 : 삼킬 '탄'.
* 煮 : 삶을 '자'.
* 哇 : 음란한 소리 '와'. 막힐 '와', 토할 '와'.

 예시 보기

    煮豆燃豆萁 (자두연두기)
    豆材釜十泣 (두재부십읍)
    本是同根生 (본시동근생)
    相煎何太急 (상전하태급)

    콩깍지 태워가며 콩을 삶으니
    가마솥 속의 콩이 우는구나.
    다 같은 뿌리에서 태어났건만
    어찌 이다지 급하게 삶는가

                                      -趙 植의 七步詩

---

* 趙 植 : 조조의 첫째 아들인 조비가 위 왕을 계승받고 제위에 오른 뒤 동아 왕으로 승격한 조식을 불러 칠보 동안 시를 지어내라고 한다.

燈 火 (등 화)

檠作八尺卦層軒 (경작팔척괘층헌)
其上玉盃磨出崑 (기상옥배마출곤)
未望月何圓夜夜 (미망월하원야야)
非春花亦吐村村 (비춘화역토촌촌)

對筵還勝看白月 (대연환승간백월)
挑處能爲逐黃昏 (도처능위축황혼)
雖謂紅燈光若是 (수위홍등광약시)
時時寧照覆傾盆 (시시녕조복경분)

여덟 척 처마 끝에 내걸린 등
그 옥분은 곤륜산에서 캐와 만들었네.
보름달 아닌데도 어찌 밤마다 둥그레 뜨고
봄도 아닌데 온 마을마다 꽃으로 피는가.

자리에 앉아보면 대낮보다 더 환하고
심지 돋우면 땅거미를 쫓네.
홍등가 저녁불빛 이같다하니
시시때때로 그런 등잔은 꺼버려야 하리.

---

* 檠: 도지개 경. 등잔걸이.
* 筵: 대자리 연. 깔개의 총칭. * 層軒: 높은 처마.
 * 崑: 산이름 곤. 곤륜산. 중국전설에 나오는 산으로 황하의 원류, 옥이 많이 나오며 불사의 선녀 서왕모가 산다는 서방 樂土.
* 望月: 보름달.
* 紅燈: 홍등가. 곧 붉은 등이 내걸린 사창가.

網巾 (망건)

網學蜘蛛織學蛩 (망학지주직학공)
小如針孔大如銎 (소여침공대여공)
須臾捲盡千莖髮 (수유권진천경발)
鳥帽接䍦摠附庸 (조모접리총부용)

그물을 뜨는 법은 거미·여치에 배웠나보구나.
작은 건 바늘구멍, 큰 구멍들은 침구멍같구나.
잠깐새 천 개 터럭 다 짜버리며
새깃과 아교, 부속품으로 모두 쓰는구나.

---

* 蜘 : 거미 '지'.
* 蛛 : 거미 '주'.
* 蛩 : 여치 '공'. 메뚜기.
* 銎 : 도끼구멍 '공'.
* 臾 : 잠깐 '유'. 꾀일 '유'.
* 䍦 : 걸릴 '리'. 근심 '리'.
* 鳥帽 : 새의 머리 깃털.
* 接䍦 : 접착제.

 해 의

어느곳에서 삿갓의 재주를 시험하려고 일반적으로 잘 쓰지 않는 蛩·銎·庸자 운을 써서 망건에 대한 시를 쓰라하였으나 그는 거침없이 써 내려갔다.

眼 鏡 (안경)

江湖白首老如鷗 (강호백수노여구)
鶴膝烏精價易牛 (학슬오정가역우)
環若張飛蹲蜀虎 (환약장비준촉호)
瞳成項羽沐荊猴 (동성항우목형후)

霎疑濯濯穿離鹿 (삽의탁탁천리록)
快讀關關在渚鳩 (쾌독관관재저구)
少年多事懸風眼 (소년다사현풍안)
春陌堂堂倒紫騮 (춘맥당당도자류)

강호에 사람들이 늙게 되면 흰머리칼이 갈매기와 같아.
검은알 안경 하나 소 한 마리와 바꿀 수 있겠네.
고리눈 장비같아 촉나라범이 앉아 있듯 하고.
눈동자 항우같아 초원숭이가 목욕한 듯하네.

척보면 밝게 비쳐 울타리너머 사슴도 보일 듯.
안경쓴 노인이 기분좋게 시경의 물가 비둘기를 읽네.
그러나 일바쁜 소년은 이물건을 멋으로 쓰고
봄철 밭둑길 당나귀위에 거꾸로타고 의젓하게 가네.

---

* 膝 : 무릎 '슬'. 둘로 접었다 폈다하는 안경다리.
* 霎 : 가랑비 '삽'. 삽시간. * 關關 : 새가 우렁차게 우는 소리의 형용사.
* 陌 : 두렁 '맥'. * 騮 : 월따말 '류'. 당나귀.
* 각 행의 끝이 모두 동물로 지어져있다. 차례로 갈매기 '鷗', 소 '牛', 범 '虎', 원숭이 '猴', 사슴 '鹿', 비둘기 '鳩', 눈 '眼', 당나귀 '騮'이다.

煙竹·一 (연죽·1)
－담뱃대

圓頭曲項又長身 (원두곡항우장신)
銀飾銅裝價不貧 (은식동장가불빈)
時吸靑煙能作霧 (시흡청연능작무)
每焚香草暗消春 (매분향초암소춘)

寒燈旅館千愁伴 (한등여관천수반)
細雨江亭一味新 (세우강정일미신)
斑竹年年爲爾折 (반죽연년위이절)
也應堯女泣湘濱 (야응요녀읍상빈)

둥그런 머리와 굽은 목과 긴몸매를
은과 구리로 장식했으니, 값이 비싸겠네.
때때로 파르라니, 연기를 빨아 안개를 만들고.
번번이 향을 태워 봄이 저절로 사라져가겠네.

차가운 여관방의 등잔불아래 천만 수심의 도반도 되다가.
가랑비 가랑가랑 내리는 강가 정자에서는 그맛이 새로워.
얼룩이 대나무가 너를 위해서 해마다 꺾이니.
요임금 두 따님이 상강가에서 눈물지으리라.

---

* 價不貧 : 값이 싸지 않다. 값이 비싸다.
* 吸 : 숨 들이쉴 '흡'.
* 作 : 지을 '작'. 일어나다.
* 暗 : 어두울 '암'. 남몰래.
* 細雨 : 가랑비.

* 斑竹 : 얼룩 반. 얼룩무늬가 있는 관상용 대나무.
* 爲爾折 : 너를 위해 꺾이다.
* 堯女 : 堯 임금의 두 딸로서 娥皇과 女英을 말함. 舜 임금의 황후와 왕비가 되었는데, 순임금이 蒼悟에서 죽자 두 사람은 상수에 빠져죽어 湘水身이 되었다고 함. 이 때 두 여인이 흘린 눈물이 대나무에 뿌려져서 얼룩무늬 대나무(斑竹)가 되었다고 한다. 담뱃대를 만들기 위해 이반죽을 꺾어내니, 두 사람의 혼이 눈물을 흘릴 것이라고 했다. (-'열녀전'에서.)

 예시 보기

이어서 역자가 쓴 민조시 한편을 보자.

담죽에 분죽 청죽
다같은 솜대
버힐지라도 피하지 않으리.

맹종죽 강남죽은
모두가 모죽,
속은 비어도 파죽의 저 강단.

시눗대 참대 왕대
솜대 검정대
꺾일지언정 휘지는 않으리.

관음죽 반죽 오죽
흑죽 거북죽
깔은 달라도 다 같은 조선 대.

-金進中의 '潭陽 竹綠苑'

295

煙竹·二 (연죽·2)
-담뱃대·2

身體長蛇項似鳶 (신체장사항사연)
行之隨手從隨筵 (행지수수종수연)
全州來去千餘里 (전주내거천여리)
幾度蒼山幾渡船 (기도청산기도선)

긴 몸은 뱀과 같고 꺾어진 목은 솔개와 같은데.
어디를 갈 때도 손에서 놓지않고 자리에서도 늘 곁에 따르네.
전주를 다녀가는 천 리 길에서
몇 번씩이나 너와 나 함께 청산을 넘고 강을 건넜더냐?

---

* 蛇 : 뱀 '사'.   * 項似鳶 : 흡사 목이 솔개 같다.
* 從隨筵 : 앉은 자리에 따르다.   * 幾度 : 몇 번. 기는 몇, 얼마, 거의 등으로 씀.
* 蒼山 : 푸른 산.

 예시 보기

고등학교 2학년 담임 전수태 국어선생님이 예시로 들어준 '담배'라는
시가 떠오른다. 아마도 임강빈 시인의 작품으로 들은 것 같다.

> 두 손가락에 끼워
> 삶과 죽음의 허무를 가리켰다
> 두 입술에 물려 사랑과 미움을 배웠다.
> 멍히 창밖을 내다보는 버릇이
> 너 함께 이뤄지던 날
> 내 삶은 색동저고리를 벗고
> 하이얀 소복을 입었다
>
> ―임강빈의 '담 배'

木 枕 (목 침)
−나무 베개

撑來偏去伴燈斜 (탱래편거반등사)
做得黃粱向粟誇 (주득황량향속과)
爲體方圓經匠巧 (위체방원경장교)
隨心轉側作朋嘉 (수심전측작붕가)

五更冷夢同流水 (오경냉몽동류수)
一劫前生謝落花 (일겁전생사락화)
兩兩鴛鴦雙畵得 (양량원앙쌍화득)
平生合我一鰥家 (평생합아일환가)

가까이 끌어당겨 등잔곁에서 베고누워보니.
기장이 서숙보고 자랑하는 걸 알 수 있겠구나.
몸통이 모나고 둥근 것이 장인손을 거쳐왔고
마음따라 이리저리 뒤척거리니, 참 좋은 벗이라.

한밤의 쓸쓸한 꿈 흘러가듯이
전생에서도 쓸쓸한 꽃이 떠내려갔다네.
양쪽에 금슬좋은 원앙 한 쌍을 그려넣는다면.
한 평생 홀아비로 사는 내 집엔 딱 들어맞겠네.

---

* 撑 : 버팀목 '탱'. 취하다 버티다. 다스리다. * 做 : 지을 '주'. '지을 作'의 속자.
* 一劫 : 가로 세로 높이가 각각 40리나 되는 큰바위위에 3년에 한 번씩 하늘나라 선녀가 내려와서 춤을 출 때, 선녀옷자락에 쓸려 그바위가 다 닳아 없어지는 시간을 말한다.
* 鰥 : 환어 '환'. 홀아비 '환'.

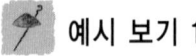 **예시 보기 1**

고려말 백운거사로 불리워졌던 이규보의 '죽부인'에 담긴 해학도 한 번 살펴보자.

> 竹本丈夫比 (죽본장부비)
> 亮非兒女隣 (양비아녀인)
> 胡爲作寢具 (호위작침구)
> 强名日夫人 (강명왈부인)

> 첨부터 대나무는 남자에 비해,
> 실로 여자에 가깝지 않은 것.
> 어떻게 침구로 만들어져
> 어거지로 부인이라는 이름을 붙였나?

> 搘我肩股穩 (지아견고온)
> 入我衾裯親 (입아금주친)
> 雖無擧案眉 (수무거안미)
> 幸作專房身 (행작전방신)

> 내 어깨 다리 괴어 편히 해주고
> 한 이불 덮고 친하게 되었지.
> 남편을 공경하는 일은 없으나
> 방안에서는 나만 모시는 요행을 가지네.

> 無脚奔相如 (무각분상여)
> 無言諫伯倫 (무언간백륜)
> 靜然最宜我 (정연최의아)
> 何必西施嚬 (하필서시빈)

> 다리가 없으니 도망갈 염려 없고,
> 말을 못하니 술 잘 먹는 날 말리지도 못해.
> 고요한 그것이 나에게는 가장 편한 것,
> 찡그린 서시 아름답다고 뽄볼 일 있으랴.

>   -李奎報의 '竹夫人'

* 죽부인 : 唐代에 죽협슬(竹夾膝)이라고 하다가 宋代에 이르러 竹夫人, 竹姬, 또는 竹奴라고도 했으며, 대나무가 사철 푸르러 청노(靑奴)라고도 했다. 궁녀 사회에서는 竹參奉, 竹別監 등, 벼슬 이름을 붙여 의인화함.

 예시 보기 2

역자가 쓴 민조시 '竹 부인'도 있다.

> 밤새껏
> 껴안고 잘
> 內子 생겼다,
>
> 중국산
> 竹 부인.
>
> -김진중의 민조시 '竹 부인'

 해 의

잘 마른 황죽을 참숯에 지지면서 엮어 만든 것으로, 길이는 대략 넉자 반, 지름은 한아름 정도이다.
구멍이 나도록 성글게 짜서 원통형이 되게 하고, 마구리는 잘 접어서 궁글리어 모나지 않게 한다. 말끔하게 손질하여 잔털이 돋거나 가시가 서지 않도록 한다. 숯불에 지져 색을 내는 외에는 콩댐을 하거나 생옻을 칠하는 등 가공을 하지 않는데, 이는 여름철 땀에 씻기거나 묻어나지 않게 하기 위해서이다.
또 짤 때에는 끈이나 못을 사용하지 않는데, 이는 품에 품었을 때 찔리는 것이 있어서는 안 되기 때문이다. 무더운 여름철 잠자리가 불편하면 사랑방에 기거하는 선비는 죽부인을 활용하게 된다. 삼베의 홑이불을 씌워서 죽부인을 가슴에 품고 한 다리를 척 걸치고 자면 허전함을 덜 뿐만 아니라 솔솔 스며드는 시원한 바람에 저절로 숙면하게 된다.
잠들게 하는 수면제가 없었던 시절의 병자에게는 좋은 치료의 도구가 되었다. 죽부인은 아들이 아버지의 것을 사용하지 않는 것이 예의이다.

溺 缸 (요 항)
-요 강

賴渠深夜不煩扉 (뢰거심야불번비)
令作團隣臥處圍 (영작단린와처위)
醉客持來端膝跪 (취객지래단슬궤)
態娥挾坐惜衣收 (태아협좌석의수)

堅剛做體銅山局 (견강주체동산국)
灑落傳聲練瀑飛 (쇄락전성련폭비)
最是功多風雨曉 (최시공다풍우효)
渝閑養性使人肥 (투한양성사인비)

네 덕에 한밤중에 드나들지 않아도 되고
누운 자리에 가까이 있어 고맙기도 하지.
취객도 그앞에선 얌전하게 무릎 꿇고
아가씨도 타고앉을 땐 조심스럽게 속치마를 걷네.

단단한 생김새는 놋구리가 분명하며
쏴아거리는 오줌소리는 폭포처럼 나네.
가장 큰 공로라면 비바람치는 새벽녘이리니,
느긋한 품성길러 여러 사람들 살찌게 하누나.

---

* 跪 : 꿇어앉을 궤.
* 挾坐 : 감추며 앉다.

火 爐·一 (화 로·1)

頭似虎豹口似鯨 (두사호표구사경)
詳看非虎亦非鯨 (상간비호역비경)
若使雇人能盛火 (약사최인능성화)
可煮虎頭可煮鯨 (가팽호두가팽경)

머리는 범과 같고 주둥이는 고래같지만
자세히 보니, 범도 아니고 고래도 아니네.
만약에 머슴이 불씨만 잘 담아 오면
범대가리도 큰고래입도 다 구울 수 있네.

 해 의

'화로' 라는 제목과 어울리지않는 고래 '鯨'자 운을 세 번이나 썼다.

예시 보기

綠蟻新醅酒 (녹의신배주)
紅泥小火爐 (홍니소화로)
晚來天欲雪 (만래천욕설)
能飲一杯無 (능음일배무)

새롭게 담근 술에 거품이 괴고
작은 화로엔 숯불이 벌겄네.
저녁에 눈이 다시 올 것 같은데
어째, 술 한 잔 하지 않으실래?
　　　　　－백거이(白居易, 772~846)의 '문유십구(問劉十九)'

火 爐·二 (화 로·2)

虞陶燧石施功博 (우도수석시공박)
散入千家勢縱橫 (산입천가세종횡)

순임금 질그릇과 수인씨의 부싯돌이 공을 널리 베풀어서
그불씨가 세상천지에 넓게 또 넓게 퍼져나갔다네.

---

* 虞陶 : 순 임금의 질그릇.
* 燧 : 부싯돌 '수'. 燧人氏 : 중국 고대 三皇의 한 사람으로 불 기술을 가르쳤고, 식물의 조리법을 전했다고 함.

 예시 보기

酷熱甚於火 (혹열심어화)	혹독한 무더위가 불보다 심해
千爐扇炭紅 (천로선탄홍)	천 개 화로에 꽃숯불 부치네.
馮夷應喝死 (풍이응갈사)	풍이는 더위 먹어 죽을 것이고
燒及水精宮 (소급수정궁)	수정궁까지 그 불길 닿으리.
臥欲起奮飛 (와욕기분비)	누우면 떨치고 일어나 날고 싶고
起思還裸臥 (기사환나와)	일어나면 다시 옷 벗고 누울 생각만 해.
誰憐甑底蒸 (수련증저증)	그 누가 시루에서 찜질 당함을 불쌍히 여겨
移向水中坐 (이향수중좌)	찬 물속으로 옮겨 앉게 할까.

　　　　　　　　　－白雲 李奎報(1168~1241)의 '苦熱'

棋·碁 (바둑)

縱橫黑白陣如圍 (종횡흑백진여위)
勝敗專由取舍機 (승패전유취사기)
四皓閑秤忘世坐 (사호한칭망세좌)
三淸仙局爛柯歸 (삼청선국난가귀)

詭謀偶獲擡頭點 (궤모우획대두점)
誤錯還收擧手揮 (오착환수거수휘)
半日輪嬴更桃戰 (반일윤영갱도전)
丁丁然響到斜暉 (정정연향도사휘)

흑백이 가로세로 에워싸고 진을 치면
승패는 오직 기회를 잡고 못잡음에 있네.
사호가 바둑으로 인간 세사 다 잊었고
3청 선계 나무꾼은 구경하다 도끼자루 다 썩는 줄 몰랐네.

속이는 잔꾀로 세를 뻗을 점을 얻고
잘못두고 물려달라고 손사래도 치네.
한나절 다투고도 다시 맞붙어
바둑알 쟁쟁 놓는 소리에 날 저물었다네.

---

* 四皓 : 漢 高祖 때 商山에 은거하던 東園公·綺里季·夏黃公·用里先生 네 사람 모두 수염과 눈썹이 다 희어서 四皓라 이름.
* 三淸 : 道敎에서 神仙이 산다는 宮의 이름. 玉淸, 上淸, 太淸이 있다.
* 爛柯 : 도끼자루가 썩어 문드러지다. 신선놀음(바둑 두기)에 도끼자루 썩는 줄 모른다는 속담이 있다.

將棋 (장기)

酒老詩豪意氣同 (주로시호의기동)
戰場方設一堂中 (전장방설일당중)
飛包越處軍威壯 (비포월처군위장)
猛象蹲前陣勢雄 (맹상준전진세웅)

直走輕車先犯卒 (직주경차선범졸)
橫行駿馬每窺宮 (횡행준마매규궁)
殘兵散盡連呼將 (잔병산진연호장)
二士難存一局空 (이사난존일국공)

술하고 시 잘하면 죽이 잘 맞아
대청마루에 장기판으로 싸움을 벌이네.
날쌘 包 뛰어 넘는 기세 장하고
사나운 象이 웅크린 앞엔 진세도 당당해.

앞으로 곧장가는 발빠른 車는 卒을 먼저 먹고.
날 '日'자 옆길걷는 날랜 駿馬는 늘 宮만 엿본다.
나머지 잔병들을 다 쓸어내고 연거푸 將이야!
겨우 둘 남은 士론 감당을 못해 한 판을 내줬네.

---

* 蹲 : 웅크릴 '준'. 모으다. 춤추다.
* 窺 : 엿볼 '규'. 반걸음.
* 空 : 빌 '공'. 다하다. 없다. 여기서는 '지다'라는 뜻.

織 錦 (직금)
－비단 짜기

煙梭出沒輕似鳧 (연사출몰경사부)
響入秦天野半烏 (향입진천야반오)
聲催月戶明機蟀 (성최월호명기솔)
巧學風簷繹絡蛛 (교학풍첨역락주)

但使織成紅錦貝 (단사직성홍금패)
何須願得白裘狐 (하수원득백구호)
曝晒於陽光鶴鶴 (폭쇄어양광학학)
吳門誰識絹如駒 (오문수식견여구)

베틀북 드나듦은 물오리처럼 사뿐사뿐하고,
소리는 진나라 밤하늘에 울어대는 까마귀같네,
달빛진 창가 귀뚜리소리 그같기도 하고,
베 짤 땐 처마끝에 그물을 짜는 거미와도 같네.

이로써 홍금패를 짤 수 있다면
어찌 백구호 얻기를 바라랴.
햇볕에 펼쳐널면 학처럼 희니,
오나라 가던 안자도 속겠네, 흰망아지 줄로.

---

* 鳧 : 오리 부. * 蟀 : 귀뚜라미 '솔'.
* 蛛 : 거미 '주'. * 駒 : 망아지 '구'.
* 紅錦貝 : 홍색 비단. * 白裘 : 여우의 발겨드랑이 흰털. 중국의 희귀 보물.
* 絹如駒 : 吳나라를 지나가던 顔子가 흰 비단을 널어놓은 것을 흰 망아지 같다고 하여 유래된 古事.

攪 車 (교 차)
-씨 아

揮手一人力 (휘수일인력)
生花二木德 (생화이목덕)
耳出蒼蛙聲 (이출창와성)
口吐白雲色 (구토백운색)

한손을 휘두름은 한사람의 힘,
솜을 피움은 두 나무 덕이라.
귀로는 청개구리 소릴 내고
입으로는 흰구름빛을 토해내는구나.

---

* 攪 : 어지러울 '교'. 휘젓다. 뒤섞다.
* 生花 : 여기서는 솜을 뜻함.
* 蒼蛙 : 푸를 '창', 개구리 '와'. 청개구리.

 해 의

씨아는 목화에서 씨앗과 솜을 분리해 내는 기구이다.
두 개의 막대가 서로 맞물리게 하여 그 틈으로 목화솜을 밀어 넣으며 손잡이를 돌리면 반대쪽에서 하이얀 솜이 뭉개구름처럼 피어나고, 씨앗은 이쪽으로 분리되어 나오는 것이다.
예전에는 왠만한 농가에서는 거의 다 목화농사를 직접 지어 가정에서 물레를 돌리며 실을 만들었고 그 무명실로 베를 짜 무명옷을 만들어 입었다. 겨울에는 무명솜을 넣어 솜옷을 만들었으며 이불과 담요, 방석 등에는 필수 재료로 썼다. 지금은 씨아는 농업박물관에나 가야 그 생김새를 볼 수 있지만 우리의 전형적인 어머니상은 호롱불에 얼비쳐 방문에 그림자진 물레질하는 어머니 모습이리라.

磨 石 (마 석)
- 맷 돌

誰能山骨作圓圓 (수능산골작원원)
天似順還地自安 (천사순환지자안)
隱隱雷聲隨手去 (은은뇌성수수거)
四方飛雪落殘殘 (사방비설낙잔잔)

둥글고 둥글게 생긴 돌을 그 누가 능히 만들어 냈을까.
하늘은 쉬지않고 돌고돌아도 땅은 돌지않네.
은은한 천둥소리 손을 따라 일어나더니,
흰눈을 날려 4방 천지를 가만히 덮누나.

 예시 보기 1

5세신동이라던 梅月堂 김시습이 3세 때 이미 한시를 짓기 시작하였는데, 보리를 맷돌에 가는 것을 보고 이 한시를 읊었다고 한다. 과연 천재라 아니할 수 없다.

無雨雷聲何處動 (무우뢰성하처동)
黃雲片片四方分 (황운편편사방분)

-金時習의 '磨 石'

비 오지 않는데도 어디에선가 천둥소리 나네.
싯누런 구름 조각 천지 사방에 막 흐트러지네.

 예시 보기 2

삿갓이 만약 영어를 알았더라면 인터넷에 떠도는 작자 미상의 이같은 시도 쓰지 않았을까 싶다.

罅利!   (하이!)

恚艴婆俐 因多鉞杜　(에불바리 인다월두)
痲已奈任 爾羞知薄　(마이내임 이수지박)
芽壬 掘壚浡好久　　(아임 글로발호구)
惱伀悚 昝夢卓　　　(뇌송송 구몽탁)

牙軼贏卑 祖地裃屍　(아일라부 조지부시)
牲有 培鼇魔蚩　　　(생유 배리마치)
捂馬伊冠 齟桀礭　　(오마이관 저걸확!)

　　　　　　　　-작자미상 '하이!'

-틈을 보아 이득을 얻다
똑똑하여 해탈한 노파도 발끈하여 성내니
그 이유가 많으나 모두 도끼로 막는구나
이미 뻣뻣하게 굳었으니 어찌 큰일을 맡길까
내가 부끄럽게도 아는 바가 얄팍하구나
그 싹수가 본래 간사하니
흙을 파서 왕성해지는 것만 좋아한지 오래구나
번뇌 많고 어리석고 두려움도 많으니
허물도 많고 꿈만 높아라

이 악물고 지나갔던 햇빛 없는 언덕이라
조상도 땅속에서 죽은 몸으로 합장을 하니
희생한 이가 있어 서로 북돋워 다다르니
정신 잃고 본성 잃은 자를 얕보아 업신여긴다네.
버리는 힘이 말과 같은 자가 관을 쓰게 되면
어긋나 사납고 교활하니 회초리가 약이 될 터인즉.

제7부 年年歲事 (연년세사)

犢價訴題 (독가소제)
魚腹葬 (어복장)
墳塋 (분영)
山所告訴狀 (산소 고소장)
墓爭 (묘쟁)
墓地訟 (묘지송)
屋之 (옥지)
力拔山 (역발산)
輓詞·一 (만사·1)
輓詞·二 (만사·2)
求鷹判題 (구응판제)
爭鷄岩 (쟁계암)
自傷 (자상)
見乞人屍 (견걸인시)
多睡婦 (다수부)
婦惰 (부타)
懶婦 (나부)
惰婦 (타부)
盡日垂頭客 (진일 수두객)
淮陽過次 (회양 과차)
佝僂 (구루)
喪配自輓 (상배 자만)
老客何 (노객하)
陳情書 (진정서)

犢價訴題 (독가소제)
―송아지 값 고소장

四兩七錢之犢을 (4냥7전지독을)
放於靑山綠水하야 (방어청산녹수하야)
養於靑山綠水러니 (양어청산녹수러니)
隣家飽太之牛가 (인가포태지우가)
用其角於此犢하니 (용기각어차독하니)
如之何卽可乎리요. (여지하즉가호리요.)

넉 냥에 일곱 푼의 송아지를
푸른산과 푸른물에 풀어놓고
푸른산과 푸른물로 길렀는데
콩에 배부른 이웃집소가
이송아지를 뿔로 받았으니,
이일을 어쩔까.

해 의

가난한 과부네 송아지가 부잣집 황소의 뿔에 받혀 죽은 이야기를 들은 김삿갓이 이 시를 써서 관가에 바쳐 송아지값을 받아주었다.

魚腹葬 (어복장)

靑龍在左白虎右 (청룡재좌백호우)
天地東南流坐向 (천지동남류좌향)
龜頭碧波立短碣 (귀두벽파입단갈)
雁足靑天來弔喪 (안족청천래조상)

좌청룡 우백호라
모든 물이 동남으로 흘러가는 좌향일세
거북머리로 푸른파도에 비석세우니
푸른하늘의 기러기떼가 문상을 오겠네.

---

* 短碣 : 묘 앞에 세우는 작고 둥근 빗돌.

 해 의

어느 어촌에서 한 어부가 바다에 빠져죽었다며 조문을 지어달라는 부탁을 받고 써 준 시. 양동석 편역 '길위의 시'에는 '魚腹葬'이 '葬魚腹者' '虎右'가 '蠔右'로, '弔喪'이 '弔狀'으로 되어있다.

墳 塋 (분 영)
-무덤가에서

北邙山下新墳塋 (북망산하신분영)
千呼萬喚無反響 (천호만환무반향)
西山落日心寂寞 (서산낙일심적막)
山上唯聞松柏聲 (산상유문송백성)

북망산 기슭에 새로 생긴 무덤있어
천 번 만 번 불러보아도 대답조차 없네.
서산에 해저무니, 더 쓸쓸해
들리는 건 송백가지의 빈바람소리뿐.

 **예시 보기**

去年喪愛女 (거년상애녀)
今年喪愛子 (금년상애자)
哀哀廣陵土 (애애광릉토)
雙墳相對起 (쌍분상대기)
蕭蕭白楊風 (소소백양풍)
鬼火明松楸 (귀화명송추)
紙錢招汝魂 (지전초여혼)
玄酒存汝丘 (현주존여구)
應知第兄魂 (응지제형혼)
夜夜相追遊 (야야상추유)
縱有服中孩 (종유복중해)
安可糞長成 (안가분장성)
浪吟黃坮詞 (낭음황대사)
血泣悲吞聲 (혈읍비탄성)

작년엔 사랑하는 딸을 여의고
올핸 귀여운 아들을 잃었네.
서럽고 애달파라 광릉 땅이여
쌍분 나란히 마주보고 있네.
백양목 가지엔 쓸쓸한 바람 불고
숲도깨비불 은은히 빛나네.
종이돈 살라가며 너흴 부르고
술잔 따르며 제를 올린다네.
너희들 넋이야 오누인 줄 서로 알고
밤마다 서로 어울려 놀겠지.
아기를 비록 다시 가진다 한들
어찌 잘 크길 바랄 수 있으랴.
황대사 부질없이 읊조리다가
피눈물 끓어 목 메이는구나.

—許蘭雪軒의 '哭 子'

* 許蘭雪軒 : 1563(명종 18)~1589. 3. 19(선조 22). 강원 강릉 출생. 조선 중기의 시인.

본관은 양천(陽川). 본명은 초희(楚姬). 자는 경번(景樊), 호는 난설헌. 엽(曄)의 딸이고, 봉(篈)의 여동생이며, 균(筠)의 누나이다. 문한가(文翰家)로 유명한 명문 집안에서 태어나, 용모가 아름답고 천품이 뛰어났다 한다. 오빠와 동생 사이에서 어깨너머로 글을 배우기 시작했고, 집안과 교분이 있던 이달(李達)에게서 시를 배웠다. 8세에〈광한전백옥루상량문 廣寒殿白玉樓上梁文〉을 지어 신동이라고까지 했다. 15세에 김성립(金誠立)과 혼인했으나 결혼생활이 순탄하지 못했다. 남편은 급제하여 관직에 나갔으나 기방을 드나들며 풍류를 즐겼고, 시어머니는 시기와 질투로 그녀를 학대했다. 게다가 어린 남매를 잃고 뱃속의 아이마저 유산했다. 친정집에는 옥사(獄事)가 있었고, 동생 허균도 귀양가버리자 삶의 의욕을 잃고 시를 지으며 나날을 보내다가 27세로 요절했다. 시 213수가 전하며, 그중 신선시가 128수이다. 그녀의 시는 봉건적 현실을 초월한 도가사상의 신선시와 삶의 고민을 그대로 드러낸 작품으로 대별된다. 후에 허균이 명나라 시인 주지번(朱之蕃)에게 시를 보여주어 중국에서〈난설헌집〉이 발간되는 계기가 되었다. 유고집으로〈난설헌집〉이 있다.

山所告訴狀 (산소 고소장)
- 무덤에 대한 소송

掘去掘去彼隻之恒言 (굴거굴거피척지항언)
捉來捉來本守之例言 (착래착래본수지례언)
今日明日乾坤不老月長在 (금일명일건곤불로월장재)
此頉彼頉寂寞江山今百年 (차탈피탈적막강산금백년)

파간다, 파간다, 하는 것은 저쪽 편에서 늘 하는 말이요.
잡아 와, 잡아 와, 하는 것은 이곳 사또가 늘 하는 말일세.
오늘도 내일도 천지간은 늙지도 않고 세월은 여전해.
이핑계 저핑계 하다 보니, 적막 강산이 금방 백 년이네.

해 의

삿갓이 가난한 과부집에 하루를 묵었는데 주인 아낙이 걱정스런 표정으로 좀 도와달라고 하는 것이었다. 사연인즉 자기 남편 묘 앞에 어떤 사람이 자기네 묘를 써 놓고는 아무리 말해도 파가지 않기에 결국 고을 원에게 이 사실을 하소하였다. 그러나 묘를 쓴 사람은 재물과 권세를 이용하여 원에게 손을 써 놓았는지 도무지 이장을 해 주지 않는다는 것이었다.
삿갓은 이 말을 다 듣고는 고소장을 다시 써서 원에게 갖다 주라고 하였다. 고을 원이 이 고소장을 읽어보고는 그 문장에 감탄해마지 않으며 곧바로 이장하도록 조치하였다고 한다.

墓 爭 (묘 쟁)
-묘지 싸움

以士大夫之女 (이사대부지녀)
臥於祖父之間 (와어조부지간)
付之於祖乎 (부지어조호)
付之於父乎 (부지어부호)

남의 집 여인네를
우리 할배 아배사이에 눕혀놨으니,
할배께 붙일까?
아배께 붙일까?

해 의

삿갓이 어느 집에 들러 하룻밤 묵게 되었는데 주인이 한숨을 깊게 쉬며 솟장을 하나 써달라고 하였다. 말인즉 마을 뒷산 산등성을 따라 할아버지와 아버지의 산소가 있는데, 동네 유력자가 자기 딸이 죽자 그 가운데에 묘를 써 버렸다. 그리고는 아무리 이장해 달라고 하였으나 파가지 않는다고 하였다. 이야기를 다 듣고 삿갓은 이 글을 써서 주며 관가에 갖다 바치라고 했다. 고을 사또는 이 기막힌 글을 읽어보고는 곧장 그 사람을 불러 이장 조치를 할 수 밖에 없었다.

墓地訟 (묘지송)

父者母者之間에 長首在라도 父母不安인데
(부자모자지간 장수재 부모불안)
兄者嫂者之間에 長首在라니 兄嫂心裏也라
(형자수자지간 장수재 형수심리야)

아버지 어머니 사이에도 다 큰 자식 들어오면 부모님 마음 불안할 터인데.
형수와 형사이에 대가리 큰 시동생이 들어오면 형수 마음이 어떠하겠는고?

해 의

어느 부잣집에 들렀더니 주인이 근심이 가득하였다.
그 연유를 묻자 사촌 형제들이 '너만 아버지 묘를 잘 써서 그렇게 잘 산다며?'하면서 삼촌 묘를 자기 아버지 묘를 파고 관 위에다 관을 올려 같이 써놓고는 파갈 생각도 않는다는 하소였다. 그래서 삿갓이 이 진정서를 써서 관가에 바치니 사건이 곧 해결될 수가 있었다.

屋 之 (옥 지)

屋之上之登之 (옥지상지등지)
鳥之雛之執之 (조지추지집지)
瓦之落之破之 (와지낙지파지)
師之怒之撻之 (사지노지달지)

지붕에 올라가
새새끼 잡으려다,
기왓장을 떨어뜨려 깨어지니,
훈장님이 화가 나셔서 종아리 치시네.

해 의

삿갓이 어느 서당에 가니 한 학동이 마당에서 울고 있었다.
그래서 그 연유를 물어봤더니
'집(屋)지붕 위(上)에 올라(登)가,
새(鳥) 새끼(雛)를 잡으려다(執),
기왓장(瓦)을 떨어뜨려(落) 깨지는(破) 바람에,
훈장님(師)이 화가(怒) 나서 회초리로 때렸다(撻)'고 했다.
그 상황을 순서 그대로 시로 옮겼다. 이 어찌 기발하지 않은가!

力 拔 山 (역 발 산)

甲童 : 南山北山神靈曰 (남산북산신령왈)
　　　項羽當年難爲山 (항우당년난위산)

乙童 : 左拔右拔投空中 (좌발우발투공중)
　　　平地往往多新山 (평지왕왕다신산)

金笠 : 項羽死後無將士 (항우사후무장사)
　　　誰將拔山投空中 (수장발산투공중)

　갑동 : 남산과 북산의 신령들이 말하기를
　　　　항우 시절엔 산노릇하기 참 어려웠다네.

　을동 : 왼쪽 산 오른쪽 산 마구 뽑아 던져대니,
　　　　평지에는 새로운 산이 왕왕 생겼다네.

　삿갓 : 항우가 죽은 뒤론 장사 없으니,
　　　　그 누가 감히 산을 뽑아서 공중에 던질까.

해 의

　김삿갓이 어느 서당에 들렀는데, 마침 훈장이 '力拔山'이라고 글제를 내어 학동들이 시를 짓고 있었다. 가만히 보니, 보통이 아니었다. 그래서 김삿갓이 대귀를 남겼다고 한다.

輓 詞 · 一 (만 사 · 1)

同知生前雙同知 (동지생전쌍동지)
同知死後獨同知 (동지사후독동지)
同知捉去此同知 (동지착거차동지)
地下願作雙同知 (지하원작쌍동지)

동지여, 그대와 나 살아있을 땐 쌍동지였는데.
동지가 죽은 뒤에 나 홀로 남아 외동지되었네.
동지여, 이동지도 어서 데려가
지하에서도 다시 쌍동지 되기를 원하네.

 해 의

주인이 글을 몰라 이웃의 同知가 죽자 삿갓에게 만사를 부탁하였다. '동지'라는 낱말을 무려 일곱 번이나 중복하여 지음으로서 두 동지간의 절친했던 우정을 나타내고 있다.

예시 보기

여기 삶과 죽음을 노래한 시 한 편을 보자.

傷心最是北邙山 (상심최시북망산)
一去人生不再還 (일거인생부재환)
若謂死生論富貴 (약위사생논부귀)
王侯何在夜臺間 (왕후하재야대간)

—陽德 妓生 小珠의 '挽 人'

그 누가 북망산을 상심하지 않으리오,
인생 한 번 가고나면 두 번 다시는 못 돌아오는 걸.
만약에 죽고삶을 부귀로서 바꾼다면
저승에서 슬피우는 왕후 장상은 다시 없으리라.

輓 詞·二 (만사·2)

歸何處 歸何處 (귀하처 귀하처)
三生瑟 五采衣 (삼생슬 오채의)
都棄了 歸何處 (도기료 귀하처)

有誰知 有誰知 (유수지 유수지)
黑漆漆 長夜中 (흑칠칠 장야중)
獨啾啾 有誰知 (독추추 유수지)

何時來 何時來 (하시래 하시래)
千疊山 萬重水 (천첩산 만중수)
此一去 何時來 (차일거 하시래)

어디로 갔나요, 어디로 갔나요,
예쁜 아내 귀여운 자식
모두 버리고 어디로 갔나요.

그 누가 알리요, 그 누가 알리요,
어둡고 캄캄한 긴긴밤에
흐느껴우는 슬픈 이마음 그 누가 알리오.

언제쯤 오나요, 언제쯤 오나요,
첩첩산 만 리 물을 넘고 건너서
한 번 가신 길 언제쯤 오나요.

　＊ 瑟(슬) : 큰 거문고 '슬'. 여기서는 '琴瑟之樂'의 준말.
　＊ 三生瑟 : 사랑하는 처. ＊ 五采衣 : 자녀. ＊ 啾啾 : 소리 '추'. 흐느껴 울다.

求鷹判題 (구 응판제)
– 매를 잃은 태수에게

得於靑山 失於靑山 (득어청산 실어청산)
問於靑山 靑山不答 (문어청산 청산부답)
靑山卽刻捉來 (청산즉각착래)

청산에 얻어서 청산에서 잃었으니,
청산에게 물어보고, 그청산이 대답 않거든
청산을 잡아 즉각 대령하라.

해 의

삿갓이 강원도 어느 지방을 지나노라니 사람들이 모두 나와서 야산을 수색하고 있었다. 그 연유를 물어보니 고을 원님이 아끼던 매를 잃어버려서 관원들에게 매를 찾아오라는 영에 따라 산천을 수색하고 있노라고 했다. 이 말을 듣고 삿갓이 이글을 적어 사또에게 바치라한즉, 이것을 본 태수도 가만히 생각해보니 삿갓의 시가 기가 막혀 매를 찾는 것을 포기했다는 이야기이다.

예시 보기

《어수신화》에 실려 있는 17자시.
가뭄이 몹시 심하던 어느 해. 원님이 단을 쌓아 놓고 기우제를 지내는데, 그곳이 기생집 근처였다. 말이 기우제이지, 원님은 잿밥에 더 마음이 있었던 것이다. 한 선비가 그 꼴을 보고 17자로 시를 지었다.

太守親祈雨　원님이 몸소 친히 비를 비는데
精誠貫人骨　그 정성이야 골수에 사무쳐.
夜半推窓看　한 밤중 창을 열고 하늘을 보니
明月　　　　맑고도 밝은 달.

정성을 다해 드려도 시원찮을 기우제를 온통 잿밥에 마음이 쏠려 지냈으니, 기우제에 대한 하늘의 응답은 明月이었다. 원님이 이를 듣고 대노하였다. 곤장을 실컷 맞고 나온 선비가 또 가만있지 못하고 시를 지었다.

作詩十七字　글자로 열일곱 자 시를 지어
受笞二十八　곤장으로 스물여덟 대 두들겨 맞았네.
若作萬言疏　만약에 만 마디 소 지었더라면
必殺　　　　꼭 죽었을 거야.

원님은 한층 격노하여 그를 귀양 보내던 날, 그 외삼촌이 술과 안주를 차려 와 전송을 해 주었다. 그 정성이 고마워 선비는 다시 붓을 들고 열일곱 자 시를 지었다.

斜陽楓岸路　저물녘 단풍 물든 언덕길에서
舅氏送我情　날 전송하는 외삼촌 마음.
相垂離別淚　서로 떨구는 이별 눈물,
三行　　　　세 줄.

선비의 외삼촌이 애꾸눈이라 두 사람 합쳐도 세 줄기 눈물이었던 것이다.

爭鷄岩 (쟁계암)

雙岩並起疑紛爭 (쌍암병기의분쟁)
一水中流解忿心 (일수중류해분심)

한 쌍의 두 바위가 서로 다투듯 마주 서있는데.
물길이 가운데로 흘러내리며 분한 맘 달래네.

해 의

전라남도 강진군 군동면 '보은사' 근처에 '쟁계암'이라는 두 바위가 개울가에 싸움닭처럼 마주 보고 서있는데, 그사이로 한줄기 물이 흐르고있었다. 그고장 사람들이 김삿갓에게 이제 두 바위가 서로 싸우지않도록 글을 지어달라고 부탁하자, 가운데로 흐르는 물이 두 바위의 분한 마음을 씻어줄 것이라고 이시를 지었다.

예시 보기

白頭山石 磨刀盡   백두산 바윗돌은 칼을 갈아 다 없애고
豆滿江水 飮馬無   두만강물은 말 먹여 없애리.
男兒二十 未平國   사나이 이십 세에 나라 편케 하지 못하면
後世誰稱 大丈夫   나중에 누가 대장부라 하랴.

-南 怡의 '北征歌'

---

* 남 이(南 怡, 1441~1463) : 의령(宜寧) 남씨로 17살에 무과에 급제하여 임금이 시키는 전투지에 나가기만 하면 승리 했다. 그리하여 26살의 병조 판서에 올랐지만 당대 간신 유자광이 시(詩)의 한 글자 '평(平)'자를 '득(得)'자로 바꿔 쓰고는 역적으로 몰아 죽임을 당했다.

自 傷 (자 상)
－스스로 아픔

哭子靑山又葬妻 (곡자청산우장처)
風酸日落轉凄凄 (풍산일락전처처)
忽然歸家如僧舍 (홀연귀가여승사)
獨擁寒衾坐達鷄 (독옹한금좌달계)

자식을 산에 묻고 또 처까지 장사지냈네,
부는 바람에 해가 저무니, 더욱더 쓸쓸해.
집으로 돌아오니, 집안팎은 절간만 같고
찬이불 안고 닭울 때까지 홀로앉아 있네.

---

* 酸 : 슬플 '산'. 아플 '산'.
* 擁 : 안을 '옹'.
* 僧舍 : 절간.

 예시 보기 1

一自冤禽出帝宮 (일자원금출제궁)
孤身隻影碧山中 (고신척영벽산중)
假眠夜夜眠無假 (가면야야면무가)
窮恨年年恨不窮 (궁한년년한불궁)
聲斷曉岑殘月白 (성단효잠잔월백)
血流春谷落花紅 (혈류춘곡낙화홍)
天聾尙未聞哀訴 (천롱상미문애소)
何乃愁人耳獨聽 (하내수인이독청)

원통한 새 한 마리 궁중을 나와
외로운 몸의 외짝 그림자 산중을 헤매네.

밤마다 청해 봐도 잠 못 이루고
해마다 한을 다하려 해도 한은 끝이 없네.
소쩍새 소리도 끊긴 새벽 묏부리엔 달빛만 희고
피 뿌린 듯한 봄 골짜기에 지는 꽃만 붉네.
하늘은 귀머거리, 슬픈 하소연 듣지 못하는데.
어찌해 수심 많은 내 귀만 홀로 그 소리 듣는가.

-端 宗의 '子規樓詩'

* 端 宗(1441~1457) : 조선의 제6대 왕(재위 1452~1455). 문종이 일찍 세상을 떠나자 12세 때 왕위에 올랐으나, 숙부인 수양 대군(세조)에게 왕위를 빼앗겼다. 사육신이 단종을 다시 왕위에 앉히려다 실패하자 강원도 영월로 귀양가게 되었다. 금성 대군이 다시 단종을 모시려다 잡혀 죽자, 단종은 사약을 받았다.

 예시 보기 2

강원도 영월 땅에는 육지속의 절해고도 청령포가 있다.
바로 17세 단종 임금이 폐위되고 노산군으로 봉해져서 유배를 와 거처하던 곳이다.

청령포 여울소리 홀로 목멜 때
놀젖는 노산대.

두 맘이 한 몸인듯 그린 오백년,
소쫑소쫑 밤새.

관음송 그러안고 뿌린 눈물은,
단종 임금 눈물.

솔모정 하늘 멀리 도는 구름은
정순 왕비 한숨.

-金進中 民調詩 '청령포' 〈2013. 10. 13. 제16회 김삿갓문화제〉

見乞人屍 (견 걸인시)
– 걸인의 시체를 보고

不知汝性不識名 (부지여성불식명)
何處靑山子故鄕 (하처청산자고향)
蠅侵腐肉喧朝日 (승침부육훤조일)
烏喚孤魂弔夕陽 (오환고혼조석양)

一尺短筇身後物 (일척단공신후물)
數升殘米乞時糧 (수승잔미걸시량)
寄語前村諸子輩 (기어전촌제자배)
携來一簣掩風霜 (휴래일궤엄풍상)

네 성도 이름도 내 모르니,
고향 산천이 어디인지도 내 알 수 없구나.
아침엔 파리떼가 썩은 몸에 달라붙고
저녁이면 까마귀떼가 울며 문상하네.

한 자쯤 지팡이가 그가 남긴 유품이요,
두어 되쯤 남겨진 쌀이 빌은 양식이라.
앞마을 사람들아, 이내 말 좀 들어보소
흙 한 삼태기 퍼날라다가 비바람이나 가려주시구려.

* 子 : 아들 '자'. '너' 라는 2인칭 대명사. 汝·若·君·爾도 같은 뜻이다.
* 蠅 : 파리 '승'.
* 喧 : 의젓할 '훤'. 여기서는 '시끄러운', '떠들썩한'의 뜻으로 쓰임.
* 升 : 되 '승'.
* 簣 : 삼태기 '궤'.

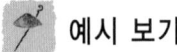 **예시 보기**

季冬江漢氷始壯 (계동강한빙시장)
千人萬人出江上 (천인만인출강상)
丁丁斧斤亂相鑿 (정정부근난상착)
隱隱下侵馮夷國 (은은하침풍이국)

늦겨울 한강에 얼음이 꽁꽁 어니
사람들 모두 우글거리며 강가로 나왔네.
꽝꽝꽝 도끼로 얼음을 찍어 내니
그 소리가 용궁까지도 울려퍼지겠네.

(중략)

滿堂歡樂不知暑 (만당환락부지서)
誰言鑿氷此勞苦 (수언착빙차노고)
君不見　　　　(군불견)
道傍暍死民　　 (도방갈사민)
多是江中鑿氷人 (다시강중착빙인)

양반들 왁자지껄 무더위를 모르고 사니
얼음장 뜨던 그 고생이야 누가 알아주랴.
그대는 못 보았나?
더위 먹고 길가에 죽어 뒹구는 백성,
지난 겨울에 강 가운데서 얼음 뜨던 이들.

- 金昌協의 '착빙행(鑿氷行)'

---

* 金昌協(1651~1708) : 조선 후기의 문신, 학자.
　그당시 여름에 쓸 어름을 겨울에 한강에서 떠서 동빙고(東氷庫, 지금의 서울 성동구 옥수동-豆毛浦)에 저장했던 얼음은 종묘제례 같은 나라의 제사에 쓰였고, 서빙고(西氷庫, 현재의 용산구 서빙고동 파출소 근처)에 저장해 두었던 얼음은 궁궐에서 쓰고 신하들에게도 나누어 주었다.

多 睡 婦 (다 수 부)
– 잠꾸러기 여인

西隣愚婦睡方濃 (서린우부수방농)
不識蠶工況也農 (불식잠공황야농)
機閑尺布三朝織 (기한척포삼조직)
杵倦升糧半日舂 (저권승량반일용)

弟衣秋盡獨稱搗 (제의추진독칭도)
姑襪冬過每語縫 (고말동과매어봉)
蓬髮垢面形如鬼 (봉발구면형여귀)
偕老家中却恨逢 (해로가중각한봉)

이웃집 어리석은 고 아낙네는 낮잠도 잘 자네.
누에도 못 치는데, 농사일인들 어떻게 하리요.
베틀은 늘 한가해 베 한 자에 사흘 걸리고
돌절구질도 늘 게을러서 반나절 동안 피 한 되쯤 찧네.

시동생 옷가지야 갈 지나도록 말로 다듬질,
시어미 버선 겨울가도록 입으로만 깁네.
산발한 머리칼에 때낀 얼굴이 귀신 형용이라.
같은 집 온식구들 잘못 만났다, 한탄하고 있네.

---

* 睡 : 졸 '수'. 여기서는 잠잘 '수'. * 杵 : 공이 '저'. 방망이 '저'.
* 倦 : 게으를 '권'. * 升糧 : 한 되 되는 양식.
* 舂 : 방아 찧을 '용'.
* 姑襪 : 시어미 '고'. 버선 '말'. 시어머니 버선.
* 却 : 물리칠 '각'. 여기서는 '도리어', '오히려'로 쓰임.

婦 惰 (부 타)
－아낙네 게으름

事積如山意自寬 (사적여산의자관)
閨中日月過無關 (규중일월과무관)
曉困常云冬夜短 (효곤상운동야단)
衣薄還道夏風寒 (의박환도하풍한)

織將至暮難盈尺 (직장지모난영척)
食每過朝始洗盤 (식매과조시세반)
時時逢被家君怒 (시시봉피가군노)
漫打啼兒語萬端 (만타제아어만단)

할 일이 산더미로 쌓여있어도 마음은 느긋해.
집안에 세월이야, 제 가든말든 상관도 없다네.
새벽에 늦잠자곤 겨울밤이 짧다하고
옷을 엷게 입고서는 여름바람이 차다고만 하네.

온종일 베를 짜도 저물녘까지 한 자를 못 짜고.
아침이 되어서야, 어제 먹었던 밥상을 치우네.
때때로 남편한테 꾸지람을 듣게 되면
우는 아이 꼬집어가며 넋두리만 하네.

---

* 寬 : 너그러울 '관'.
* 曉 : 새벽 '효'. 동틀 무렵.
* 洗盤 : 씻을 '세'. 소반 '반'. 설거지.
* 逢被 : 꾸지람 듣다.
* 語萬端 : 온갖 푸념을 하다. 넋두리를 하다.

懶 婦 (나 부)

無病無憂洗浴稀 (무병무우세욕희)
十年猶着嫁時衣 (십년유착가시의)
乳連裸兒謀午睡 (유련보아모오수)
手拾裾虱愛簷暉 (수습거슬애첨휘)

動身便碎廚中器 (동신변쇄주중기)
搔首愁看壁上幾 (소수수간벽상기)
忽聞隣家神賽慰 (홀문인가신새위)
柴門半掩走如飛 (시문반엄주여비)

잔병도 근심도 없는데, 세탁과 목욕이 드물어서
10년 동안을 시집올 때의 진솔 옷만 입네.
아이에 젖물리고 잠재운다며 낮잠을 즐기고.
속옷을 더듬으며 이잡으려고 처마밑에서 햇볕을 쪼이네.

운신만 했다하면 부엌에서는 그릇만 깨지고.
머릿채 긁적이며 근심어린 냥 베틀만 쳐다봐.
별안간 이웃에서 굿벌린다는 소문만 들으면.
사립문 닫도 않고 날아가듯이 잘도 달려가네.

---

* 懶婦 : 게으를 '나'. 며느리 '부'.
* 謀午睡 : 낮잠을 꾀하다.
* 手拾裾虱 : 손으로 옷뒷자락을 더듬어 이를 잡다.
* 愛簷暉 : 처마밑에서 햇볕 쬐기를 좋아한다.
* 神賽 : 굿·푸닥거리 등 귀신을 위로하는 일.

惰 婦 (타 부)

惰婦夜摘葉 (타부야적엽)
纔成粥一器 (재성죽일기)
廚間暗食聲 (주간암식성)
山鳥善形容 (산조선형용)

게으른 아낙네가 밤에 일어나 나물을 뜯어
죽 한 그릇을 겨우 쑤었다네.
남몰래 부엌에서 죽먹는 소리
후루룩 후룩 마치 산새가 날아가는 소리.

* 惰婦 : 게으를 '타'. 며느리 '부'.
* 摘 : 딸 '적'.
* 纔 : 겨우 '재'.
* 廚間 : 廚房. 부엌.

 예시 보기

　　婦坐搯兒頭 (부좌도아두)　애 머리 이 잡나, 댓돌 위 아낙네,
　　翁傴掃牛圈 (옹구소우권)　구부리고 쇠똥 치는 중늙은이,
　　庭堆田螺殼 (정퇴전라각)　마당에는 잔뜩 쌓인 우렁이 껍질,
　　廚遺野蒜本 (주유야산본)　정지칸에는 흩어진 마늘대.
　　　　　　　　　　　　　　　　　－李用休의 '전가(田家)'

* 이용휴(李用休, 1708~1782) : 조선 후기의 문인. 본관 여주(驪州), 자는 경명(景命), 호는 혜환재(惠寰齋). 남인 실학자 이익의 조카, 이가환의 아버지.

盡日垂頭客 (진일 수두객)
－종일 고개 숙이는 나그네

唐鞋宋襪數斤綿 (당혜송말수근면)
踏盡淸霜赴暮煙 (답진청상부모연)
淺綠周衣長曳地 (천록주의장예지)
眞紅唐扇半遮天 (진홍당선반차천)

讒讀一卷能言律 (참독일권능언율)
財盡千金尙用錢 (재진천금상용전)
朱門盡日垂頭客 (주문진일수두객)
若對鄕人意氣全 (약대향인의기전)

두툼한 솜바지에 가죽신 신고
서리밟으며 집을 나서면 저녁에야 오네.
연두색 두루마기 자락은 길어 땅에 끌리고
진홍부채는 반만 펼쳐도 하늘 가리겠네.

한 권의 책만 읽고 율을 따지고
많은 재물을 탕진하고도 돈쓸 곳 또 찾네.
큰대문 찾아가서 하루종일 굽실거리다,
고향사람만 만나게 되면 큰소리만 뻥뻥.

---

* 唐鞋 : 당초문을 새긴 가죽신의 일종.
* 赴 : 달릴 '부'.
* 周衣 : 두루마기.
* 曳 : 끌 '예'.
* 唐扇 : 당나라 부채. 중국에서 나는 부채.

* 讒 : 참소할 '참'. 여기서는 잘 모르면서도~ 큰소리친다는 뜻
* 朱門 : 붉은 칠을 한 높은 관리의 집. 현대어로 큰대문집으로 표현.
* 垂 : 드리울 '수'. 아랫사람이 높은 이에게 간청이나 경의를 나타낼 때 씀.

해 의

인간 사회에서는 고금을 막론하고 그저 입신출세를 위해 권력에 줄대기를 하려는가 보다.

삿갓이 어느 청루에 올라갔을 때 그곳에 모여 있는 자들이 그저 제 가문 자랑에 열을 올리고 있었다. 예나 지금이나 정치판 언저리에는 호가호위(狐假虎威)하듯이 누구누구를 잘 압네, 누구랑 친하고, 또 누구랑 가깝네 하며 떠들어대지만, 하루종일 여기저기 힘있는 자를 찾아다니며 비굴하게 고개 숙이다가 막상 제보다 약하거나 힘없는 사람을 만나면 그저 큰소리 뻥뻥 치는 인간부류들. 그들의 허세를 삿갓시인이 예리하게 꼬집은 시이다.

'김립시집'(허경진 옮김)에서는 崇襪 · 淸霜 · 詩讀으로, '김삿갓 시집'(이명우 엮음)에는 宋襪 · 淸雲 · 讒讀으로, '길위의 시'(양동혁 편역)에는 宋襪 · 淸霜 · 詩讀 으로, '김삿갓 시모음집'(권영한 역)엔 崇襪 · 淸霜 · 詩讀으로 되어 있다.

淮陽過次 (회양 과차)
-회양을 지나다가

山中處子大如孃 (산중처자대여양)	산중의 처녀가 어른만큼 자랐는데
緩着粉紅短布裳 (완착분홍단포상)	짧은 분홍 베치마를 느슨하게 입었구나,
赤脚踉蹌羞過客 (적각량창수과객)	나그네에 맨다리를 보여주기 부끄러워
松籬深院弄花香 (송리심원농화향)	솔갑울타리 뒤로돌아가 꽃향기만 맡네.

---

* 大如孃 : 다큰 여인같다.   * 緩着 : 느슨하게 입다.
* 赤脚 : 붉은 다리. 여기서는 맨다리를 뜻함.
* 踉蹌 : 걸음걸이가 비틀거리며 흔들림.
* 羞 : 바칠 '수'. 여기서는 부끄러워하다는 뜻. 羞恥心.
* 松籬 : 소나무 울타리.   * 弄花香 : 꽃향기를 즐긴다.

 예시 보기

十五越溪女 (십오월계녀)	십오 세 아리따운 아가씨가
羞人無語別 (수인무어별)	부끄러워 말도 못하고 님과 헤어졌네.
歸來掩重門 (귀래엄중문)	돌아와 대문빗장 닫아걸고
泣向梨花月 (읍향이화월)	배나무끝 걸린 달 보며 홀로 눈물짓네.

-白湖 林悌의 '閨怨'

---

* 백호 임 제(白湖 林悌, 1549~1587)는 선조 때 나주 인물로 시인이요 소설가로써 이조정랑, 북평사, 예조정랑을 지냈다. 명월 황진이(명종때 송도기생)를 극진히 사랑하였다는 이야기가 후세의 전해 온다.

佝僂 (구루)
－곱사등이

人皆平直爾何然 (인개평직이하연)
項在胸中膝在肩 (항재흉중슬재견)
回首不能看白日 (회수불능간백일)
側身僅可見靑天 (측신근가견청천)

臥如心字無三點 (와여심자무삼점)
立似弓形失一絃 (입사궁형실일현)
痛哭千秋歸去路 (통곡천추귀거로)
也應棺槨用團圓 (야응관곽용단원)

뭇사람 한결같이 꼿꼿한데도 너는 어째 그래?
가슴에 목이 붙고 두 무르팍은 어깨에 붙었네.
머리를 돌려봐도 한낮 태양을 볼 수가 없어서.
온몸을 비스듬히 기울여야만 겨우 하늘을 볼 수 있겠구나.

누우면 석 점 빠진 마음 '心'자요
일어서면은 줄 풀어버린 횐활대같구나.
천추에 통곡할사 죽어 청산에 돌아갈 때에도.
관까지 둥그렇게 만들어야만 될 일이 아닌가!

---

* 佝 : 꼽추 '구', 어리석다. 약하다.
* 爾何然 : 넌 어째 그래? 너는 어찌 그런가? 너는 어찌하여 그 모양인가?
* 膝在肩 : 무릎이 어깨까지 올라가 붙어있는 듯한 모양.
* 마음 '心'자와 활 '弓'자에 견주어 외형적 특징과 죽어서도 둥근관을 짜야할 것 같은 천형의 곱사등이의 삶과 서러움을 재치있게 잘 표현했다.

喪配自輓 (상배 자만)

遇何晚也別何催 (우하만야별하최)
未卜其欣只卜哀 (미복기흔지복애)
祭酒惟餘醮日釀 (제주유여초일양)
襲衣仍用嫁時裁 (습의잉용가시재)

窓前舊種小桃發 (창전구종소도발)
簾外新巢雙燕來 (염외신소쌍연래)
賢否卽從妻母問 (현부즉종처모문)
其言吾女德兼才 (기언오녀덕겸재)

만남은 어이 늦고 이별은 어찌 그리 빠른가,
그 기쁨 누리기 전 이별의 슬픔 맞이하는구나.
제주는 초례혼 때 남은 술이요,
하얀 수의도 그대 혼인 때 입었던 옷이라.

창앞에 복숭아꽃 만발하였고
발너머 지은 제비집에는 청제비 한 쌍 날아드는구나.
그대가 어떠한지 장모에게 물었더니,
죽은 내 딸은 재주와 덕을 겸비했다 하네.

老客何 (노객하)

春去無如老客何 (춘거무여노객하)
出門時小閉門多 (출문시소폐문다)
杜鵑空有繁華戀 (두견공유번화련)
啼在靑山未落花 (제재청산미락화)

봄날은 가는데, 노인네 분 어떠하신지,
나들이 줄고 방에만 계시네.
두견은 한가롭게 뭣이 그리워 울고만 있나,
네 우는 소리 채 못핀 꽃들 다 떨어지겠네.

 예시 보기

欲作家書說苦辛 (욕작가서설고신)
恐敎愁殺白頭親 (공교수살백두친)
陰山積雪深千丈 (음산적설심천장)
却報今冬暖似春 (각보금동난사춘)

—李安訥의 '寄家書'

편지에 고생이라 말하려 해도
늙은 어버이 걱정하실라 주저할 수밖에.
산비탈 쌓인 눈이 천 길인데도
올해 겨울은 봄날씨라 쓰네.

---

* 李安訥(1571~1637) : 조선 중기 문신. 본관은 덕수(德水). 자는 자민(子敏), 호는 동악(東岳).

陳情書 (진정서)

陳情書 1
烏飛於二月	(오비어이월)	2월에 까마귀가 날아갔는데
梨落於九月	(이락어구월)	9월에 배가 떨어졌다하니.
烏飛罪耶	(오비죄야)	날까마귀 죄냐?
病之故耶	(병지고야)	병들은 탓이냐?

陳情書 2
以杖打帳	(이장타장)	장막을 지팡이로 내리치니
帳不折破器	(장부절파기)	포장이야 멀쩡하지만 속 그릇은 깨져.
以刀割水	(이도할수)	칼로서 물길을 베었는데
水不痕魚死	(수불흔어사)	물에 상처 하나 없어도 물고기는 죽어.

 해 의

진정서 1
삿갓이 어느 마을의 부잣집에 하루 묵으려고 찾아들었더니 하루 50여 명씩이나 되었다던 식객들이 모두 떠나가고 없었다. 수심이 가득한 주인 말이 외아들이 지난 2월에 동네 아이와 싸웠는데 그 아이가 9월에 죽는 바람에 살인죄로 구속되어 며칠 후 사형을 당하게 되었다는 것이었다. 그래서 삿갓이 이 '자연사'라는 뜻으로 진정서를 관가에다 넣어 무죄로 풀려나게 되었다.
그러자 집주인은 자기 아들이 죄가 없어 풀려난 것이라며 삿갓을 그냥 내쫓아 버렸다.

진정서 2
쫓겨난 삿갓은 할 수없이 다른 집에 찾아가서 노파에게 보리밥을 얻어

먹고 있는데 그 젊은 며느리가 쫓아와 하소연하기를 '에고 우리 아들은 맞아죽었는데 저 부잣집네는 뒷줄이 좋아서 사람 죽이고도 멀쩡하게 나오니 에고 억울해라 억울해'하면서 장판거리를 하는 게 아닌가. 이에 가만히 들어보니 바로 그 피해자 집안이라, '맞아 죽었다'는 뜻으로 다시 진정서를 써서 관가에 바치게 하니 그 부잣집 아들은 구속되고 말았다. 과연 한 줄의 시가 사람을 죽일 수도 살릴 수도 있음을 알 수 있다.

 예문 보기

어느날 집에 호랑이가 들어와서 장인을 물어가는 사건이 터졌다. 사위가 마을 사람들을 향해 큰 소리로 외쳤다.

> '원산호 근산입(遠山虎 近山入)하여 오지빙장 졸지착거(吾之聘丈 猝地捉去)하니
> 유궁자 집궁이출(有弓者 執弓以出)하고, 유창자 지창이래(有槍者 持槍以來)하고
> 무궁무창자 집봉지장이래(無弓無槍者 執棒持杖以來)하라!'

라고 했다.
이 말은

> '먼산 호랑이가 근처 산에 숨어들었다가 나의 장인을 갑자기 물고 가니
> 활 있는 사람은 활을 가지고 나오고, 창 있는 사람은 창을 가지고 나오고
> 활도 창도 없는 사람은 몽둥이나 지팡이라도 들고 나오라'

는 말이다.
그러나 동네사람들은 아무도 오지 않아 장인은 끝내 호환(虎患)을 당하고 말았다.
'동네 사람들! 호랑이가 우리 장인 물고 가니 좀 도와주소!' 하고 소리쳤더라면. 쯧쯧쯧.

-'識字憂患-아는 게 병'

제8부 金剛山詩 (금강산 시)

夜歸僧 問答 (야귀승 문답)
入 金 剛 (입 금 강)
看金剛山 (간 금강산)
金 剛 山·一 (금강산·1)
金 剛 山·二 (금강산·2)
金 剛 山·三 (금강산·3)
金 剛 山·四 (금강산·4)
金 剛 山·五 (금강산·5)
金 剛 山·六 (금강산·6)
金 剛 山·七 (금강산·7)
金 剛 山·八 (금강산·8)
金 剛 山·十 (금강산·10)
金 剛 景 (금 강 경)
答僧金剛山詩 (답승 금강산 시)
夏雲多奇峰 (하운 다기봉)
登文星岩 (등 문성암)
開 殘 嶺 (개 잔 령)
僧俗問答 (승속 문답)
金剛山立石峰下庵子詩僧共吟 (금강산 입석봉 하암자 시승·공음)

夜歸僧 問答 (야귀승 문답)

笠 : 聞汝少僧何來處 (문여소승하래처)
僧 : 少僧金剛來 (소승금강래)

여보슈 젊은 스님 어디에서 오시는지
예 소승은 금강산에서 오는 길입니다.

 예시 보기

    松下問童子 (송하문동자)
    言師採藥去 (언사채약거)
    只在此山中 (지재차산중)
    雲深不知處 (운심부지처)

                        -賈 島의 '深隱者不遇'

    소나무 아래에서 아이에게 물어보니
    스승은 지금 약캐러 갔다네.
    이 산중 어디엔가 계시겠지만
    구름이 짙어 알 수가 없다네.

---

* 賈島(779~843) : '퇴고(推敲)'라는 말의 유래가 된 중국 중당(中唐) 때 시인. 자 낭선(浪仙). 범양(范陽 : 지금의 허베이 성[河北省] 쥐 현[逐縣]) 사람. 출가 법명 무본(無本). 한유(韓愈)에게 시재(詩才)를 인정받아 탈속 후 과거에 여러 번 응시. 쓰촨 성[四川省] 창장 현[長江縣]의 주부(主簿)에서 쓰촨 성 푸저우[普州]의 사창참군(司倉參軍)에 그침.
한유 문하의 맹교(孟郊)와 함께 '교한도수'(郊寒島瘦 : 송의 蘇東坡가 한 말)라 일컬어짐. 시집〈가랑선장강집 賈浪仙長江集〉(10권)이 있음.

入金剛 (입금강)
－금강산에 들다

書爲白髮劍斜陽 (서위백발검사양)
天地無窮一恨長 (천지무궁일한장)
痛飮長安紅十斗 (통음장안홍십두)
秋風簑笠入金剛 (추풍사립입금강)

글읽다 백발되고, 칼배우다가 황혼이 되었네.
천지는 무궁하고, 인간의 한은 길기만 하구나.
장안의 잘 익은 술 열 말 정도 퍼마시고
가을바람에 삿갓 걸치고 금강으로 드네.

---

* 痛飮 : 술을 아주 많이 마심.
* 長安 : 소도 서울을 뜻하나 여기서는 세속을 말함.
* 簑笠 : 도롱이와 삿갓. 도롱이는 비가 올 때 등에 걸친다.

금강산을 봄에는 금강산, 여름엔 봉래산(蓬萊山), 가을엔 풍악산(楓嶽山), 겨울엔 개골산(皆骨山)이라고 부름.

 예시 보기

　　百里無人響　백 리에 사람 소리 들리지 않고
　　山深但鳥啼　산이 깊으니 새소리뿐이네.
　　逢僧問前路　스님께 가야할 길 물어봤으나
　　僧去路還迷　스님 가신 후 또다시 길을 잃어버렸다네.
　　　　　　　　　　　　－姜栢年의 '金剛途中'

---

* 姜栢年 : 朝鮮 中期의 文臣

看金剛山 (간 금강산)
-春 興 (춘 흥)

一步二步三步立 (일보이보삼보립)
山靑石白間間花 (산청석백간간화)
若使畵工模此景 (약사화공모차경)
其於林下鳥聲何 (기어임하조성하)

한 걸음 두 걸음 세 걸음을 걷다서니
산은 푸르고 돌빛은 흰데, 사이사이엔 꽃들이로구나.
만약에 화가에게 이경치를 그리게 하면
숲에서 우는 저새소리는 어찌하려는가.

 예시 보기

春雨細不滴 (춘우세부적)　보슬비 가는 방울 맺지 못하다
夜中微有聲 (야중미유성)　밤엔 나직히 빗소리 들리네.
雪盡南溪漲 (설진남계창)　눈 녹아 앞개울이 남실거리니
草芽多小生 (초아다소생)　새풀싹 다소 돋아나겠구나.

　　　　　　　　　　　-鄭夢周의 '春 興'

---

* 정몽주(鄭夢周, 1337~1392) : 고려 말기의 문신. 자는 달가(達可), 호는 포은(圃隱), 시호 문충(文忠). 1392년 조준, 정도전 등이 이성계를 왕으로 추대하려 하자, 이를 반대하고 끝까지 고려 왕조에 충성을 바치다가 선죽교에서 이성계의 아들 이방원의 부하에게 죽임을 당하였다. 의창(義倉)을 세워 가난한 사람을 구제하고 유학을 보급하였으며, 성리학에 뛰어났다. 저서에 《포은집(圃隱集)》이 있고, 시조로 〈단심가(丹心歌)〉가 전한다.

金剛山·一 (금강산·1)

萬二千峰歷歷遊 (만이천봉역력유)
春風獨上衆樓隅 (춘풍독상중루우)
照臨日月圓如鏡 (조림일월원여경)
覆載乾坤小似舟 (복재건곤소사주)

東壓大洋三島近 (동압대양삼도근)
北撑高沃六鰲浮 (북탱고옥육오부)
不知無極何年闢 (부지무극하년벽)
太古山形白老頭 (태고산형백로두)

만 2천 봉우리를 차례대로 유람하다,
봄바람에 여러 누각에 나 홀로 올랐네.
둥그런 거울처럼 해와 달이 비춰주니,
아득히 먼 하늘과 땅이 작은 배같구나.

동쪽을 굽어보니, 넓은 바다엔 세 섬이 가깝고.
북쪽엔 높고 살찐 여섯 자라가 떠있는 듯하네.
어느때 이 천지가 생겨났는지 알 수야 없지만.
태고산 산머리가 백발이 된 양 흰눈이 쌓였네.

* 歷歷遊 : 차례차례 유람하다. * 衆樓隅 : 많은 여러 누각의 모퉁이.
* 乾坤 : 하늘 '乾'. 땅 '坤'. * 小似舟 : 작은 배와 같다.
* 壓 : 누를 '압'. 누르다. 굽어보다. * 撑 : 버팀목 '탱'. 버티다.
* 鰲 : 자라 '오'.
* 闢 : 열 '벽'. 천지개벽을 뜻함.

金 剛 山·二 (금 강 산·2)

泰山在後天無北 (태산재후천무북)
大海當前地盡東 (대해당전지진동)
橋下東西南北路 (교하동서남북로)
杖頭一萬二千峰 (장두일만이천봉)

큰산이 뒤에 있어 북쪽하늘이 잘 보이지않고.
큰바다 앞에 있어 동쪽땅끝이 다 하고 말았네.
다리밑에는 4통 8달의 길이 나있고
지팡이위엔 1만 2천 봉, 바로 금강일세.

 예시 보기

　　一萬二千峯 (일만이천봉)
　　高低自不同 (고저자부동)
　　君看日輪出 (군간일륜출)
　　高處最先紅 (고처최선홍)

-成石璘의 '送僧之楓岳'

　　금강산 만 이천 봉,
　　높고 낮음이 진실로 다르네.
　　그대 보게나, 해 돋을 때면
　　가장 높은 곳, 가장 먼저 붉네.

---

* 성석린(成石璘, 1338~1423) : 려말 선초의 문신.

金 剛 山 · 三 (금강산·3)

長夏居然近素秋 (장하거연근소추)
脫巾抛韈步寺樓 (탈건포멸보사루)
破聲通野巡墻滴 (파성통야순장적)
霞色和烟繞屋浮 (하색화연요옥부)

酒到空壺生肺喝 (주도공호생폐갈)
詩猶餘債相眉愁 (시유여채상미수)
與君分手芭蕉雨 (여군분수파초우)
應相歸家一夢幽 (응상귀가일몽유)

긴여름 나도 몰래 꼬리감추고 가을이 왔거니.
망건도 버선도 벗어놓고 절집 누각을 맨발로 거니네.
물소리 들을 거쳐 담장을 끼고 감돌아 흐르고.
놀빛은 연기처럼 집을 감싸고 비껴 떠있구나.

술병을 다 기우려 텅 비었으니, 생목이 오르고.
시짓기 자꾸 졸라 양 이맛살만 찌푸리는구나.
잡은 손 서로 놓고 헤어지자니, 파초에 비 내려.
마땅히 우리 서로 돌아가서도 그윽히 꿈꾸리.

---

* 居然 : 슬며시. 슬그머니. 모르는 사이에. * 素秋 : 가을. 素節도 같은 뜻.
* 脫巾 : 망건을 벗다. * 抛韈 : 버선을 벗어던지다.
* 破聲 : 개울물 소리.
* 繞屋浮 : 집을 감싸고 떠 있다.
* 分手 : 이별. 작별. 헤어지다.

金 剛 山 · 四 (금 강 산 · 4)

江湖浪跡又逢秋 (강호낭적우봉추)
約伴詩朋會寺樓 (약반시붕회사루)
小洞人來流水暗 (소동인래유수암)
古龕僧去白雲浮 (고감승거백운부)

薄遊小答三生願 (박유소답삼생원)
豪飮能消萬種愁 (호음능소만종수)
擬把淸懷靑柿葉 (의파청회청시엽)
臥聽西園雨聲幽 (와청서원우성유)

강호를 방랑하던 이몸이 다시 가을을 맞이해.
시짓는 글벗들과 산사 누각에 모두 모였다네.
조그만 골짜기에 사람이 몰려 물그림자 깊고.
옛절로 탁발승이 돌아가는데 흰구름 오르네.

골고루 다니고픈 삼생의 소원 조금은 풀었고.
맛난 술 많이 마셔 만 가지 수심 조금 사라졌네.
그윽한 이회포를 감나무잎에 한 수로 써놓고.
취중에 누워듣는 서원 빗소리 더욱 그윽하네.

---

* 江湖 : 강과 호수. 넓은 세상. 선비가 숨어 사는 세상.
* 浪跡 : 유랑한 흔적. 떠돌아다닌 자취.
* 龕 : 감실 '감'. 여기서는 절(寺)을 가리킴.
* 三生 : 前生 · 現生 · 後生을 말함.
* 幽 : 그윽할 '유'.

金剛山·五 (금강산·5)

願生高麗國 (원생고려국)
一見金剛山 (일견금강산)
我向靑山去 (아향청산거)
綠水爾來何 (녹수이래하)

원컨데 고려국에 태어나서
금강산이나 한 번 보았으면.
난 지금 청산을 찾아드는데
녹수야 너는 어째서 오느냐.

---

* 원래 蘇 息의 작품으로 알려져있음.

 예시 보기

　　臨溪茅屋獨閒居 (임계모옥독한거)
　　月白風淸興有餘 (월백풍청흥유여)
　　外客不來山鳥語 (외객불래산조어)
　　移床竹塢臥看書 (이상죽오와간서)

　　시냇가 띠풀 집에 한가하게 지내느니
　　달은 밝고 바람은 맑아 흥이 가득하네.
　　손님이 안 오셔도 새는 찾아와 지저귀는데,
　　대나무 밭에 평상 펴놓고 누워 책을 보네.
　　　　　　　　　　　　－야은(冶隱) 길 재(吉 再)의 '閒 居'

---

* 야은 길 재(冶隱 吉 再, 1353(공민왕 2)~1419(세종 1)) : 고려말 조선초의 학자.
　이색(李穡)· 정몽주(鄭夢周)와 함께 고려 삼은(三隱)이라 한다.

金剛山·6 (금강산·6)

綠靑碧路入雲中 (녹청벽로입운중)
樓使能詩客住筇 (누사능시객주공)
龍造化含飛雪瀑 (용조화함비설폭)
劒精新削揷千峰 (검정신삭삽천봉)

仙禽白幾千年鶴 (선금백기천년학)
澗樹靑三百丈松 (간수청삼백장송)
僧不知吾春睡惱 (승부지오춘수뇌)
忽無心打日邊鐘 (홀무심타일변종)

짙푸른 산길따라 구름속으로 들어가보니
숲속 누각이 시객 지팡이 머무르게 하네.
청룡의 조화인가, 눈날리듯 폭포수 뿜고
신의 칼날이 하늘끝 솟은 1천 봉우리 깎아 꽂았구나.

공중의 저학들은 몇 천 년을 살았을까,
시냇가의 푸른솔은 3백 길이 되겠구나,
봄날 한 때 노곤한 잠 스님이야 알 리 없고
갑자기 친 종소리에 사람들 마음 화들짝 놀라네.

---

* 使 : 하여금 '사'. 사역 보조사 '~로 하게 하다'
* 住筇 : 지팡이를 세우게 하다. 머무르게 하다.
* 含飛雪瀑 : 눈이 날리 듯 폭포를 머금다. 뿜다.
* 削揷 : 깎아서 꽂다. * 仙禽 : 鶴. 仙鶴. * 幾 : 기미 '기'. 낌새.
* 澗 : 계곡의 시내 '간'. * 惱 : 괴로워할 '뇌'.

金剛山·七 (금강산·7)
－白雲峰 (백운봉)

朝上白雲峰頂觀 (조상백운봉정관)
夜投峰下孤庵宿 (야투봉하고암숙)
夜深僧定客無眼 (야심승정객무안)
杜宇一聲山月落 (두우일성산월락)

아침엔 백운봉의 꼭대기에서 금강산을 보고,
저녁엔 산봉아래 외딴 암자서 하룻밤 묵었네.
깊은 밤 노스님은 잠들어있고, 객은 홀로 깨어.
두견새 한 울음에 서녘에 걸린 산달빛이 지네.

 예시 보기

    步上白雲寺 (보상백운사)　걸어서 백운사에 올라와보니,
    寺在白雲間 (사재백운간)　절이 흰구름 사이에 떠 있네.
    白雲僧莫掃 (백운승막소)　저 스님 흰구름을 쓸지를 마오,
    心與白雲閑 (심여백운한)　마음과 구름 다 한가롭다오.
                                           -매 창의 '白雲寺'

---

* 매 창(李梅窓, 본명 李香今, 1573~1610) : 선조조 전북 부안의 명기. 조선 3대 여류시인의 하나. 한시 70여 수와 시조 1수를 남김. 매창은 시와 가무에도 능하였고 정절의 여인으로 전해짐. 천민 출신의 뛰어난 시인이었던 유희경과의 가슴 시린 사랑, '홍길동전'을 지은 허균과의 우정으로 유명함. 부안 서외리에 매창 묘(전북 기념물 제65호)와 매창공원이 있음.

  그녀의 시조 한 편을 더 감상해 보자.

    이화우 흩날릴 제 울며 잡고 이별한 님
    추풍낙엽에 저도 날 생각는가
    천 리에 외로운 꿈만 오락가락하노라.

金剛山·八 (금강산·8)

靜處門扉着我身 (정처문비착아신)
賞心喜事任淸眞 (상심희사임청진)
孤峰罷霧擎初月 (고봉파무경초월)
老樹開花作晚春 (노수개화작만춘)

酒逢好友惟無量 (주봉호우유무량)
詩到名山輒有神 (시도명산첩유신)
靈境不須求外物 (영경부수구외물)
世人自是小閑人 (세인자시소한인)

고요한 절간에 이몸을 맡겨두고
즐거운 맘 기쁜 일 모두 님께 맡겼다네.
외로운 산봉우리 안개 걷히고 초승달 올라
늙은 나무에 꽃이 열리는 늦봄이 되었네.

좋은 벗 함께 만나 술을 마시니, 흥겹기만 하고.
명산에 이르러선 시를 읊으니, 참 신기하구나.
선경을 딴 곳에서 찾겠다 마오,
한가히 사는 바로 그들이 참신선이라오.

---

* 門扉 : 문짝. 사립문. 門扇.
* 不須 : ~~하지 마라. '不須多言'의 준말.

金剛山·十 (금강산·10)

松松栢栢岩岩廻 (송송백백암암회)
水水山山處處奇 (수수산산처처기)

솔솔솔 소나무, 잣잣잣 잣나무와 바위랑 바위 사이를 돌아서.
물물물, 산산산이 곳곳곳마다 참 기묘하구나.

 예시 보기

  丹楓千樹又萬樹 (단풍천수우만수)
  我行悠悠水石間 (아행유유수석간)
  不知天中白雲起 (부지천중백운기)
  却疑山上更有山 (각의산상경유산)

          -趙觀彬의 '入 山'

  천 그루 만 그루 단풍숲길,
  난 아득한 돌과 나무 사잇길을 간다.
  하늘에 흰구름 이는 줄도 잘 모르고,
  산밖에 산이 또 있는 줄로 잘못 알았다네.

* 조관빈(趙觀彬, 1691~1757) : 조선 후기의 문신, 본관은 양주. 자는 國甫, 호는 悔軒, 부친은 노론 4대신 趙泰采, 모친은 沈益의 딸이다. 1714년(숙종 40)에 문과에 급제, 검열, 이조참의 등을 지내다 경종과 영조 때 홍양현과 대정현에 유배되다.

金剛景 (금강경)

若捨金剛景 (약사금강경)
靑山皆骨餘 (청산개골여)
其後騎驢客 (기후기려객)
無興但躊躇 (무흥단주저)

만약에 금강의 경치를 빼버리면
청산은 모두 앙상한 뼈만 남게 될 터이니.
그뒤론 당나귀 탄 나그네는
흥이 다 깨져 주절거리겠지.

---

* 若捨 : 만약에 ~를 버리다.
* 騎驢 : 당나귀를 탐.

 예시 보기

　　　　朱欄曲曲繞淸流 (주난곡곡요청류)
　　　　玉笛橫吹壁落秋 (옥저횡취벽낙추)
　　　　三十二峯仙不見 (삼십이봉선불견)
　　　　白雲惆悵滿虛舟 (백운추창만허주)

　　　　　　　　　　　　　　-金炳學의 '金剛山 神仙峯'

　　　맑은물 붉은 난간 돌아흐르고
　　　옥피리소리 가을하늘에 날아오르도다.
　　　서른여 봉우리를 지나쳤으나 신선을 못 만나.
　　　처량한 흰구름만 빈하늘 가득 둥둥 떠가누만.

答僧金剛山詩 (답승 금강산 시)
−스님에게 금강산 시를 답함

僧：百尺丹岩桂樹下 (백척단암계수하)
　　柴門久不向人開 (시문구불향인개)
　　今朝忽遇詩仙過 (금조홀우시선과)
　　喚鶴看庵乞句來 (환학간암걸구래)

笠：矗矗尖尖怪怪奇 (촉촉첨첨괴괴기)
　　人仙神佛共惶疑 (인선신불공심의)
　　平生詩爲金剛惜 (평생시위금강석)
　　詩到金剛不敢詩 (시도금강불감시)

스님：백 척의 바위아래 계수나무밑
　　　닫힌 사립문 찾는 이 없어 열지않았다오.
　　　이아침 홀연히 지나가는 시선을 만나
　　　타고가는 학 암자로 불러 한 수 청한다오.

삿갓：층층이 높고낮고 뾰족뾰족해 신기한 경계라.
　　　인간도 신선도 놀라고 산신령도 부처까지도 의심하겠구려.
　　　내 평생 금강 위해 시를 아껴 왔건마는
　　　금강산에 들고보니, 내 감히 시를 지을 수 없구려.

---

* 柴門 : 사립문
* 乞句 : 빌 '걸', 글자 '구'. 시를 청하다.
* 矗 : 우거질 '촉'. 矗矗은 높이 솟아있는 모양.
* 尖 : 뾰족할 '첨'.
* 惜 : 아낄 '석'.

夏雲多奇峰 (하운 다기봉)

一峰二峰三四峰 (일봉이봉삼사봉)
五峰六峰七八峰 (오봉육봉칠팔봉)
須臾更作千萬峰 (수유갱작천만봉)
九萬長天都是峰 (구만장천도시봉)

한 봉에 두 봉우리 서너 봉우리
다섯 여섯 봉 일곱 봉 여덟 봉.
잠깐만 보는 사이 다시 천만 봉
하늘 9만 리 온통 봉우리 뿐.

 예시 보기 1

양사언(梁士彦)은 명종 19년(1564) 48세 때, 고성군(高城郡) 구선봉(九仙峯) 아래 감호(鑑湖)가에 비래정(飛來亭)을 짓고는 시 한편을 남겼다.

　　海入壺中地 (해입호중지)
　　樓居水上天 (누거수상천)
　　靑浮雙玉筍 (청부쌍옥순)
　　紅折萬金蓮 (홍절만금연)

　　바다는 신선계로 들어가고
　　누대는 물위 하늘에 떠있네
　　푸르게 떠있는 것 쌍옥순이고
　　붉게 꺾인 것 만금 연꽃이네

　　煉禾龍吟鼎 (연홍용음정)
　　餐霞骨已仙 (찬하골이선)

居招黃鶴酒 (거초황학주)
吾與白鷗眠 (오여백구면)

수은을 달이니 솥안에서 용이 울고
안개 먹으니 뼈는 신선이네
그대는 황학 불러 술을 마시게
나는 백구와 잠을 잘 터이니.

―梁士彦의 '비래정(飛來亭)'

---

* 梁士彦 : 조선 전기의 문인, 서예가. 자(字)는 응빙(應聘). 호는 봉래(蓬萊). 완구(完邱). 창해(滄海). 해객(海客). 시와 글씨에 모두 뛰어났는데, 특히 초서(草書)와 큰 글씨를 잘 써서, 안평대군(安平大君). 김 구(金絿). 한 호(韓濩)와 더불어 조선 전기 4대 명필(名筆)로 일컫고, 조선 3대 명필가(名筆家)를 칭할 때는 양사언(楊士彦). 한 호(韓濩). 김정희(金正喜)를 꼽는다. 또한 형제인 사준(士俊). 사기(士奇)와 함께 중국의 소 순(蘇洵). 소 식(蘇軾). 소 철(蘇轍) 삼부자(三父子)와 비교되기도 한다. 선조 17년(1584) 5월에 귀양에서 풀려나오는 길에 나이 68세로 병사(病死)했다. 묘소는 포천군 일동면 길명리(吉明里) 금주산(金珠山) 자락에 있고, 동네에 있는 길명사(吉明祠)는 봉래(蓬萊) 양사언(楊士彦)의 영정을 봉안한 사당이 있다.

예시 보기 2

山與雲俱白 (산여운구백) 흰산과 흰구름이 다함께 희어
雲山不辯容 (운산불변용) 산과 구름을 가릴 수 없었네.
雲歸山獨立 (운귀산독립) 구름이 흘러가고 산만 남으니
一萬二千峰 (일만이천봉) 만 이천 봉우리.

―宋時熱의 '金剛山'

---

* 송시열(宋時熱, 1607~1689) : 조선 후기의 문신 · 성리학자 · 철학자 · 정치가 · 시인 · 작가. 유교 주자학의 대가이자 당색으로는 서인, 분당 후에는 노론의 영수. 본관은 은진(恩津), 자는 영보(英甫), 아명은 성뢰(聖賚), 성래(聖來), 호는 우암(尤庵) · 우재(尤齋) · 교산노부(橋山老夫) · 남간노수(南澗老叟) · 화양동주(華陽洞主) · 화양부자(華陽夫子), 시호는 문정(文正). 별칭은 대로(大老), 송자(宋子), 송부자(宋夫子).

登文星岩 (등 문성암)
- '문성암'에 올라

削立岩千疊 (삭립암천첩)
平浦海一杯 (평포해일배)
林深鳥語譊 (임심조어요)
日暮棹歌回 (일모도가회)

欲覓任公釣 (욕멱임공조)
留看學士臺 (유간학사대)
酷憐山水樂 (혹련산수락)
待月久徘徊 (대월구배회)

바위는 깎고깎여 천 겹이나 쌓였는데
넓은 바다도 한 잔 술처럼 작게만 보이네.
수풀이 울창하니, 새소리도 요란하고
날이 저무니, 뱃노래 들리네.

임공의 낚시터가 어디쯤인가?
학사대 올라 찾아도 봤다네.
산수를 사랑하던 그맘 생각에
달뜰 때까지 헤매고 있다네.

---

* 譊 : 시끄러울 '요'.
* 棹 : 노 '도'.
* 任公 : 중국 宋나라 때 任鎬連을 가리킴.
* 學士臺 : 任鎬連이 올라가 낚시로 평생을 보냈다는 바위이름.
* 樂 : 좋아할 요. '論語雍也篇'에 '知者樂水 仁者樂山'이 나옴.

開 殘 嶺 (개 잔 령)

歸來平地望 (귀래평지망)
三夜宿靑天 (삼야숙청천)
鶯鶯過耳邊 (앵앵과이변)
只恐打頰人 (지공타협인)

산에서 내려오다 뒤돌아보니,
하늘위에서 사흘을 묵었군.
꾀꼬리 귓전으로 스쳐 지날 때
앗, 하마터면 뺨 맞을 뻔했네.

해 의

양동식 씨는 이시를 '길위의 시'에서 이렇게 譯했다.

    하산길에 돌아보니
    청천에서 사흘이군
    뺨을 때릴 듯
    스치는 꾀꼴새!

이명우 씨의 '김립시집'에서는 이시를 '금강산·13'으로 題하였는데, 1·2구가 다르고 3·4구는 없다. 또 '歸來平地望'이 '遂來平地望'으로 되어있다.

    矗矗金剛山   우뚝 높이 솟아있는 금강산은
    高峯萬二千   높은 봉우리가 1만 2천이로다.
    遂來平地望   드디어 평지를 보고 내려오다가
    三夜宿靑天   3일 밤을 푸른 하늘에서 자고 왔구나.

僧俗問答 (승속 문답)

행자 : 芹有叔而無姪 (근유숙이무질)
　　　鼠有婦而無姑 (서유부이무고)

행자 : 春折秋 晝摘夜
　　　〔춘절추 추적야(秋→가을(갈). 夜→밤(栗).)〕

행자 : 鳥去枝二月〔조거지이월(→한달+한달=두달.)〕
　　　風來葉八分〔풍래엽팔분(→너풀너풀. 너푼+너푼=팔푼.)〕

행자 : 花樹花花立〔화수화화립(→花花 : 꽃꽃=꼿꼿하게.)〕
　　　松風松松吹〔송풍송송취(→松松 : 솔솔.)〕

행자 : 家貧雙月少〔가빈쌍월소(→雙月(朋).)〕
　　　衣弊半風多〔의폐반풍다(→半風(虱))〕

행자 : 人皆以三十日爲一月 (인개이삼십일위일월)
　　　吾獨以二十五日爲一月 (오독이이십오일위일월)

삿갓 : 世皆以虧月爲半月 (세개이휴월위반월)
　　　吾獨以滿月爲半月 (오독이만월위반월)

삿갓 : '미나리 아재비'란 풀은 있어도 '미나리 조카' 그런 풀 없고 '쥐며느리'란 벌레 있어도 '쥐시어머니' 그런 벌레 없다.

삿갓 : 봄에는 갈(葦)을 꺾고 밝은 대낮에 까만 밤을 딴다.

삿갓 : 저새가 날아가니, 나뭇가지 한 달 한 달 흔들거려서 두 달이 되었고.

바람이 불어오니, 나뭇잎이 너풀너풀 흔들거려서 8푼이 되었네.

삿갓 : 꽃나무 꼿꼿하게 서서 있고
　　　솔바람 솔솔 잘도 불어오네.

삿갓 : 집안이 가난하면 친구가 적고
　　　옷이 낡으면 이가 많아진다.

삿갓 : 남들은 열흘이 셋이라고 그걸 가지고 한 달이라 해도.
　　　나는야 15일이 두 개라고 그걸 가지고 한 달이라 하리.

삿갓 : 사람들 모두가 이지러진 달을 가리켜 반달이라 해도.
　　　나만은 보름밤에 떠오르는 둥근달 보며 반월이라 하리.

해 의

'釋王寺'에서 '半月行者' 스님과 주고받은 문답이다. 난해하기 이를 데 없는 문제를 제시해서 김삿갓의 기개를 꺾어보려고 했으나 김삿갓은 조금도 막힘이 없이 척척 문제를 풀어낼 뿐만 아니라, 결구에서는 반월 행자 스님을 보름달이라며 추켜세우는 글구를 써서 그스님을 탄복하게 만든 것이다.

金剛山立石峰下庵子詩僧共吟
(금강산 입석봉 하암자 시승 공음)
금강산 입석봉 아래 암자에서 시승과 같이 읊다

1.
僧 : 朝登立石雲生足 (조등입석운생족)
　　아침에 입석봉에 올라서니 발아래마다 흰구름이 일고.

笠 : 暮飮黃泉月掛脣 (모음황천월괘순)
　　저녁엔 황천탄의 샘물 마시니, 달그림자가 입술에 걸리네.

* 立石 : 금강산 입석봉.
* 황천 : 황천샘. 황천탄.
* 月掛脣 : 달이 입에 걸리다.

2.
僧 : 澗松南臥知北風 (간송남와지북풍)
　　시냇가 소나무가 남으로 누워 북풍인 줄 알고.

笠 : 軒竹東傾覺日西 (헌죽동경각일서)
　　난간의 대그림자 동에 기우니, 해지는 줄 아네.

* 澗 : 시내 '간'. 계곡 가 시냇가.
* 軒竹 : 난간의 소나무.

3.
僧 : 絶壁雖危花笑立 (절벽수위화소립)
　　절벽이 위태하나 꽃은 피어서 웃으며 서있고.

笠 : 陽春最好鳥啼歸 (양춘최호조제귀)
　　봄볕이 좋건마는 새는 울면서 제둥지로 가네.

4.
僧 : 天上白雲明日雨 (천상백운명일우)
　　하늘에 구름가니, 내일엔 분명 비가 올 것이고.

笠 : 岩間落葉去年秋 (암간낙엽거년추)
　　바위틈 낙엽보니, 작년 가을도 떠난 걸 알겠네.

5.
僧 : 兩性作配己酉日最吉 (양성작배기유일최길)
　　남녀가 짝지을 땐 기유 日辰이 그중 가장 좋고.

笠 : 半夜生孩亥子時難分 (반야생해해자시난분)
　　한밤에 애낳을 땐 해시·자시가 가장 어렵다네.

* 己酉 : '配'의 破字. 아내 '配'.
* 孩子 : '孩'의 破字.

6.
僧 : 影沈綠水衣無濕 (영침녹수의무습)
　　그림자 맑은 물에 빠져들어도 옷은 젖지않아.

笠 : 夢踏靑山脚不苦 (몽답청산각불고)
　　꿈속에 온산천을 돌아다녀도 다리가 안아파.

* 衣無濕 : 옷이 물에 젖지 않는다.
* 脚不苦 : 다리가 아프지 않다.

7.

僧 : 群鴉影裡千家夕 (군아영리천가석)
　　까마귀 그림자에 모든 마을이 저물어만 가고.

笠 : 一雁聲中四海秋 (일안성중사해추)
　　짝 잃은 외기러기 울음소리에 가을도 저무네.

---

* 千家夕 : 온 세상마을이 저물다.
* 四海秋 : 온 세상이 가을이다.

8.

僧 : 假僧木折月影軒 (가승목절월영헌)
　　가승목 꺾인 가지 달그림자로 난간에 걸리고.

笠 : 眞婦菜羹山姙春 (진부채갱산임춘)
　　진부채 참미나리 나물맛 좋아 산이 봄을 뱄네.

---

* 羹 : 국 '갱'. 맛이 좋다.
* 假僧木 : 거짓 '假' + 중 '僧' =가중(죽)나무.
* 眞婦菜 : 참 '眞'+며느리 '婦'+나물 '菜'=참며느리나물(참미나리나물).

9.

僧 : 石轉千年方倒地 (석전천년방도지)
　　산위의 바윗돌은 천 년을 굴러 땅에 떨어지고.

笠 : 峰高一尺敢摩天 (봉고일천감마천)
　　높은 산 봉우리는 한 자만 더 높았더라면 하늘에 닿겠네.

---

* 轉 : 구르다.
* 方到地 : 땅에 떨어져 닿다.
* 摩天 : 하늘에 닿나.

10.
僧 : 靑山買得雲空得 (청산매득운공득)
　　청산을 사들이니, 흰구름까지 공짜로 얻었네.

笠 : 白水臨來魚自來 (백수임래어자래)
　　맑은 물 끌어오니, 물고기 또한 절로 따라오네.

---

* 空得 : 공짜로 얻다.
* 自來 : 스스로 오다.

11.
僧 : 秋雲萬里魚鱗白 (추운만리어린백)
　　9만 리 가을구름 하늘에 뻗쳐 하얀 비늘 같고.

笠 : 枯木千年鹿角高 (고목천년녹각고)
　　한 천 년 묵은 고목 마른가지는 사슴뿔같구나.

---

* 魚鱗白 : 물고기비늘처럼 희다.
* 鹿角高 : 사슴뿔처럼 높다랗다.

12.
僧 : 雲從樵兒頭上起 (운종초아두상기)
　　구름은 나무하는 초동아이들 머리위에 일고.

笠 : 山入漂娥手中鳴 (산입표아수중명)
　　온산은 여인들의 빨래방망이 소리에 울리네.

---

* 雲從 : 구름은 ~로부터.
* 樵兒 : 초동. 나무하는 아이.
* 漂娥 : 빨래하는 여인네.

13.
僧 : 登山鳥萊羹 (등산조래갱)
　　산위에 올라가니, 여러 새들이 쑥국쑥국 울고.

笠 : 臨海魚草餠 (임해어초병)
　　물가에 다다르니, 온물고기가 풀떡풀떡 뛰네.

＊ 萊羹 : 쑥 '萊'+국 '羹'=쑥국쑥국. 쑥국새 우는 소리.
＊ 草餠 : 풀 '草'+떡 '餠'=풀떡풀떡. 물고기가 뛰는 모양.

14.
僧 : 水作銀杵舂絶壁 (수작은저용절벽)
　　은빛의 폭포수는 절구공이로 절벽을 짓찧고.

笠 : 雲爲玉尺度靑山 (운위옥척도청산)
　　구름은 옥으로 된 마름자인 양 청산을 재누나.

＊ 杵 : 공이 '杵'. 절구공이.
＊ 舂 : 찧을 '용'. 절구질하다.

15.
僧 : 月白雪白天地白 (월백설백천지백)
　　달희고 눈도 희고 온천지 4방 모두가 하얗네.

笠 : 山深夜心客愁心 (산심야심객수심)
　　산깊고 밤도 깊어 나그네 가슴 시름도 깊다네.

16.
僧 : 燈前燈後分晝夜 (등전등후분주야)
　　등불을 켜고끄며 한밤과 낮을 절로 구분하네.

笠 : 山南山北判陰陽 (산남산북판음양)
　　남녘산 북녘산이 음지 양지를 구별하게 하네.

 예시 보기

臺上客忘返 (대상객망반)	대 위의 나그네 돌아갈 것 잊었는데
巖邊月幾圓 (암변월기원)	바윗가에는 달빛도 둥글어.
澗深魚戱鏡 (간심어희경)	개울은 깊어서 물고기가 뛰어 놀고
山暝鳥迷烟 (산명조미연)	산엔 저녁새 안개 속 헤매네.
物我渾同體 (물아혼동체)	사물과 내가 섞여 하나가 되니
行藏只樂天 (행장지락천)	나아가고 숨고는 다만 천명을 즐길 뿐.
逍遙寄幽興 (소요기유흥)	천천히 거닐자니 흥도 그윽해
心境自悠然 (심경자유연)	마음이 절로 참 한가하구나.

　　　　　　　　　　-李彦迪의 '징심대즉경(澄心臺卽景)' 『회재집(晦齋集)』

---

* 이언적(李彦迪, 1491~1553) : 경상북도 경주 출신. 본관은 여주(驪州). 초명은 적(迪)이었으나 중종의 명으로 언(彦)자를 더하였다. 자는 복고(復古), 호는 회재(晦齋) · 자계옹(紫溪翁). 주희(朱熹)의 주리론적 입장을 정통으로 확립하여 이황(李滉)에게 전해 줌. 시호는 문원(文元).
저서 『구인록(求仁錄)』(1550) · 『대학장구보유(大學章句補遺)』(1549) · 『중용구경연의(中庸九經衍義)』(1553) · 『봉선잡의(奉先雜儀)』(1550) 등.

제9부 名勝古蹟 (명승 고적)

九月山 (9월산)
妙香山詩 (묘향산 시)
'樂民樓'('낙민루')
安邊老姑峰 (안변 노고봉)
'飄然亭'('표연정')
참고시 화석정 시
長洲行 (장주 행)
咸關嶺 (함관령)
'三嘉亭'('삼가정')
登咸興'九天閣'(등 함흥 '구천각')
'百祥樓'('백상루')
'浮璧樓'吟('부벽루' 음)
泛舟醉吟 (범주 취음)
大同江'練光亭'(대동강 '연광정')
大同江上 (대동강 상)
過松都 (과 송 도)
過廣灘 (과 광 탄)
過長端 (과 장 단)
過'寶林寺'(과 '보림사')
離別'矗石樓'(이별 '촉석루')
登'廣寒樓'(등 '광한루')
上元月 (상 원 월)
'石窟庵'('석굴암')
與趙雲卿上樓 (여조운경 상루)
寒食日 登北樓吟 (한식일 등 '북루' 음)
崔白潭과 對聯 (최백담과 대련)
開城'善竹橋'(개성 '선죽교')
關王廟 (관 왕 묘)

九 月 山 (9월산)

昨年九月過九月 (작년9월과9월)
今年九月過九月 (금년9월과9월)
年年九月過九月 (연년9월과9월)
九月山光長九月 (9월산광장9월)

지난 해 9월에도 9월산을 지났더니
금년에도 9월달에 또 9월산을 지나고 있구나.
해마다 9월에 9월산을 지나가니
구월산빛은 늘 9월이구나.

 해 의

昨·年·九·月·過·今·山·光·長 9글자만 가지고도 36자의 7언 절구를 지었네.

예시 보기 1

馬耳雙尖挿太空 (마이쌍첨삽태공)
雲開突兀露秋容 (운개돌올노추용)
似聞絶頂神湫在 (사문절정신추재)
鼓角何能試老龍 (고각하능시노용)

마이산 두 봉우리 허공중에 높이 솟아
구름 걷히니 우뚝한 모습 가을빛 완연해.
듣건대, 산정위에 신령한 못 있다고 하니
피리를 불어 老龍이 있나 시험해 볼까나.

-金壽童의 '마이산(馬耳山)'

* 김수동(金壽童, 1457~1512) : 조선의 문신. 본관은 (구)안동(安東). 1474년에 생원시에 합격. 1477년, 식년문과 병과 급제. 예문관주서, 홍문관정자, 의정부사인, 사헌부지평 · 장령, 홍문관전한 · 직제학 · 부제학을 역임. 그 뒤 승정원동부승지 · 우부승지 · 좌부승지 · 우승지 · 좌승지, 경기도관찰사, 예조참판, 경상도관찰사, 병조참판, 대사헌, 경기관찰사, 형조판서, 지춘추관사, 영중추부사, 영돈녕부사, 병조판서, 이조판서, 예조판서, 우의정, 좌의정을 거쳐 영의정에 이르렀다.

 예시 보기 2

金樽美酒 千人血 (금준미주 천인혈)
玉搬佳酵 萬姓膏 (옥반가효 만성고)
燭淚落時 民淚落 (촉루낙시 민루락)
歌聲高處 怨聲高 (가성고처 원성고)

금술잔 좋은 술은 천 사람 피,
옥쟁반의 맛난 안주는 만백성의 기름.
촛눈물 떨어질 때 백성눈물 떨어지고
노래 소리 드높은 곳에 원망소리 높네.

-成以性

* 성이성(成以性, 1595~1664) : 조선 중기 문신. 유학자, 청백리. 부제학 추증. 본관은 창녕(昌寧). 자는 여습(汝習), 호는 계서(溪西). 아버지는 승지 안의(安義). 1610년(광해군 2) 진사. 1627년(인조 5)에 식년문과에 병과 급제. 사간원정언 · 홍문관 부수찬 · 부교리 · 사헌부지평 · 사간원헌납. 강계 외직 시 삼세(蔘稅) 면제로 '관서활불(關西活佛)'로 불렸음. 저서 '계서유고'.
영주 부석사에서 봉화군 물야면으로 가는 길에 성이성의 종택 '계서당'이 있다. 소설 '춘향전' 주인공 이몽룡의 실제 모델인 그가 호남 암행어사가 되었을 때 석성현감이 호남 12고을 군수, 현감들과 함께 생일잔치를 베풀었다. 그때 암행어사는 걸인행색을 하고 연회장에 나타나자 사또들은 '그대가 시를 지으면 종일 놀고, 짓지 못하면 가라.'고 조롱했다. 성이성은 즉석에서 이 시를 짓고 어사로 출두하여 전라도 내 6명의 부패한 수령들을 봉고파직하게 되는 것이다.

妙香山詩 (묘향산 시)

平生所欲者何求 (평생소욕자하구)
每擬妙香山一遊 (매의묘향산일유)
山疊疊千峰萬仞 (산첩첩천봉만인)
路層層十步九休 (노층층10보9휴)

평생에 꼭 한 번은 하고 싶은 게 무엇인고 하니.
언제가 꼭 한 번은 묘향산까지 유람해보는 것.
산마다 첩첩 쌓여 천 봉우리가 만 길이나 되고.
길마다 층층대라 열 걸음마다 아홉 걸음 쉬네.

해 의

한시의 전통 율격에서 벗어난 시로서 앞 두 구는 2·3·2조로, 뒷 두 구는 3·4조로 읽어야 해석이 된다.

---

* 妙香山 : 묘향 산맥의 주봉. 평안 북도 신현면과 백령면 경계에 있는 높이 천9백 미터의 산이다.
* 仞 : 길 '인'. 재다. 차다.
* 所欲者 : 바라는 바를 뜻함.

'樂民樓'('낙민루')

宣化堂上宣火黨 (선화당상선화당)
樂民樓下落民淚 (낙민루하낙민루)
咸鏡道民咸驚逃 (함경도민함경도)
趙岐泳家兆豈永 (조기영가조기영)

선정할 관청에서 화적질같은 학정을 펼치니.
백성들 즐거워할 정자밑에서 눈물만 흘리네.
함경도 백성들이 모두 놀라서 도망을 가다니.
조기영 관찰사 댁 집안형편이 어찌 오래 가랴.

 예시 보기 1

宮柳靑靑花亂飛 (궁류청청화난비)
滿城冠蓋媚春暉 (성만관개연춘휘)
朝家共賀昇平樂 (조가공하승평락)
誰遣危言出布衣 (수유액언출포의)

궐안의 봄버들 푸르러 꽃잎은 어지러이 흩날리는데
성안 가득한 벼슬아치들 봄볕을 쬐며 온갖 아양 떠네.
조정은 입 모아 태평세월 노래하지만
어느 누구가 포의 입에서 위험한 말을 지껄이게 했나.

－石洲 權 鞸의 '宮柳詩'

---

* 석주 권 필(石洲 權 鞸, 1569~1612) : 조선 중기의 시인.
광해군 시절, 유 씨들이 득세하였는데 무려 일가 다섯이 동시에 급제한 소위 '뇌물비리 건'이 터졌다. 이에 임숙영이라는 선비가 이 사실을 아주 신랄하게 비판했고 광해군은 격노하여 임숙영의 합격을 취소시켰다. 이를 개탄한 권필이 이 '宮柳

詩'를 지어 매를 맞은 다음 유배길에 오르게 된다. 권필은 사람들이 주는 이별주를 폭음하여 이튿날 죽고 말았는데 시 한편과 목숨을 맞바꾼 셈이다. 시에서 말한 궁궐의 버들은 유 씨, 포의는 임숙영을 가리키는 것이다.

권필은 송강 정철(鄭澈)의 문인으로, 성격이 자유분방하고 구속받기 싫어하여 벼슬하지 않은 채 삶을 마쳤다. 임진왜란 때에는 구용(具容)과 함께 전쟁을 해서라도 나라를 지켜야 한다는 강경한 주전론을 펼쳤다. 또 아첨배 이이첨(李爾瞻)이 가깝게 지내기를 청했으나 거절할 정도로 강직한 선비였다. 그의 묘는 경기도 고양시 상감천 마을에 있다.

 예시 보기 2

官倉老鼠大如斗 (관창노서대여두)
見人開倉亦不走 (견인개창역부주)
健兒無糧百性飢 (건아무량백성기)
誰遣朝朝入君口 (수견조조입군구)

관창고 늙은 쥐는 크기가 마치 됫박만한 데.
창고를 열고 들여다봐도 달아나지 않네.
병사는 양식 없고 백성들은 굶주리는데
그 누가 아침마다 네놈 입에다 먹을 걸 바치나.

― 曹 鄴의 '관청 창고의 쥐(官倉鼠)'

---

* 조 업(曹 鄴, 816?~875?) : 당나라 시인. 계림(桂林) 양삭(陽朔) 사람으로 자는 업지(業之) 또는 업지(鄴之). 사부낭중(祠部郞中)과 이부낭중(吏部郞中), 양주자사(洋州刺史) 등을 역임. 유가(劉駕)와 시우(詩友)로 지내 당시 조류(曹劉)로 불림. 저서로 시집 3권 멸실, 후에 『조사부집(曹祠部集)』 편찬. 『전당시(全唐詩)』에 시가 2권 수록.

安邊老姑峰 (안변 노고봉)

葉落瘦容雪滿頭 (엽락수용설만두)
勢如天撑屹然浮 (세여천탱흘연부)
餘嶺羅立兒孩似 (여령나립아해사)
惑者中間仙鶴遊 (혹자중간선학유)

낙엽져 여윈 산봉 눈이 덮여도
하늘버티고 서있는 기세라.
산아래 늘어섰는 산고개들은 손자들 같고
그선경에는 학이 놀고있네.

---

* 瘦容 : 파리할 '수'. 얼굴 '용'.   * 撑 : 버틸 '탱'.
* 羅立 : 벌리어 늘어섬.   * 兒孩似 : 아이와 같다.

 예시 보기

白雲雲裏靑山重 (백운운리청산중)   흰구름 구름 속에 청산은 겹쳐
靑山山中白雲多 (청산산중백운다)   푸른 산속엔 흰구름도 많네.
日與雲山長作伴 (일여운산장작반)   날마다 구름과 산 친구가 되어
安身無處不爲家 (안신무처불위가)   이몸 편하니 집 아닌 곳 없네.
　　　　　　　　　　　　　　　　　　　　　-普愚和尙의 '雲 山'

---

* 보우(普愚 1301(충렬왕 27)~1382(우왕 8)) : 고려 말엽 승려. 호는 태고(太古), 처음 법명은 보허(普虛), 성은 홍씨. 홍주 출생. 13세에 양주 회암사(檜巖寺)에 출가. 광지(廣智)의 제자가 됨. 가지산 하총림(下叢林)에서 수행. 26세에 승과(僧科) 급제. 1337년 송도 전단원에서 오도(悟道). 해동(海東) 임제종의 초조가 됨. 공민왕 왕사(王師). 신돈 사후 국사(國師)가 됨. 소설암에서 입적. 시호 원증(圓證). 탑호 보월승공(寶月昇空). 저서 태고화상어록(太古和尙語錄), 태고유음(太古遺音).

'飄然亭'('표연정')

飄然亭子出長堤 (표연정자출장제)
鶴去樓空鳥獨啼 (학거누공조독제)
一里煙霞橋上下 (일리연하교상하)
一天風月水東西 (일천풍월수동서)

神仙蹤迹雲過杳 (신선종적운과묘)
遠客襟懷歲暮幽 (원객금회세모유)
羽化門前無問處 (우화문전무문처)
蓬萊消息夢中迷 (봉래소식몽중미)

끝없는 방죽끝에 높이 솟은 '표연정'에
학은 이미 떠나가고 새들만 홀로 지저귀는구나.
기나긴 다리위로 온통 물안개 피어오르고
온종일 즐길 풍월거리가 동서로 널렸네.

신선이 놀던 자취 구름속에 아득하고
멀리 떠도는 나그네 회포 세모에 새롭네.
우화문 앞에서는 물어볼 곳도 하나 없으니,
신선들 사는 봉래산 소식 꿈결만 같구나.

---

* 長堤 : 긴 防築. 고려 문신 鄭知常의 '送別'에 '雨歇長堤草色多'.
* 一里 : 한 마장의 거리.
* 襟懷 : 마음속 깊이 품은 생각.
* 羽化 : 날개 돋은 仙人이 되어 하늘을 남. 蘇軾의 '赤壁賦'에 '羽化而登仙'.
* 蓬萊 : 仙人이 산다는 섬으로 渤海에 있다는 세 山. 瀛洲·方丈·蓬萊.

예시 보기

아래의 시 '화석정'이 몇 군데 김삿갓 시집에 수록되어 있으나 역자는 율곡의 '팔세부시'로 보는 것이 타당하다고 본다.

　　林亭秋已晚 (임정추이만)
　　騷客意無窮 (소객의무궁)
　　遠水連天碧 (원수련천벽)
　　霜楓向日紅 (상풍향일홍)

　　山吐孤輪月 (산토고륜월)
　　江含萬里風 (강함만리풍)
　　塞鴻何處去 (새홍하처거)
　　聲斷暮雲中 (성단모운중)

　　숲속의 정자에도 가을이 깊어
　　시인의 감흥 무궁도 하구나.
　　저멀리 뻗은 강은 하늘가에 닿아있고
　　서리맞은 단풍잎은 햇볕을 향해 붉게 타는구나.

　　먼산은 외로워 둥근달을 토해내고
　　강줄기는 만 리 바람을 머금었구나,
　　하늘 기러기 어디로 가나
　　구슬픈 울음 노을에 묻히네.

　　　　　　　　　　　－栗谷 李 珥의 '花石亭 八歲賦詩'

---

* 이 이(李 珥, 1536~1584) : 조선(朝鮮) 중종(中宗), 선조(宣祖) 때의 문신(文臣)·학자(學者). 본관(本貫)은 덕수(德水). 아명은 현룡(見龍), 자(字)는 숙헌(叔獻), 호(號)는 율곡(栗谷)·석담(石潭), 우재(愚齋). 시호(諡號)는 문성(文成). 강릉 출생. 어머니 사임당신씨(師任堂申氏)로부터 한문을 배웠으며, 16세에 어머니를 여의고, 19세에 금강산에 들어가 불경을 연구(研究), 유학에 전념. 관직에 있으면서 당쟁 조정, 폐정 개혁, 민생 안정을 도모하였고, 『향약』을 지음. 또, 성리학 주기파의 종주. 조선(朝鮮) 유학계에 이황(李滉)과 쌍벽을 이루는 기호학파(畿湖學派)를 형성(形成), 10만 양병설 및 대동법(大同法) 등 실시. 별칭 해동공자(海東孔子). 저서 : 『율곡전서(栗谷全書)』, 『성학집요(聖學輯要)』, 『경연일기(經筵日記)』, 『격몽요결(擊蒙要訣)』등. 시조 사서율곡언해(四書栗谷諺解), 고산구곡가(高山九曲歌)가 전함.

長 州 行 (장 주 행)
— 장주로 가면서

一城踏罷有高樓 (일성답파유고루)
覓酒題詩問幾流 (멱주제시문기류)
古木多情黃鳥至 (고목다정황조지)
大江無恙白鷗飛 (대강무양백구비)

英雄過去風煙盡 (영웅과거풍연진)
客子登臨歲月悠 (객자등림세월유)
宿債關東猶未了 (숙채관동유미료)
慾隨征雁下長洲 (욕수정안하장주)

한 바퀴 성을 도니, 누각이 높아
술이나 찾고 시나 쓰는 몸, 물줄기 몇이냐?
고목은 정이 많아 꾀꼬리 쌍 찾아들고
큰강물은 무심히 흘러 백구가 날으네.

영웅이 지나가니, 온천지가 조용하고
나그네가 누에 오르니, 세월은 유구해.
아직도 관동 구경 다 못 했지만
기러기 따라 장주땅으로 떠나가 볼까나.

---

* 長洲 : (定)의 옛이름.
* 大江 : 남대천을 가리키는 말. 함경남도 갑산군 진동면에서 발원하여 풍산·단천을 거쳐 동해로 흘러드는 길이 1백51킬로에 이르는 강.
* 無恙 : 몸에 아무런 탈이나 병이 없음.
* 宿債 : 오래 묵은 빚. 여기서는 '오랜 소망'을 뜻함.
* 長洲 : 지금의 함경 남도 정평군의 읍.

咸 關 嶺 (함관령)

四月咸關嶺 (4월함관령)　4월도 함관령엔 봄이 늦어서
北青郡守寒 (북청군수한)　북청 원님도 아직은 추울 걸.
杜鵑今始發 (두견금시발)　진달래 이제 막 피어나니,
春亦上山難 (춘역상산난)　봄도 또한 산이 높으면 오르기 힘들 걸.

 예시 보기

　　山行忘坐坐忘行 (산행망좌좌망행)
　　歇馬松陰聽水聲 (헐마송음청수성)
　　後我幾人先我去 (후아기인선아거)
　　各歸其止又何爭 (각귀기지우하쟁)

　　산길에 쉬기 잊고 쉬다가보면 가기를 또 잊어.
　　소나무 그늘아래 말을 멈추고 물소리를 듣네.
　　내 뒤에 오던 이들 몇이나 나를 앞질러 갔는가.
　　제각기 멈출 곳이 따로 있는데 무엇을 다투리.

　　　　　　　　　　　　　　　　-宋翼弼의 '산 행(山 行)'

---

* 송익필(宋翼弼, 1534~1599) : 조선 중기의 서얼 출신 유학자, 정치인. 자 운장(雲長). 호 구봉(龜峰) 또는 현승(玄繩), 본관은 여산. 시호는 문경(文敬). 고향에서 학문 연구와 후학 교육에 일생을 바쳤다. 율곡 이이와 우계 성혼, 송강 정철 등의 절친한 벗으로, 서인의 이론가이자 예학, 성리학, 경학에 능하였다. 서인 예학의 태두인 김장생과 김집, 김반 부자 및 인조반정의 공신 김유 등을 문하에서 길러냈다. 사후 사헌부지평에 추증, 1910년(융희 4년) 때 다시 홍문관제학에 추증되었다.

'三 嘉 亭'('삼 가 정')

山嘉水嘉亭亦嘉 (산가수가정역가)
亭名自古是三嘉 (정명자고시삼가)
三嘉亭上逢嘉客 (삼가정상봉가객)
亭雖三架實四嘉 (정수삼가실사가)

산좋고 물좋으니, 정자도 좋아
예부터 이름, '3가정'이라네.
'3가정' 누각위로 길손 오르니,
'3가정' 아닌 '4가정' 되었네.

 해 의

'3가정'에 아름다운 가객이 더하니 '4가정'이 되었다는 재치가 돋보인다.

* 嘉 : 아름다울 '가'. * 雖 : 비록 '수', 그러나, ~하더라도

 예시 보기 1

溪聲便是廣長舌 (계성편시광장설)
山色豈非淸淨身 (산색개비청정신)
夜來八萬四千偈 (야래팔만사천게)
他日如何擧似人 (타일여하거사인)

계곡물 소리가 부처님의 장광설이라
산빛이 어찌 청정치 않으랴.
밤 오자 팔만사천 게송 설하니
뒷날 남에게 어찌 다 말하랴.

— 蘇東坡의 '贈東林總長老'.

* 소동파(蘇東坡) : 조정을 비난하는 시를 지은 죄로 황주(黃州)로 귀양가서 여주(汝州)로 이배 중, 친구인 여산(廬山) 동림사 상송(常總)선사를 만나 '무정설법(無情說法)'을 듣다가 이 시를 지었다고 한다.

 예시 보기 2

雉鳴角角水潺潺 (치명각각수잔잔)
細雨春風匹馬還 (세우춘풍필마환)
路上逢人猶喜色 (노상봉인유희색)
語音知是自鄕關 (어음지시자향관)

산꿩은 꾹꾹꾹 시냇물 졸졸졸졸
봄비 맞으며 필마로 되오네.
낯선 이 만나서도 반가운 것은
그 말씨 정녕 고향 말씨인 걸.

-退溪 李 滉의 '鳥嶺途中 : 새재로 가는 길'

* 이 황(李 滉, 1502년 1월 3일(음력 1501. 11. 25)~1571년 1월 3일(음력 1570. 12. 8)) : 조선 중기의 문신, 학자, 교육자, 시인. 자는 경호(景浩), 호는 퇴계(退溪), 퇴도(退陶), 도수(陶叟). 영남학파의 창시자인 대학자 이언적의 주리론의 영향을 받고 이를 계승하여 집대성시킴으로써 한국을 대표하는 성리학자로 꼽힌다.

登咸興'九天閣' (등 함흥 '구천각')
― 함흥 '구천각'에서

人登樓閣臨九天 (인등누각임구천)
馬渡長橋踏萬歲 (마도장교답만세)
山疑野狹遠遠立 (산의야협원원립)
水畏舟行淺淺流 (수외주행천천류)

山勢龍盤虎踞形 (산세용반호거형)
樓閣鸞飛鳳翼勢 (누각난비봉익세)
(以下 2句 脫句)

누각에 오르니, 구천이 여기인가.
말을 타고 긴다리건너 만세교에 섰네.
산들은 넓은 들이 좁아질까 멀리멀리 둘러 서있고
깊은 강물은 배지날까 봐 얕게도 흐르네.

산세는 용이 나고 범이 웅크린 형세와 같고
누각에서는 난새가 날고, 봉이 날개편 형상과 같구나.

해 의

성천강에 위치한 '9천각'은 하늘에 닿을 듯 높다는데서 유래한 이름이다. 특히 여기서는 九天을 '九天閣'이나 '높은 하늘'로, 萬歲를 '萬歲橋'나 '오랫동안'이나 둘 중의 하나로 어떻게 해석해도 가능한 중의법이 돋보인다. 비록 필사 과정에서 끝 두 구가 실전되었지만, 3·4행의 표현은 絕唱이라 아니할 수 없다.

---

* 鸞 : 난새 '난'. 방울.

'百祥樓' ('백상루')

淸川江上百祥樓 (청천강상백상루)
萬景森羅未易收 (만경삼라미역수)
錦屛影裡飛孤鶩 (금병영리비고목)
玉鏡光中點小舟 (옥경광중점소주)

草偃長提靑一面 (초언장제청일면)
天低列山碧天頭 (천저열산벽천두)
不信人間仙境在 (불신인간선경재)
密城今日見瀛洲 (밀성금일견영주)

청천강 강기슭의 '백상루'에는
온갖 경치가 펼쳐져있어 말도 못하겠네.
실비단 병풍을 두른 듯한 그림자속엔 따오기가 날고.
빛나는 옥거울 가운데엔 작은 조각배 떠가고 있구나.

풀들이 긴강둑에 우거져 있어 푸르른 세계요.
하늘은 둘러쳐진 하늘에 닿아 천 봉우리가 푸른 천지라네.
선경이 이세상에 있다는 말을 안믿었는데
오늘 비로소 밀성에 와서 영주땅을 보네.

---

* 森羅 : 森羅萬象의 준말. 나무가 무성하게 늘어선 모양.
* 瀛洲 : 渤海에 있다는 三神山의 하나로 神仙이 사는 곳.

'浮壁樓'吟 ('부벽루' 음)
– '부벽루'에서

三山半落靑天外 (삼산반락청천외)
二水中分自鷺洲 (이수중분자경주)
已矣謫仙先我得 (이의적선선아득)
斜陽投筆下西樓 (사양투필하서루)

세 산봉 아득하게 하늘밖에 걸려있고
갈라진 물줄기는 백로 노니는 능라를 감도네.
나보다 이적선이 먼저 이 절경 다 읊었다 하니.
아서라, 저녁빛에 붓던져놓고 서루로나 갈까.

---

* '浮壁樓' : 평양 대동강변 모란대 및 청류벽위에 있는 누각.
* 三山 : 三神山(方丈山·蓬萊山·瀛洲山)의 준말. 여기서는 '부벽루'에서 보이는 평양 부근의 높은 산을 말함.
* 已矣 : 어조사로서 사건의 전개·발전·변화·결과를 나타냄. '~ 하니.~ 하구나. ~하였구나.' 등으로 해석.
* 謫仙 : 귀양 온 신선이란 뜻으로 詩仙 李太白을 가리킴.

泛舟醉吟 (범주 취음)
－뱃놀이하며 취해 읊다

江非赤壁泛舟客 (강비적벽범주객)
地近新豊沽酒人 (지근신풍고주인)
今世英雄錢項羽 (금세영웅전항우)
當時辯士酒蘇秦 (당시변사주소진)

적벽강 아니라도 나그네들은 놀잇배 띄웠고.
여기는 신풍땅에 가까운지라 술사기 좋구나.
지금의 세상에서 영웅이라면 돈이 곧 항우요.
자고로 말 잘하는 변사를 치면 술이 소진이라.

---

* 赤壁·1 : 중국 湖北省 江漢道 嘉魚縣의 서쪽에 위치한 楊子江의 左岸. 3국시대 吳 나라의 周瑜가 魏 나라의 군함을 불살라 버린 赤壁大戰으로 유명함.
* 赤壁·2 : 중국 호북성 황강현 성밖에 있는 赤鼻磯라는 곳. 蘇東坡가 여기서 '赤壁賦'를 지을 때 적벽 대전 격전지로 착각하여, 그후로 적벽강이라 불려졌다는 설이 있음. 이시에서는 이곳을 가리킴.
* 新豊 : 중국 호북성 강릉현의 지명. 新豊酒가 유명하다(권영한). 중국 섬서성 임동현 동북에 있던 漢代의 懸. 新豊美酒라는 좋은 술의 생산지(이명우).
* 項羽 : 중국 秦 나라 말기의 장수(B.C. 202~232).
* 蘇秦 : 중국 전국시대에 秦 나라에 항거하여 산동 6국(山東六國 : 燕·趙·韓·魏·齊·楚)의 결속을 설득한 말 잘하는 계략가.

大同江 '練光亭' (대동강 '연광정')

截然乎吃立高門 (절연호흘입고문)
碧萬頃蒼波直飜 (벽만경창파직번)
一斗酒三春過客 (일두주삼춘과객)
千絲柳十里江村 (천사류십리강촌)

孤丹鶩帶來霞色 (고단목대래하색)
雙白鳩飛去雪痕 (쌍백구비거설흔)
波上之亭亭上我 (파상지정정상아)
坐初更夜月黃昏 (좌초경야월황혼)

가파른 절벽위에 '연광정' 문 높이 섰고
만경 창파 대동강엔 푸른물결 출렁이네,
지나가는 봄나그네 한 말 술에 취했는데
10리 강촌엔 버들만 푸르네.

외로운 따오기는 노을속에 날아오고
갈매기는 쌍쌍으로 눈발같이 날아가네,
물결위에 정자있고 정자위에 내 있으니,
초저녁부터 달뜰 때까지 떠나지 못하네.

---

* 吃 : 산 우뚝할 '흘'.
* 鶩 : 따오기 '목'.
* 霞 : 노을 '하'. 멀다. 아득하다.
* 大同江 '練光亭' : 1차 번역은 이러했다.
  깎은 듯 연광정 높은 문이 우뚝 서있고

그아래로는 푸른 강물이 곧게 출렁이네.
나그네 한 말 술로 봄한철을 다 보내니,
천만올의 수양버들은 10리 강촌에 길게도 뻗었네.

외로운 따오기는 저녁놀빛에 붉게 물들고
백구 한 쌍이 나는 모습은 흰함박눈이 내리는 것같네.
푸르른 강물위에 정자 떠있고 정자마루엔 내가 앉았는데.
노을빛 사라지고 달이 올라도 떠날 수 없구나.

해 의

이 시는 평양 기생 竹香의 '江村暮景'에 대한 답시로서 '門·村·昏' 의 같은 押韻을 썼다.

예시 보기

千絲萬樓柳垂門 (천사만루류수문)
綠暗如雲不見村 (녹암여운불견촌)
忽有牧童吹笛過 (홀유목동취적과)
一江煙雨白黃昏 (일강연우백황혼)

-竹 香의 '江村暮景'

실버들 천만사가 누각 문전에 드리워져 있어.
짓푸른 구름그늘 눈앞을 가려 마을이 안뵈네.
갑자기 목동의 피리소리 그윽하게 들리는데
안개처럼 나부끼는 가랑비새로 하루가 저무네.

大同江上 (대동강 상)
-대동강에서

大同江上仙舟泛 (대동강상선주범)
吹笛歌聲泳遠風 (취적가성영원풍)
客子停驂聞不樂 (객자정참문불락)
蒼梧山色暮雲中 (창오산색모운중)

강위에 떠있는 수많은 놀잇배들
피리소리 노랫소리가 바람타고 오네.
강가에 말세우고 듣는 나그네 마음 서글퍼
창오산빛이 구름속으로 저물어만 가네.

---

* 泛 : 물소리 '범'.
* 驂 : 곁마 '참'. 말 매어둘 '참'.
* 客子 : 나그네.
* 蒼梧山 : 대동강 부근에 있는 산이름.
  舜 임금이 南巡하다가 죽어서 그를 장사지냈다는 산.

 예시 보기

조선초 삼봉 정도전이 대동강을 노래한 '江水之辭'를 읽어보자.

　　江之水兮水悠悠 (강지수혜유유)
　　泛蘭舟兮橫中流 (범난주혜횡중류)
　　高管嘹嘈兮歌聲發 (고관교조혜가성발)
　　賓宴譽兮獻酬 (빈연예혜헌주)

대동강 물이여, 멀고도 푸르구나
아름다운 배 띄웠는데 중류에 걸렸네.

쌍피리 소리높고 시끄러운데 노랫소리 퍼져.
손님들 모두모두 잔치 기분에 술잔 주고받네.

惑躍兮錦鯉 (혹약혜금리)
飛來兮白鷗 (비래혜백구)
煙沈沈兮極浦 (연침침혜극포)
草萋萋兮芳洲 (초처처혜방주)

가끔씩 비단잉어 뛰어오르고
흰갈매기도 가벼이 날으네.
연기는 모락모락 포구에 일고
무성한 풀은 꽃다운 물가 강둑에 자라네.

覽時物以自娛兮 (남시물이자오혜)
謇忘歸兮夷猶 (건망귀혜이유)
景忽忽兮西시兮 (경홀홀혜서시혜)
水沄沄兮逝不留 (수운운혜서불류)

철만난 자연 경관 구경하자니, 스스로 즐겁고.
돌아갈 제자리도 잊어버리고 머뭇거린다네.
지는 해 바쁘게도 서쪽으로 달려가고
콸콸거리며 소용돌이로 흘러가노니, 머무를 새 없네.

曾歡樂之未幾兮 (증환낙지미기혜)
隱子心兮懷憂 (은자심혜회우)
嗟哉盛年不再之兮 (차재성년부재지혜)
老將及兮夫焉求 (노장급혜부언구)

언제나 즐거움은 길지않은 것
가슴속에는 근심을 안고 제혼자 산다네.
오호라 젊은 시절 다시 오지 않음이여,
곧 늙음이 닥쳐오리니, 무얼 더 구하랴.

軒冕兮儻來 (헌토혜당래)
富貴兮浮雲 (부귀혜부운)

惟君子所重者義兮 (유군자소중자의혜)
名萬古與千秋 (명만고여천추)

공명은 뜻밖에도 갑자기 오고
부귀란 것도 뜬구름처럼 허망한 것이네.
오로지 군자에게 소중한 것은 의리뿐이라,
천추 만대에 그이름 전하리.

擧一杯相屬兮 (거일배상속혜)
庶有企兮前修 (서유기혜전수)

술잔을 높이 들고 서로 권하며
선현의 뜻을 새겨기리며 늘 닦아 나가세.

-三峰 鄭道傳의 '江水之辭'

---

* 정도전(鄭道傳, 1342년~1398년 10월 6일(음력 8월 26일)) : 본관은 봉화(奉化), 려말 선 초의 문신(文臣), 무신(武臣), 유학자(儒學者)이자 시인(詩人)이며, 외교관(外交官), 정치가(政治家), 유교 사상가(儒敎 思想家), 유학 교육자(儒學 敎育者)이다. 조선의 초기 성리학자의 한사람이며, 자는 종지(宗之). 호는 삼봉(三峯, 三峰), 시호는 문헌(文憲). 별칭은 해동장량(海東張良)이다. 아버지는 형부상서 염의선생 정운경, 어머니는 우연의 딸 영천 우씨이다.
과거 급제 후 성균관 등에 있으면서 여러 번 파직과 복직을 반복하였으며 1383년 이성계를 만나 역성혁명론자가 되었다. 이후 정몽주, 이성계 등과 함께 우왕과 창왕을 폐위시키고 공양왕을 추대했다가 1392년 조선 건국을 주도하여 개국공신 1등관에 녹훈되었다. 관직은 판삼사사를 거쳐 대광보국숭록대부로 영의정부사에 추증되었으며, '봉화백'(奉化伯)에 봉작되었다. 1398년 8월 제1차 왕자의 난 때 이방원의 군사들에게 피살되었다.
고종 때 복권되었다.

過松都 (과송도)
－송도를 지나며

秋風匹馬老松身 (추풍필마노송신)
方若行人衣微寒 (방약행인의미한)
流水只今鳴間曲 (유수지금명간곡)
浮雲衣舊鑠峰蠻 (부운의구쇄봉만)

千年城郭夕陽外 (천년성곽석양외)
一代衣冠春夢間 (일대의관춘몽간)
五百興亡何處問 (오백흥망하처문)
月臺無得野花斑 (월대무득야화반)

갈바람 불어와도 말을 타고 떠도는 몸
날은 춥고 나그네 옷은 너무나 얇구나.
흐르는 물소리도 가락에 맞춰 돌돌돌 거리고.
구름도 옛집 찾듯 산봉우리에 걸이어있구나.

천 년의 안팎성은 놀빛속에 설핏한데
찬란했던 고려 문화는 한 탕 꿈이었나.
5백 년 나라 흥망 어디 가서 물어볼까,
'만월대' 터엔 아무도 없고 들꽃만 무성해.

---

* 匹馬 : 말 한 마리. '單騎匹馬'의 준말.
* 春夢 : 봄꿈. '一場春夢'의 준말.

 예시 보기

前朝臺殿草烟深 (전조대전초연심)

落日牛羊下夕陰 (낙일우양하석음)
同時等閒亡國地 (동시등한망국지)
笑看黃葉滿鷄林 (소간황엽만계림)

-李 達의 '松 都'

옛왕조 대궐터는 풀숲속에 묻혀있고
해저무는 놀빛속에 염소떼들만 풀을 뜯고있네.
망국의 슬픈 한을 이제 누가 알아주랴,
꽃보다도 더 곱다고 단풍놀이가 모두 한창일세.

---

* 李 達 : 조선 중기 三唐詩人의 한 사람.

 황진이의 남자들

첫 번째가 옆집 總角(총각)이다. 황진이를 짝사랑하였으나 황진이 어머니는 그 총각을 절대로 만날 수 없게 하여서 총각은 상사병으로 죽었다. 그 상여가 황진이 집 앞을 지나가다 땅에 붙어서 움직이지 않았다고 하며, 황진이가 속저고리를 상여에 덮어주었더니 그제서야 상여가 움직였다고 한다. 황진이는 왜 그 남자가 죽었을까 생각하며 妓生(기생)이 됐다는 말로 전해오고 있다.

두 번째 남자는 개성 유수 송공이다. 대부인 연회석에 황진이를 초대하였는데, 여러 사람들이 황진이의 빼어난 모습을 보고 반했다고 한다. 그때부터 황진이가 유명해지게 되는데, 황진이는 송공과 그 전부터 함께 지낸 사이라 한다.

세 번째 남자는 선전관 이사종이다. 사신으로 송도를 지나가다 천사원 냇가에서 노래를 불렀는데 그 노래가 아주 출중하였다고 한다. 그래서 황진이는 그 노래에 빠져 듣고는, "개성에 이사종이라는 사람이 노래를 잘 부른다는데 그 사람인가 보다!"라고 말했다고 한다. 그리고 알아보라 했는데 정말 그 인지라, 황진이가 찾아가 서로 마음속 이야기를 나누고는 이사종을 자신의 집으로 초대하여 여러 밤 함께 사이좋게 지내다가 이사종에게 "내 마땅히 당신과 6년을 살아야겠소" 하고는 이사종의 집에 3년 동안 먹고 살 돈을 가지고 가서 살았고, 3년 후에는 이사종을 자신의 집으로 데려와 살다가 6년이 지난 후에는 깨끗이 헤어졌다고 한다. 이걸 보면 황진이가 얼마나 자존심이 강했으며 당당한 여자인지 알 수가 있고. 어떻게 보면 계약결혼 시초라 할 수도 있겠다.

　네 번째 남자는 판서 양곡 소세양이다. 그 남자는 "남자가 여색에 혹함은 남자가 아니다!"라고 했다. 그리고 "내가 황진이와 30일을 지내고 깨끗이 끝내겠다."라고 큰소리도 쳤다고 한다. 황진이와 30일을 지낸 후 황진이가 '송별 소양곡'을 불렀는데, 그 말 듣고 소세양은 "난 사람이 아니다!"라 말하고 황진이와 함께 며칠 더 살았다고 한다.

　다섯 번째 남자는 종실 벽계수다. 벽계수는 황진이가 명사 아니면 만나주질 않아 고민하다가 친구인 이달에게 물어 꾀를 내어 황진이 집근처 정자에서 노래 한 곡을 크게 부르니 황진이가 따라오길래 뒤돌아보지 않고 앞만 보고 갔다고 한다. 그때 황진이가

　　"청산리 벽계수야 수이감을 자랑마라
　　 일도 창해하면 돌아오기 어려워라
　　 명월이 만공산할 제 쉬어간들 어떠리"

라고 읊으니 그 소리를 듣고 벽계수가 뒤돌아보다가 말에서 떨어졌다고 한다. 그래서 황진이가 벽계수는 명사가 아니라 풍유랑이라 말하고 돌아가 버렸다고 한다. 이 노래는 일명 벽계수 '낙마곡'으로도 유명하다.

　여섯 번째 남자는 재상 아들 李生이다. 황진이가 말년에 금강산 유랑을 하고 싶어 함께 떠났을 때, 이생이 먹을 걸 짊어지고 갔는데 중도에 다 떨어져서 곳곳의 절을 돌아다니며 황진이가 몸을 팔아 음식을 얻었다고도 한다. 여행이 끝나고 깨끗이 헤어졌다 한다.

　일곱 번째 남자는 지족선사이다. 그는 면벽수련 30년으로 유명했는데, 황진이가 그를 찾아가 유혹할 때, 얼마나 용모가 빼어났던지 파계승이 되어 버렸다고 한다.

　마지막 여덟 번째는 화담 서경덕인데, 평소 화담의 학문이 높음을 듣고 그에게 가서 유혹하였으나 도무지 넘어오질 않았다. 여러 가지 방법을 써보고 함께 오랜 시절을 지냈으나 그는 의연하였다고 한다. 그래서 황진이가 감탄하여 "지족선사는 30년 면벽수련에도 내 앞에 무릎을 꿇었는데 화담은 함께 오랜 시절을 지냈으나 끝까지 나에게 이르지 않았

으니 진정 성인이다."라고 말하고 서경덕에게 제자로서 받아 줄 것을 부탁하여 제자가 되었다.

황진이는 남성위주 시대를 오히려 휘집고 섹스는 언제나 본인이 선택을 하였고 선도했으나 헤프지 않았으며 시화(詩畵)에 능하고 풍류를 알아 서양이나 중국의 미녀가 단순 미모로 권력자에게 몸을 맡기고 이름 날린 것과는 달리 차원이 전혀 다른 女人이기도 했다. 그래서 후일의 남자들도 그녀를 그리워하면서 "자는가, 누웠는가?"라고 그녀를 흠모 하였다. 바로 백호(白湖) 임제(林悌, 1549~1587)이다.

성격이 강직하고 고집이 세어 벼슬은 선조 때에 예조정랑(禮曹正郎)에 그쳤으나, 재주가 뛰어나고 문장이 시원스러웠으며, 특히 시를 잘 지었다. 그가 서도병마사로 임명되어 임지에 부임하는 길에 황진이의 무덤을 찾아가 이 시조 한 수를 짓고 제사지냈다가 임지에 부임도 하기 전에 파직당했다고 한다.

청초 우거진 골에 자는다 누웠는다
홍안은 어디 두고 백골만 묻혔는고
잔 잡아 권할 이 없으니 그를 슬허하노라.

---

* 黃眞伊 : 본명은 황 진(黃 眞, 1511~1551). 조선조 중종 때의 시인이자 시대를 풍미한 명기(名妓). 기명(妓名)은 명월(明月). 그녀가 남긴 시조가 한국문학사에 커다란 족적을 남김. 화담 서경덕, 박연폭포와 함께 송도삼절로 불리었다.
송도(開城)의 양반집 황 진사의 서녀로 태어나 우여곡절 끝에 기생이 되었다.
타고난 절색(絕色)에 명창(名唱)이었으며 시재(詩才)에도 능해 당대 최고의 명기로 많은 일화를 후세에 남겼다. 말년엔 전국 방방곡곡을 만행(萬行)을 하였으며, "나로 인하여 세상의 남성들이 스스로 자신을 사랑하지 않았으니… 자신의 몸을 이름없는 초야에 묻어서 짐승들과 미물인 벌레들이 먹게해서 타의 경계로 삼도록 해달라는…" 유언을 남겼다고 한다.
주요작품으론 〈만월대 회고(滿月臺懷古)〉, 〈박연폭포〉, 〈봉별소판서세양(奉別蘇判書世讓)〉등 7首의 한시(漢詩)와 〈동짓달 긴긴밤을 한허리를 베어내어〉, 〈어져 내 일이야 그릴 줄을 모르던가〉, 〈청산은 내 뜻이요 녹수는 님의 정이〉 6수가 있으며 우리 문학사상 가장 빼어난 작품 중 하나로 꼽히고 있다.

過 廣 灘 (과 광 탄)
―광탄을 지나며

幾年短杖謾徘徊 (기년단장만배회)
愁外鄕山夢裏回 (수회향산몽리회)
憂國空題王粲賦 (우국공제왕찬부)
逢時虛老賈誼才 (봉시허로가의재)

風吹落葉三更急 (풍취낙엽삼경급)
月擣寒衣萬戶催 (월도한의만호최)
齷齪生涯何足歎 (악착생애하족탄)
携盃更上鳳凰臺 (휴배갱상봉황대)

지팡이 하나 짚고 방황한 지 몇 해던가,
수심밖 고향 꿈속에 드누나.
나라일 걱정하던 왕중선도 하릴없이 글만 쓰고
때 만나도 재주 못 편 가도 시인도 덧없이 늙었네.

바람에 낙엽지니 밤은 더욱 깊어가고
겨울달밤에 다듬이소리 온동네 울리네.
강퍅한 이내 인생 한탄한들 무엇하랴,
술잔 챙겨서 '봉황대'로나 다시 올라가리.

---

* 廣灘 : 광탄천. 황해도 벽성군 검단면에서 죽천을 거쳐 황해로 흘러가는 강.
* 王粲 : 중국 후한 말의 시인. 자는 仲宣. 산양 고평 사람.
* 賦 : 부. 한시의 한 종류. * 何足歎 : 무엇을 족히 한탄하랴.
* 賈 : 賈島(779~843). 중국 당나라 중엽때 시인. 과거에 여러 번 실패하고 나중에 중이 되어 법명을 無本이라 함.

過長端 (과장단)
-장단을 지나며

對酒慾歌無故人 (대주욕가무고인)
一聲黃鳥獨傷神 (일성황조독상신)
過江柳絮晴獨電 (과강류서청독전)
入峽梅花香如春 (입협매화향여춘)

地接關河來往路 (지접관하래왕로)
日添車馬迎送塵 (일첨차마영송진)
臨津關外萋萋草 (임진관외처처초)
管得羈愁百種新 (관득기수백종신)

술먹고 노래하며 놀고싶어도 친구가 없구나.
꾀꼬리 소리만이 이내 마음을 아프게만 하네.
강건너 버들가지 날씨 화창해 더욱 싱그럽고.
산골에 들어가니, 매화가지는 봄향기를 뿜네.

여기는 관문 나루 오고가는 길목이라,
밤낮없이 말수레 먼지 켜켜이 쌓이네.
임진강 나루밖엔 잡초만이 무성하여,
외로운 객의 갖가지 시름 새롭게만 하네.

---

* 長端 : 경기도 장단면. 임진강을 끼고 있다.
* 絮 : 솜 '서'. 버들개지.
* 羈 : 굴레 '기'.
* 萋萋 : 풀이 무성하게 우거진 모양.
* 羈愁 : 나그네의 수심.

이번엔 당대 최고의 시인이라 할 수 있는 백거이의 비파행을 읽어보자.

 예시 보기

潯陽江頭夜送客 (심양강두야송객)
楓葉荻花秋瑟瑟 (풍엽적화추슬슬)
主人下馬客在船 (주인하마객재선)
舉酒欲飮無管絃 (거주욕음무관현)
醉不成歡慘將別 (취불성환참장별)
別時茫茫江浸月 (별시망망강침월)
忽聞水上琵琶聲 (홀문수상비파성)
主人忘歸客不發 (주인망귀객불발)

심양의 나루에서 밤손님을 전송하려니
단풍과 억새 가득히 피어 더욱더 쓸쓸해.
주인이 말에서 내리고 손님은 배 위에 있으매.
술잔 들어 마시려하나 풍악이 없구나.
취해도 즐겁지 않으매 우울하게 작별하려니
흰 강물위에 달이 잠겨 있네.
갑자기 물 위에서 비파소리 들려오니
주인도 손도 떠나지 못하네.

尋聲暗問彈者誰 (심성암문탄자수)
琵琶聲停欲語遲 (비파성정욕어지)
移船相近邀相見 (이선상근요상견)
添酒回燈重開宴 (첨주회등중개연)
千呼萬喚始出來 (천호만환시출래)
猶抱琵琶半遮面 (유포비파반차면)
轉軸撥絃三兩聲 (전축발현삼량성)
未成曲調先有情 (미성곡조선유정)

나즉한 비파 소리 누구냐고 묻자하니
비파소리 멎어버리고 목소리조차 들려오지 않네.
가까이 배를 대어 만나보려고

술을 채우고 등불 밝히며 술판을 벌렸네.
여러 번 불러대자 나타났는데
비파를 안아 얼굴 반 가렸네.
줄 골라 두세 번을 퉁겨 보는데
듣기도 전에 감정이 미리 전해지는 듯해.

絃絃掩抑聲聲思 (현현엄억성성사)
似訴生平不得志 (사소생평부득지)
低眉信手續續彈 (저미신수속속탄)
說盡心中無限事 (설진심중무한사)
輕攏慢撚抹復挑 (경롱만연말부조)
初爲霓裳後六幺 (초위예상후육요)
大絃粗粗如急雨 (대현조조여급우)
小絃切切如私語 (소현절절여사어)

줄 눌러 탄주하니 소리마다 생각이 있어
평생에 걸쳐 못다 이룬 뜻 호소하듯 하네.
지긋이 두 눈감고 능란하게 비파를 타니
마음에 감춘 끝없는 감회 말하는 것 같네.
가볍게 누르며 비틀다가 쓰다듬고 다시 퉁기니
그 처음에는 예상우의요, 다음엔 육요라.
굵은 줄 무겁고 센 소리는 소나기가 퍼붓는 듯,
가는 줄은 맑고 가냘퍼 속삭이듯 하네.

粗粗切切錯雜彈 (조조절절착잡탄)
大珠小珠落玉盤 (대주소주락옥반)
間關鶯語花底滑 (간관앵어화저활)
幽咽流泉氷下灘 (유열유천빙하탄)
水泉冷澁絃凝絶 (수천랭삽현응절)
凝絶不通聲漸歇 (응절불통성점헐)
別有幽愁暗恨生 (별유유수암한생)
此時無聲勝有聖 (차시무성승유성)

센 소리 가는 소리 어우러져
큰 구슬과 작은 구슬이 옥쟁반에서 구르는 듯하네.
꽃 아래 꾀꼬리 소리처럼 매끄럽고
아스라이 우는 소리는 얼음장 밑의 샘물 같았다네.
샘물이 얼어붙듯, 비파줄이 엉겨 붙어
막힌 채로 통하지 않아 소리가 멈췄네.
가슴엔 깊은 슬픔, 남모르는 한이 생기니
이런 때에는 소리 없음이 차라리 더 좋네.

銀甁乍破水漿迸 (은병사파수장병)
鐵騎突出刀槍鳴 (철기돌출여열백)
曲終收撥當心畵 (곡종수발당심획)
回絃一聲如裂帛 (회현일성여열백)
東船西舫悄無言 (동성서방초무언)
唯見江心秋月白 (유견강심추월백)
沈吟放撥揷絃中 (침음방발삽현중)
整頓衣裳起斂容 (정돈의상기렴용)

은병이 갑자기 깨지면서 물 쏟아지듯,
철기마병이 갑자기 나와 창칼이 우는 듯.
끝날 때 채 거두며 비파를 긁자
네 줄 소리가 질긴 비단을 찢는 것만 같아.
동쪽과 서쪽 배의 모든 사람들 할 말을 잃은 듯.
오로지 보이는 건 강물위에 뜬 밝은 가을달 뿐.
무거운 한숨 뒤 비파줄에 채를 꽂고는
옷매무새를 가다듬으며 일어나 말하네.

自言本是京城女 (자언본시경성녀)
家在蝦蟇陵下住 (가재하마릉하주)
十三學得琵琶成 (십삼학득비파성)
名屬敎坊第一部 (명속교방제일부)
曲罷常敎善才服 (곡파상교선재복)
粧成每被秋娘妬 (장성매피추랑투)

五陵年少爭纏頭 (오릉연소쟁전두)
一曲紅綃不知數 (일곡홍초부지수)

전 본래 서울 사는 여자로서
집은 하마릉 옆에 있었어요.
열셋에 비파를 배워 익혀
제 이름이 교방에서도 으뜸이었어요.
한 곡이 끝나면 스승님이 탄복하였고
분단장하면 뭇 미인들도 시샘하였지요.
오릉의 한량들 다투어 선물하여
한 곡 끝나면 붉은 비단이 셀 수도 없었죠.

鈿頭銀篦擊節碎 (전두은비격절쇄)
血色羅裙飜酒汚 (혈색라군번주오)
今年歡笑復明年 (금년환소부명년)
秋月春風等閑度 (추월춘풍등한도)
弟走從軍阿姨死 (제주종군아이사)
暮去朝來顔色故 (모거조래안색고)
門前冷落車馬稀 (문전냉락거마희)
老大嫁作商人婦 (노대가작상인부)

옥비녀, 은빗으로 장단 맞추다 부러도 지고
비단치마에 술 엎지름도 여러 번이었죠.
한 해를 즐겁게 웃으며 다음해도 그리했으니
봄 가을 없이 한가히 보냈죠.
남동생 군에 가고 어머니도 돌아가시니
하루 또 하루 곱던 얼굴도 시들어 갔어요.
문앞은 썰렁하고 찾는 이도 드물어져
나이 들어 시집가자니 상인 아내가 되고 말았지요.

商人重利輕別離 (상인중리경별리)
前月浮梁買茶去 (전월부량매다거)
去來江口守空船 (거래강구수공선)

繞船明月江水寒 (요선명월강수한)
夜深忽夢少年事 (야심홀몽소년사)
夢啼粧淚紅欄干 (몽제장루홍란간)

이득이 중한 상인 저와 이별 대수롭지 않은지라
지난 달에 부량 쪽으로 차를 사러 갔죠.
남편이 떠나간 후 강나루에서 빈 배를 지키니.
배 위에 밝은 달빛 출렁거리며 강물만 찼지요.
밤 깊어 젊은 날의 꿈을 꾸니
꿈속에서 너무 울어 눈물 연지가 흘러내렸다오.

我聞琵琶已歎息 (아문비파이탄식)
又聞此語重喞喞 (우문차어중즉즉)
同是天涯淪落人 (동시천애윤락인)
相逢何必曾相識 (상봉하필증상식)
我從去年辭帝京 (아종거년사제경)
謫去臥病潯陽城 (적거와병심양성)
潯陽地僻無音樂 (심양지벽무음악)
終歲不聞絲竹聲 (종세불문사죽성)

난 이미 비파소리 들으면서 탄식했는데
이 말을 듣고 거듭 탄식했네.
나 또한 이 땅위에 떠도는 사람,
이리 만나니 옛부터 이미 알던 사이 같네.
이몸은 지난 해에 서울을 떠나
유배를 와서 심양성에서 와병중이라오.
심양은 외진 곳, 제대로 된 음악이 없어
일 년이 되도 악기소리를 들어볼 수 없오.

住近湓江地低濕 (주근분강지저습)
黃蘆苦竹繞宅生 (황로고죽요택생)
其間旦暮聞何物 (기간단모문하물)
杜鵑啼血猿哀聲 (두견제혈원애성)

春江花朝秋月夜 (춘강화조추월야)
往往取酒還獨傾 (왕왕취주환독경)

이곳은 물가에 가까워서 낮고 습하며
갈대 왕대가 집을 에워싸 자라고 있다오.
그 중에 아침저녁 들리는 것은
피토하듯 한 두견소리와 원숭이울음 뿐.
봄꽃 핀 아침 강가 가을달 뜬 밤
가끔씩 혼자 잔 기울인다오.

豈無山歌與村笛 (기무산가여촌적)
嘔啞嘲哳難如聽 (구아조찰란여청)
今夜聞君琵琶語 (금야문군비파어)
如聽仙樂耳暫明 (여청선악이잠명)
莫辭更坐彈一曲 (막사경좌탄일성)
爲君飜作琵琶行 (위군번작비파행)

어떻게 여긴들 산노래나 피리소리 없으리오만
조악한 소리 듣기가 어렵소.
오늘 밤 그대의 비파소리 듣고나니
신선계의 음악소린 양 귀가 맑아지오.
다시 또 한 곡만 더 부탁하오니 부디 사양마오.
내 오늘 그대 위해 비파의 노래 지어드리리다.

感我此言良久立 (감아차언양구입)
却坐促絃絃轉急 (각좌촉현현전급)
凄凄不是向前聲 (처처불시향전성)
滿座重聞皆掩泣 (양좌중문개엄읍)
座中泣下誰最多 (좌중읍하수최다)
江州司馬靑衫濕 (강주사마청삼습)

내말에 감동한 듯 한참 섰다가
다시 앉아서 줄을 고르고 급히 연주하네.
이전의 소리와 애닲기가 또 다르니

모든 사람들 얼굴 가리고 흐느끼며 우네.
그 중에 누가 가장 많은 눈물을 흘렸었던가,
강주 사마의 푸른 저고리 눈물에 젖었네.

- 白居易의 '琵琶行'

* 白居易(772~846) : 자(字)는 낙천(樂天), 호는 취음선생(醉吟先生), 향산거사(香山居士).
 당나라 때 뤄양(洛陽) 부근의 신정(新鄭)에서 가난한 학자 집안에서 출생. 10세에 가족들에게 벗어나 장안(長安)에서 수학. 서기 800년 29세로 진사(進士) 급제, 32세에 황제 친시(親試)에 합격. 한림원 학사. 807~815년까지 항명으로 유배 후, 다시 항저우에 재직시 시후(西虎)에 건설한 백제는 그의 애민정신을 엿볼 수 있다.
 두보·이백보다 조금 후의 사람으로 그의 시는 짧은 문장으로 누구든지 쉽게 읽을 수 있는 것이 특징이나 경쾌하지는 않고, 구세제민을 주제로 삼아 약간 무거운 느낌이 있다. 45세 때 지은 〈비파행〉은 그를 당나라에서 가장 뛰어난 시인이 되게 하였다. 또, 당 현종과 양귀비의 사랑을 노래한 장시 〈장한가〉도 유명하다. 이 밖에 〈백시 장경집〉 50권에 그의 시 2,200수가 정리, 〈백씨 문집〉은 그의 모든 시를 정리한 시집이다.

過'寶林寺'(과 '보림사')
－보림사를 지나며

窮達在天豈易求 (궁달재천기이구)
從吾所好任悠悠 (종오소호임유유)
家鄕北望雲千里 (가향북망운천리)
身勢南遊海一漚 (신세남유해일구)

掃去愁城盃作箒 (소거수성배작추)
釣來詩句月爲鉤 (조래시구월위구)
寶林看盡龍泉又 (보림간진용천우)
物外閑跡共比丘 (물외한적공비구)

잘 살고 못 사는 게 하늘 뜻이니, 제 뜻대로 되랴.
내 마음 가는 대로 좋은 것 찾아 느긋하게 살리.
북쪽의 고향하늘 바라보니, 구름 천 리요,
남쪽 멀리서 떠도는 신세 물거품같구나.

술잔을 비로 삼아 근심덩어리 쓸어버리고
달을 낚시로 싯귀나 낚으리.
'보림사' 둘러보고 '용천사' 가니
세속을 떠난 한가한 마음 스님과 같구나.

---

* 漚 : 담글 '구'. 거품. * 箒 : 비 '추'. 쓰는 비.
* 鉤;갈고랑이 구. 낚싯바늘 구.
* 窮達 : 못 살고 잘 사는 것.
* 寶林 : '보림사'. 전남 장흥군 유치면 迦智山에 있는 절. '송광사' 말사.
* 龍泉 : '용천사'. 전남 함평군 해보면 광암리 無嶽山에 있는 절.

離別'矗石樓' (이별 '촉석루')

燕趙悲歌士 (연조비가사)
相逢矗石樓 (상봉촉석루)
寒烟凝知堞 (한연응지첩)
落葉下長洲 (낙엽하장주)

素志遠黃卷 (소지원황권)
同心已白頭 (동심이백두)
明朝南海去 (명조남해거)
江月五更秋 (강월오경추)

울분을 노래하던 두 사나이
'촉석루'에서 서로 만났다네.
차가운 가을연기 성첩에 엉겨
나뭇잎새는 모래톱위에 떨어져내리네.

만 권의 책들 모두 읽으려던 뜻 못다 이루고
이미 세월은 헛되이 흘러 백발이 되었네.
내일은 아침부터 또 남해로 떠날몸인데
새벽강가엔 달빛만 스치네.

해 의

촉석루(矗石樓) : 경상남도 진주시 본성동 진주성내에 위치해 있는 누각. 남강변 절벽 뒤편에 있는 진주성의 주장대(主將臺), 1365년(고려 공민왕 14년)에 처음 건립 후 7차례의 중건과 보수를 거쳐 한국전쟁 때 불타 없어졌다가 1960년 진주고적보존회에서 재건.

1593년 7월 29일 왜군의 파상적인 공격으로 진주성 동문이 무너지자, 김천일, 최경회, 이종인 등은 이곳에 모여서 결사항전 하였으나, 모두 전사하거나 남강에 뛰어들어 자결.

당시 제2차 진주성 전투에서 승리한 왜군이 촉석루에서 승전연을 벌일 때 논개가 촉석루 앞의 의암(義巖)에서 왜장을 끌어안고 강으로 뛰어들었다고 함. 인근에 論介(논개)의 의기사(義妓祠)가 있음.

1747년 영조 23년 1월 26일 경상우병영에서 조정으로 진주 사람이 남강 가에서 주웠다고 하는 도장 한 개가 진상되었다. 이것은 당시로부터 154년 전인 1593년 최경회가 소지하고 있다가 남강에 몸을 던질 때 가지고 있었던 것이었다. 영조는 이것을 창렬사에 두고 제를 올리라고 명하고, 도장갑을 만들고 그 위에 글을 지어 촉석루의 의열을 칭송하였다.

追憶往事 (추억왕사)
百有餘年 (백유여년)

지난 일 돌이켜서 생각해 보니,
백여 년이 갔네.

幸得南江 (행득남강)
印篆宛然 (인전완연)

다행히 남강에서 주운 도장에
새긴 전자가 아직도 새롭네.

矗石閫義烈 (촉석곤의렬)
想像愴先 (상상창선)

촉석루 문지방 위 뛰어난 의열
상상하자니 참 서글퍼지네.

命留嶺閫 (명류령곤)
以竪忠焉 (이수충언)

영남의 병영에 보관하여
높은 충절을 기리도록 하라.

登'廣寒樓' (등 '광한루')
– 광한루에 올라

南國風光盡此樓 (남국풍광진차루)
龍城之下鵲橋頭 (용성지하작교두)
江空急雨無端過 (강공급우무단과)
野濶餘雲不肯收 (야활여운불긍수)

千里筇鞋孤客到 (천리공혜고객도)
四時茄鼓衆仙遊 (사시가고중선유)
銀河一脈連蓬島 (은하일맥연봉도)
未必靈區入海求 (미필영구입해구)

남쪽의 경치는 '광한루'가 가장 좋으니,
용성아래에 터를 잡으니, 바로 '오작교' 머리맡에 있네.
물마른 강바닥에 소나기내려 물이 흘러가고.
광활한 들녘에는 구름이 남아 떠나지 못하네.

외로운 나그네가 천 리 길을 찾아와 보니,
4시 4철을 북과 피리로 신선들이 노네.
은하수 한 줄기가 봉래도까지 이어져 있으니.
바다에 들어가서 신령스런 곳 찾을 일이 없네.

---

* 광한루 : 전라북도 남원에 있는 누각. '춘향전'의 배경이 된 곳.
* 南國 : 충청 전라 경상도를 가리키는 三南 지방.
* 江空 : 물 없는 강.
* 急雨 : 소나기.
* 筇鞋 : 지팡이와 짚신.

* 茄 : 연 줄기 '가'. 호들기 '가'.
* 蓬島 : 봉래도. 神仙이 산다는 상상의 섬으로 渤海에 있다고 함.

 예시 보기 1

    知名南國廣寒樓 (지명남국광한루)
    六月登臨骨欲秋 (유월등림골욕추)
    桂影忽來天宇區 (계영홀래천우구)
    朱欄曲處過牽牛 (주란곡처과견우)

                      -姜希孟의 '광한루(廣寒樓)'

    이름 난 남녘 명승 광한루에는
    유월에 와도 몸은 가을이네
    갑자기 달 오르니 하늘세상 여기런가
    붉은 난간 굽은 곳으로 견우별 빛나네.

* 강희맹(姜希孟, 1424~1483) : 조선 초기 문신. 화가. 자는 경순, 호는 사숙재(私淑齋), 국오(菊塢), 운송거사(雲松居士)등, 시호는 문량, 본관은 진주. 의정부좌의정 김질의 아들 김성동의 장인. 경기도 출신.

 예시 보기 2

    織罷氷綃獨上樓 (직파빙소독상루)
    水晶簾外桂花秋 (수정염외계화추)
    牛郎一去無消息 (우랑일거무소식)
    烏鵲橋邊夜夜愁 (오작교변야야수)

                      -南原 妓生 桂 花의 '廣寒樓'

    베짜기 밀쳐두고 홀로 다락에 올라와보니,
    수정발새로 가을달빛이 스며들어오네.
    견우성 지고난 뒤 소식마저 끊어지니,
    '오작교'에서 매일밤마다 시름에 잠기네.

上元月 (상원월)

看月何事依小樓 (간월하사의소루)
心身飛越廣寒樓 (심신비월광한루)
光垂八域人皆仰 (광수팔역인개앙)
影入千江水共流 (영입천강수공류)

曠古詩仙曾幾問 (광고시선증기문)
長生藥兎來應愁 (장생약토래응수)
圓輪自重今宵出 (원륜자중금소출)
碧落雲霽廓已收 (벽각운제곽이수)

구태여 달구경을 좁은 루에서 해야만 하랴,
몸과 마음을 '광한루'위로 날려가 보세나.
달빛이 온천지를 고루 비추면 모두가 보리니.
달그늘 강물속에 빠져들어가 물같이 흐르네.

그옛날 이태백이 입버릇처럼 말한 것과 같이.
저달속 옥토끼와 깊은 시름을 함께 나누겠네.
이밤도 두둥실 둥근달 높이 뜨니,
검은 구름 맑게 걷히어 하늘도 푸르네.

 예시 보기

　　農家會住廣通橋 (농가회주광통교)
　　上月看花不寂寥 (상월간화불적요)
　　有感待人聞響兮 (유감대인문향혜)
　　盡情求伴學吹簫 (진정구반학취소)

追思往昔蟾應老 (추사왕석섬응로)
若說興亡桂亦저 (약설흥망계역)
回首舊宮歌舞地 (회수구궁가무지)
漆燈明滅上元宵 (칠등명멸상원소)

-金陵 妓生 陳玉樹의 '上元夜有感'

우리집 일찍이 광통교에 있었을 때
달구경하랴 꽃구경하랴 심심치 않았네.
혹시나 님오실까 신발소리에 귀기울이고
정든 동무와 퉁소도 배웠지.

지난날 추억하면 섬(蟾)도 많이 늙었겠지,
가는 세월, 계(桂)도 지금쯤 많이 변했겠지.
그 옛날 궁궐에서 노닐던 곳 바라보니
보름밤인데 가물거리는 불빛만 아련해.

---

* 金陵 妓生 陳玉樹 : 본명 陳玉蟾. 원래 서울 광교에 살았으며 歌舞로 궁중 進宴에 뽑혀가서 이름을 떨쳤다고 함.

'石窟庵' ('석굴암')

龍眠活手妙傳神 (용면활수묘전신)
玉斧銀刀別樣人 (옥부은도별양인)
萬里浮雲長憩處 (만리부운장게처)
九天明月遠懷辰 (구천명월원회진)

庶幾玄圃乘鸞跡 (서기현포승란적)
太半靑城幻鶴身 (태반청성환학신)
我欲相隨延佇立 (아욕상수연저립)
訝君巾履淡非眞 (아군건리담비진)

용면의 높은 솜씨 신묘함을 전하였나,
옥도끼와 은장도로 다듬어내는 별난 이로구나.
만 리 길 뜬구름도 이곳에서는 오래 쉬다 가고.
9천의 밝은 달도 먼하늘에서 그리는 때라네.

현포의 선경에서 난세를 타던 흔적이 이랬고.
청성의 선경에서 백학탄 몸도 이러했으리라.
난 이제 이신선을 따라가고자 머물러 섰나니.
이신선 옷과 신이 진짜같아서 의심할 뿐이네.

---

* 庶幾 : 賢人.
* 玄圃 : 중국 곤륜산에 있다는 仙人의 居所.
* 乘鸞跡 : 난새를 탔던 흔적.
* 巾履 : 옷과 신발.

 예시 보기

一別徂徠問幾時 (일별조래문기시)
栽封蒼翠萬年姿 (재봉창취만년자)
靑香細細來詩筆 (청향세세래시필)
殘子紛紛落硯池 (잔자분분낙연지)

묻노니 저래산 떠나온 지 몇 해련고
만년송 푸른 그루 고이고이 심었노라
맑은 향 은은하게 시축(詩軸)에 풍겨오고
송화가루 날아서 벼루에 떨어진다

葉密幽禽啼自在 (엽밀유금제자재)
苔斑鱗甲老尤奇 (태반린갑노우기)
昂莊獨立村園裏 (앙장독립촌원리)
不許尋常俗士知 (불허심상속사지)

푸른 잎 무성한데 새소리 한가롭고
늙은 줄기 이끼 끼니 인갑(鱗甲)인양 아롱진다
은사(隱士)의 동산에 우뚝 서있으니
심상한 저 속사(俗士)야 몰라준들 어떠리

又
靑苔一逕隔紅塵 (청태일경격홍진)
幽興相尋日轉新 (유흥상심일전신)
車馬縱然嫌地僻 (차마종연혐지벽)
鶯花曾不厭家貧 (앵화증불염가빈)

이끼 낀 오솔길이 홍진(紅塵)에 막혔으니
그윽한 흥(興)을 찾아 날로 기분 새로워라
후미져 으슥한 곳 차마(車馬) 어이 오랴마는
집이 가난하다 앵화(鶯花)야 싫어하랴

看山坐處凉生腋 (간산좌처량생액)
高枕眠時翠滴巾 (고침면시취적건)
自喜萬年松影裏 (자희만년송영리)

四時風景屬閑人 (사시풍경속한인)

산을 보고 앉았으니 어깨는 서늘하고
높은 베개 잠이 드니 푸른빛이 낯을 덮네
만년송(萬年松) 그늘 속에 한가로운 이몸이라
아름다운 사시풍경(四時風景) 나 홀로 기뻐하리

—松隱 金光粹의 '萬年松亭韻'
飜譯 金昌會(成均館 副館長)

---

* 김광수(金光粹, 1468(세조 14)~1563(명종 18)) : 조선 중기의 시인.
본관은 안동. 자는 국화(國華), 호는 송은(松隱). 고려 중흥공신이며 출장입상(出將入相)의 경륜을 가진 충렬공 김방경(金方慶)의 9대손이며, 고려말에 도평의(都評議)를 지낸 바 있는 아버님 김구정(金九鼎)을 모시는 사촌으로 입향한 감목공 김자첨(監牧公 金子瞻)의 증손이다. 조부 효온(孝溫)은 1412년에 태어나 생원(生員)에 합격하고 박팽년, 최항 등과 문과 동방으로 친교가 있었으며, 문과 급제 후 북평사(北評事)와 지례 현감을 역임하면서 청백리로 널리 알려진 극해(克偕)의 아들이다. 1501년(연산군 7)에 진사가 되었으나 연산의 정란을 예견하고 대과와 관직을 단념하고 귀향하여 집앞에 한 그루 향나무(경상북도 기념물 제107호)를 심고 마을 앞 기천 남록에 詠歸亭(경상북도 문화재 자료 234호)을 지어 시가를 읊으며 후학을 지도하고 은둔생활을 했다. 그는 향나무를 만년송(萬年松)이라 부르고 늘 푸른 자태를 완상하면서 위 두 편의 시를 남겼다.
공의 학문과 덕망은 당시 영남일대에 알려졌고 그 후손에 이름난 선비가 연세 상전하여 대소 등과한 이가 50여 명에 이르렀다. 향년 96세. 대곡산(大谷山)에 예장. 그뒤 외손자인 서애 유성룡(柳成龍)이 왕명을 받아 제사지내고 묘를 살펴보았다. 의성의 장대서원(藏待書院)에 제향. 저서 《松隱集》과 《警心箴》이 있다.
晚翠堂 金士元의 증조부요, 編譯者의 18대조이시다.

與趙雲卿上樓 (여 조운경 상루)
-조운경과 누각에 올라

也知窮達不相謀 (야지궁달불상모)
思樂橋邊幾歲周 (사락교변기세주)
漢北文章今太守 (한북문장금태수)
湖西物望舊荊州 (호서물망구형주)

酒誡狂藥常爲病 (주계광약상위병)
詩亦風流可與酬 (시역풍류가여수)
野笠殆嫌登政閣 (야립태혐등정각)
抱琴獨倚海山秋 (포금독의해산추)

궁함과 영달함이 어울릴 수 없지마는
사락다리 주변에서 몇 해를 두루 함께 놀았던가.
한북의 문장가가 태수가 되니,
호서에서도 높은 이름은 옛형주 목사라.

늘 술은 광약이라 일러주며 경계하였고
시짓는 일도 또한 풍류라 함께 더불어 주고받았더라.
삿갓쓴 야인은 정각에 오르기 싫으니,
거문고 홀로 안고 가을 산수나 벗하며 지내리.

---

* 窮 : 다할 '궁'. 가난하다. 궁핍하다(여기서는 김삿갓 자신을 지칭함.).
* 達 : 통달할 '달'. 다다르다. 미치다. 정통하다(친구 조운경을 말함).
* 物望 : 여러 사람이 우러러보는 드러난 이름.
* 荊州 : 중국 고대 9주 중 호북성 남부에 있는 형산의 옛이름.
* 狂藥 : 사람을 미치게 하는 약. 술의 별칭.

해 의

김삿갓과 의기상통하는 시우 조운경이 안변군수로 가게 되자 이별을 앞두고 쓴 작별시이다. 이에 대해 조운경이 화답시를 썼다. 그 손자인 조태원(趙泰源)이 해방 전에 서울 재동에 살아 김립의 손자인 김영진(金榮鎭)과 역시 친교가 깊었다고 한다.

 예시 보기

> 歎息狂生亦自謀 (탄식광생역자모)
> 十年踽踽道隅周 (십년우우도우주)
> 前冬壑雪凝羊角 (전동학설응양각)
> 今日文虹貫鳳州 (금일문홍관봉주)
>
> 不飮惟吾常有病 (불음유오상유병)
> 得詩與爾可無酬 (득시여이가무수)
> 麻鞋尙上龍圖閣 (마혜상상용도각)
> 政閣何嫌野笠秋 (정각하혐야립추)

나 또한 스스로 도모함을 탄식하노니
십년 동안을 길에서 홀로 헤메고 다녔네.
겨울철 산골짝 눈 양뿔처럼 엉기었는데
오늘 문장은 무지개처럼 봉주에 빛나네.

난 술을 안 마셔도 병이 들었고
시를 얻어도 그대와 함께 즐기지 못하네.
삼으로 짠 미투리 용두각에 올랐으되
거기서 어찌 '야립'을 꺼리랴.

－趙雲卿의 和答詩 '和金笠'

---

* 踽 : 홀로갈 '우'
* 凝 : 엉길 '응'
* 虹 : 무지개 '홍'

寒食日 登'北樓'吟 (한식일 등 '북루' 음)
-한식날 북루에 올라

十里平沙岸上莎 (십리평사안상사)
素衣靑女哭如歌 (소의청녀곡여가)
可憐今日墳前酒 (가련금일분전주)
釀得阿郎手種禾 (양득아랑수종화)

10리쯤 펼쳐있는 모래벌에는 잔디가 자라고.
소복한 청상 과부 호곡소리는 노래로 비끼네.
쯧쯧쯧! 한식날 무덤앞에 따르는 술은
죽은 낭군이 농사한 벼로 빚은 술이럿다.

---

* 莎 : 향부자 '사'. 사초(莎草). 잔디.
* 素衣靑女 : 소복(素服)한 청상과부(靑孀寡婦).
* 阿郎 : 낭군. 남편.
* 手種 : 손수 벼를 심고 가꾸며 농사하다.

 해 의

이명우 씨는 '김삿갓 시집'에서 '이 시의 주인공인 여인이 시인이었다면, 다음과 비슷한 작품을 남기지 않았을까?' 하며 인용한 시가 있다.

 예시 보기 1

寒食無家心事違 (한식무가심사위) 한식에 집이 없어 심사가 틀려
物華猶是鄕國非 (물화유시향국비) 풍경 그럴 듯, 내 고향 아니네.
百五日前春欲暮 (백오일전춘욕모) 석 달 전, 온 봄날도 저물려 하고
三千里外人未歸 (삼천리외인미귀) 천 리 밖 사람, 돌아갈 수 없네.
夢裏松楸空縹緲 (몽리송추공표묘) 꿈속의 조상은 속절없이 아득한데

愁中桃李正芳菲 (수중도리정방비)　시름 속의 복숭아 배꽃 참 아름답다네.
鞦韆蹴踘都不關 (추천축국도불관)　그네나 제기차기 관계없으니
自詠新詩送落暉 (자영신시송락휘)　새 시 읊으며 지는 해 보내네.

　　　　　　　　　　　　　　　　-金訢의 '한 식(寒 食)'

---

* 김 흔(金 訢, 1448(세종 30)~1492(성종 23)) : 조선 전기 문신. 청백리(淸白吏). 본관은 연안(延安). 자 군절(君節), 호 안락당(顔樂堂). 시호 문광(文匡).

 예시 보기 2

別後雲山隔溯茫 (별후운산격사망)
夢中微笑在君傍 (몽중미소재군방)
覺來半枕虛無影 (각래반침허무영)
側向殘燈冷落光 (측향잔등냉낙광)

何日能逢千里面 (하일능봉천리면)
此時空斷九回腸 (차시공단구회장)
窓前更有梧桐雨 (창전갱유오동우)
漆得相思淚幾行 (칠득상사누기행)

이별 후 산도 물도 아득만 한데
꿈속에서만 님의 곁에서 웃고 기뻐했소.
잠깨니, 베갯머리 텅 비어있고, 님은 간 데 없어.
등잔불 나를 향해 냉정하게도 가물거린다오.

언제나 님을 만나 서로 즐길까,
내 구곡 간장 다 끊어진다오.
창밖엔 또 다시 오동꽃비 흩날리어
이밤 새도록 내님 그리며 눈물짓는다오.

　　　　　　　　　　　　　　-晋州 妓生 桂 香 作 '寄遠人'

崔白潭과 對聯 (최백담과 대련)

笠 : 山如劒氣衝天立 (산여검기충천립)
　　 水如兵聲動地流 (수여병성동지류)

崔 : 山欲渡江江口立 (산욕도강강구립)
　　 水將穿石石頭廻 (수장천석석두회)

笠 : 山不渡江江口立 (산불도강강구립)
　　 水難穿石石頭廻 (수난천석석두회)

笠 : 산들은 칼처럼 하늘을 찌를 듯 서있고,
　　 강물은 병사들의 아우성처럼 땅위를 흐르네.

崔 : 산들은 깊은 강을 건너가려고 강어귀에 섰고.
　　 강물은 바윗돌을 뚫어보려고 돌머리를 도네.

笠 : 산들은 깊은 강을 건너지 못해 강어귀에 섰고.
　　 강물은 바윗돌을 뚫기어려워 돌머리를 도네.

---

* 衝天 : 하늘을 찌를 듯.
* 動地流 : 땅을 울리며 흐른다.
* 欲 : ~하려고 하다.
* 穿石 : 돌을 뚫다. 돌에 구멍을 내다.

開城 '善竹橋' (개성 '선죽교')

故國江山立馬愁 (고국강산입마수)
半千王業空一邱 (반천왕업공일구)
煙生廢墻寒鴉夕 (연생폐장한아석)
葉落荒臺白雁秋 (엽락황대백안추)

石狗年深難轉舌 (석구연심난전설)
銅臺陁滅但垂頭 (동대타멸단수두)
周觀別有傷心處 (주관별유상심처)
善竹橋川咽不流 (선죽교천인불류)

내 고국 강산에다 말세우고 바라보니,
5백 년의 빛난 왕업이 빈언덕뿐이라.
무너진 담장에는 연기오르고 갈까마귀 울어.
대위에 낙엽지고 기러기나는 가을이로구나.

석구도 오래묵어 짖지 못하고
구리짐승도 허물어져서 머리만 숙였네.
골고루 살펴보니 마음 아픈 곳 따로 있겠거니.
'선죽교' 개울물도 목이 메어서 흐르지 못하네.

---

* 鴉 : 갈까마귀 '아'.
* 白雁 : 흰기러기.
* 石狗 : 돌로 만든 개.
* 難轉舌 : 혀를 굴리기 어렵다. 짖을 수가 없다.
* 陁滅 : 허물어지다. 허물어져 내리다.

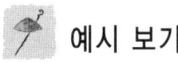 **예시 보기**

繁華往事已成空 (번화왕사이성공)
舞館歌臺野草中 (무관가대야초중)
惟有斷橋名善竹 (유유단교명선죽)
半千王業一文忠 (반천왕업일문충)

―李 塏의 '善竹橋'

영화도 지나가면 헛된 꿈같아
노래부르며 놀던 대위엔 들풀만 무성해.
그래도 '선죽교' 그이름은 남아 있으니,
5백 왕업 중 文忠을 아는지.

---

* 李 塏 : 死六臣의 한 사람
* 塏 : 높고 건조할 '개'

善竹橋邊血 (선죽교변혈)
人悲我亦悲 (인비아역비)
孤臣亡國後 (고신망국후)
不死意何爲 (불사의하위)

―李 偰의 '善竹橋'

선죽교 돌다리위 흘린 피에
남들과 같이 나도 슬퍼하네.
외로운 신하는 나라가 망한 뒤에
무슨 일 하려 죽지 못했던가.

---

* 偰 : 맑을 설.
* 李 偰 : 철종 때 급제 후 승지를 지냄.

關 王 廟 (관 왕 묘)

古廟幽深白日寒 (고묘유심백일한)
全身復見漢衣冠 (전신복견한의관)
當時未了中原事 (당시미료중원사)
赤兎千年不解鞍 (적토천년불해안)

옛사당 음산하여 한낮에도 서늘한데
온몸에 걸친 한나라 의관 옛과 다름없네.
중원의 그때 큰일 다 못마치고 떠나셨으니
천년이 가도 적토마 안장 풀지 못한다네.

---

* 關王廟 : 蜀漢의 장수 關羽를 모신 사당.
* 白日 : 한낮.
* 賦 : 부. 한시의 한 종류.
* 何足歎 : 무엇을 족히 한탄하랴.
* 赤兎 : 赤兎馬. 중국삼국시대에 관우가 타던 매우 빠른 말.

 해 의

도교에서는 관우를 신격화하여 전쟁의 신인 관성제군(關聖帝君)이라 부른다. 공자의 사당을 문묘(文廟)라고 하듯이, 관우의 사당을 무묘(武廟)라 하여 관우는 무의 화신으로 추앙받는다. 관우가 황제(관성대제)를 넘어서 신으로 추대된 이후에 중국 후대 왕조의 황제들은 자신들의 이름이 관우와 겹치지 않도록 하기 위해 스스로 피휘(避諱)를 하였다. 중국인들이 관우를 차라리 운장이라고 부르거나 굳이 관공(關公)이라고 하는 이유도 이 때문이다.

관제묘가 사당 형식으로 처음 세워진 것은 명나라 말기인 1594년으로,

명나라가 자신들의 임진왜란 출정 때 이긴 것을 관장군의 덕이라고 여겨서 세워져 중국 대륙 각지, 나아가 대만, 홍콩, 한국, 일본 등지에도 관제묘가 세워졌다. 우리나라에는 관왕묘나 혹은 관제묘라고 하며 주로 충청도, 경상도 지방에 몇몇 있다. 서울시 종로구에 숭인동에 위치한 "동묘"가 바로 이 관왕묘 중 하나이다. 대한민국의 보물 제 142호인 동묘(東廟)는 관우에게 제사를 지내는 묘로서 원래 명칭은 동관왕묘(東關王廟)라 하며 선조 34년인 1601년에 건립돼 1963년 보물로 지정됐다.

이 관왕묘에는 관우를 죽인 여몽의 성과 같은 여(呂)씨와 육손의 성과 같은 육(陸)씨가 들어오면 아무 이유없이 죽는다고 하는 전설이 있다. 하지만 관우의 유해가 어디에 묻혔는지는 현재까지 아무도 모르며 기록조차 남아있지 않다. 즉 관우의 묘는 묘(墓)가 아니고 관우의 위패를 모신 묘(廟)이다.

 예시 보기

其民裸而冠	(기민라이관)	알몸에 갓만 얹은 백성이라
外蟄中卽蝎	(외칩중즉갈)	겉으론 독충, 안은 전갈이네.
遇事卽糜沸	(우사즉미비)	무슨 일 생기면 죽 끓듯이 소란하다가
謀人卽鼠黠	(모인즉서힐)	남 해칠 때는 쥐새끼처럼 참 교활하구나.
苟利卽蜮射	(구리즉역사)	이익을 탐할 때는 물여우가 독을 쏘듯,
小拂卽豕突	(소불즉시돌)	조금이라도 거슬릴 때엔 돼지처럼 박네.
婦女事戲謔	(부녀사희학)	계집들 사내한테 농지거리 일쑤이고
童子設機括	(동자설기괄)	아이놈들은 잔머리 잘 굴려.
背先而淫鬼	(배선이음귀)	조상은 다 잊어도 귀신은 믿고
嗜殺而佞佛	(기살이녕불)	살생 즐겨도 부처에겐 아첨.
書未離鳥乙	(서미리조을)	써 놓은 글씨꼴은 제비 발자국,
詩未離鴃舌	(시미리격설)	시를 읊으면 때까치무리 우지짖는 소리.
牝牡類麀鹿	(빈모류우록)	남녀 간 사슴처럼 문란하고
友朋同魚鱉	(우붕동어별)	또래끼린 물고기처럼 몰려다닌다네.

言語之鳥嚶 (언어지조앵)　떠들어 대는 소린 새 지저귀듯
象譯亦未悉 (상역역미실)　통역들도 잘, 알지 못한다네.
　　　　　　　　　　　－虞裳 李彦瑱의 '해람편(海覽篇)' 중에서

---

* 우상 이언진(虞裳 李彦瑱, 1740-1766) : 조선 영조 때의 역관(譯官). 자는 우상(虞裳). 호는 송목관(松穆館)·창기(滄起). 1759년에 역과(譯科)에 급제. 주부(主簿)를 지냈다. 시문(詩文)과 글씨에 뛰어나 서울 골목에서 살면서 느낀 감회를 동호거실(衕衚居室)이란 시 157수로 읊은 것이 있다. 동호는 골목길이란 뜻이고 중국은 후통(胡同)이라 한다고 한다. 1763년에 통신사 조엄(趙曮)의 역관으로 일본에 다녀왔다. 일본의 풍속을 풍자한 시이다.

"일본에서 문인들에게 환대를 받고 돌아온 우상 이언진이 연암 박지원에게 자신의 시를 보냈다. "오직 이 사람만은 나를 알아주리라."고 생각한 것이다. 그러나 연암은 시를 가지고 온 사람에게 "이건 오농세타(吳儂細唾)야. 너무 자질구레해서 보잘 것 없네."라고 하였다. 오농세타는 중국 오(吳)지방의 가볍고 부드러운 말을 뜻한다. 이언진이 명나라 말기 오 지방을 중심으로 유행했던 유미문학을 본떴다고 비판한 것이다. 이언진은 노하여 "미친놈이 남의 기를 올리네." 하더니, 한참 뒤에 탄식하며 "내 어찌 이런 세상에서 오래 버틸 수 있으랴." 하고는 눈물을 흘렸다. 얼마 후 이언진이 세상을 떠나자, 연암은 자신이 젊은 천재를 타박한 것을 뉘우치며 '우상전(虞裳傳)'을 지어 주었다."

　　　　　　　　　　　　　　　　　　　　　　　　　　－다음 블러그에서

金炳淵 (1807~1863) 年譜
(字·性深, 號·蘭皐, 異名·金笠, 김삿갓.)

1807.3.13. 1세 출생(순조 7년). 경기도 양주(추정).
1811. 5세. 홍경래난 발발. 황해도 곡산으로 피신.
1812. 6세. 조부 익순(益淳) 사형.
1815. 9세. 부친 안근(安根) 사망(남해도).
1816. 10세. 모친과 함께 영월로 이주.
1826. 20세. 장수 황 씨와 결혼.
1828. 22세. 장남 학균(學均) 출생. 출가. 신석우(申錫愚)와 만남.
1829. 23세. 모친 함평 이 씨 사망.
1830. 24세. 형 병하(炳河) 사망. 차남 익균(翼均) 출생.
1831. 25세. 금강산 일대 방랑 걸식.
1832. 26세. 함경도 일대 방랑 걸식.
1835. 29세. 기생 가련(可憐)과 동거(추정).
1836. 30세. 황해도 일대 방랑 걸식.
1838. 32세. 부인 장수 황 씨 사망.
1841. 35세. 경기도 경상도 일대 방랑 걸식.
1845. 39세. 황오(黃五)와 만남.
1853. 47세. 안동에서 훈장을 지냄.
1854. 48세. 전남 화순 동복(同福) 창원 정 씨 사랑채에서 기식.
1855. 49세. 경주 최 씨와 재혼.
1856. 50세. 3남 영규(英圭) 출생.
1858. 52세. 충청도, 전라도, 제주도 일대 방랑 걸식.
1863.3.29. 57세. (철종 13년) 전남 화순 동복 정씨 사랑에서 사망.
1866(추정). 60세. 강원도 영월군 의풍면 와석리(臥石里)로 반장(返葬).

김삿갓 그 뒷이야기 (발췌)

　김삿갓에 관한 문헌으로는 '대동기문(大東奇聞)', '대동시선(大東詩選)', 황오(黃五)의 '녹차집(綠此集)' 속에 있는 '김삿갓전(金莎笠傳)' 등 셋뿐이다.
　'대동기문'에는 '김병연의 가문은 폐족(廢族)이었으므로 그는 스스로 천지간의 죄인임을 자처하여 늘 삿갓을 쓰고 하늘을 감히 우러러보지 않았기 때문에 세상에서는 그를 김삿갓(金笠)이라고 하였고, 대동시선에는〔삿갓을 읊음(咏笠)〕이라는 그의 시가 실려 있다.
　황오의 '녹차집'에는 김삿갓은 동해(東海) 사람인데, 성은 김(金)이요, 삿갓(莎笠)은 그의 머리에 쓴 것을 말한다. 을사년(乙巳年) 겨울에 장안에서 우거(寓居) 생활을 하고 있었는데, 하루는 정현덕(鄭顯德)이 내게 편지를 보내오기를 '천하 기남자(奇男子)가 여기 있는데 한 번 가 보지 않겠는가?' 하기에, 같이 가보니 과연 김삿갓이더라. 사람됨이 술을 좋아하고 광분(狂奔)하여 익살을 즐기며, 시를 잘 짓고 술에 취하면 가끔 통곡하면서도, 평생 벼슬을 하지 않으니 기인(奇人)이더라'라고 기록되어 있다.
　한편 김삿갓이 방랑을 하는 동안 가족은 폐족의 집안이라는 오명(汚名) 아래 이천(利川), 가평(加平), 영월(寧越), 평창(平昌), 서울, 여주(驪州) 등지를 바람에 휘날리는 낙엽처럼 떠돌아다니며 고생을 하다가, 김삿갓의 손자인 김영진(金榮鎭)에 이르러서야 경흥부윤(慶興府尹)이라는 벼슬을 하게 되어 겨우 집안의 몰락이라는 불운에서 벗어나게 되었다.
　김삿갓이 세상을 떠난 뒤 그의 아들 익균은 양주(楊洲)에서 강원도 평창군 천동(泉洞)으로 가서 훈학(訓學) 노릇을 하며 평범하게 일생을 보냈는데 슬하엔 두 아들을 두었다. 장남은 택진(澤鎭), 차남은 영진(榮鎭)이었다. 택진은 20세 때 부친이 떠나자 나무를 해서 팔아 동생 영진을 서당에 보냈다. 그러나 영진은 15세 때 강원도 건봉사(乾鳳寺)로 가서 승적(僧籍)에 입적하고 승려가 되었다. 4년 동안 절에서 공부를 한 영진은 서울에 있는 절로 옮겨 왔다. 그는 머리를 깎고 승려가 되었을망정 용모가 준수하고 영민했다고 한다. 그 당시 절에 자주 드나들던 궁중 나인이 그의 인품을 아껴 고종 황제에게 천거하였는데, 고종 황제는 그가 김삿갓의 후손임을 알고 승적에서 그를 빼내 대궐에서 일하도록 했다.

김영진은 처음 궁내부 주사(主事)의 직책을 받았고, 그 다음 별군직(別軍職)과 황제의 시종 및 홍천군수(洪川郡守)를 역임했다. 그 후 경흥 부윤으로 임명을 받고 부임할 때 아들 경한(景漢)을 얻었다.

그 후 한일합방으로 통곡을 하며 관직에서 물러난 영진은 여주(驪州)로 옮겨가서 양조장을 차려 돈을 모았고, 만년에는 절을 지어 다시 불경을 읽으며 생애를 마쳤다. 당시 휘문고보를 나온 경한은 '나라가 망했으니 벼슬할 생각은 말고 사업이나 하라'는 부친의 말에 따라 27세 때 2년간 몸담았던 산림주사직을 버리고 양평의 용두리로 와서 양조장과 재목상, 묘목 사업 등에 종사했다. 사업이 번창하여 경한은 양평군 일대에서 첫손가락 꼽히는 유지가 되었고, 4년간 초대 도의원을 역임하기도 했다. 또한 군내의 가난한 사람들에게 춘궁기 때마다 많은 양곡을 희사하여 사람들은 그의 덕을 기려 송덕비(頌德碑)까지 세웠다. 1962년부터 기울기 시작한 사업에 정신없던 그는 중풍까지 겹쳐 1977년 6월 29일 세상을 떠났다.

현재는 김경한의 아들, 그러니까 김삿갓의 4대 후손인 김석동(金析東) 씨가 아직 양평군 청운면(靑雲面) 용두리(龍頭里)에 살고 있다.

― '김삿갓 시집' 황병국 옮김. 범우사 1987. 14p~17P 참조.

詩仙 김삿갓의 蘭皐先生 遺蹟碑

如初 書

　天才詩人 放浪 김삿갓은 安東金氏로서 本名은 炳淵이요 號는 蘭皐라 하였는데 祖父가 洪景來亂에 降伏하여 逆臣의 子孫이 된 것도 모르고 어머니 李氏夫人의 哀切하고도 強靭한 庇護로 幼年期를 黃海道 谷山 山峽에서 從僕 金聲秀의 도움으로 자라나고 거기서도 오래지 않아 이곳 寧越로까지 輾轉 苟命徒生의 流浪으로 이어갔다하며 그 사이 漢學의 工夫는 이 고을 白日場에 應試한다.
　運命의 作戲는 何必 詩題가 '嘆 金益淳罪通于天'인데다가 不義를 整然히 論罪한 김삿갓의 詩作이라 壯元은 되었으나 及其也 그것이 자기 祖父를 糾彈한 骨肉의 殘忍無道로 言語道斷에 옭잡힌다.
　忠義와 不孝가 相剋하는데서 오는 人間 金炳淵도 倫理的 破綻에 이르르고 出仕의 野望도 산산히 부서지며 거듭되는 自虐은 드디어 하늘을 삿갓으로라도 가리고 放浪 三千里 길을 걷지 않으면 못 배기는 天涯의 孑孑單身 乞客이 되고 만 것이다.
　先生의 詩想은 人生의 喜怒哀樂을 혹은 淡白하게 혹은 銳利하게 絶妙 切實 또는 凄切 아니면 傍觀者인 樣 無關하게 번뜩이며 때로는 悲憤慷慨 諷刺와 諧謔과 呵呵大笑로 逆境을 自慰하고 旣成虛構의 假面을 힘 안 들이고 박박 벗겨버리는 데도 高手이다.
　그러나 삿갓 先生으로의 眞實로 特出한 보람이라면 漢詩로도 그의

科擧詩의 功令詩가 한 시대를 風靡했다 함은 이미 世人이 衆知하는 바 군말이 더 必要없지만 이제 와 그것보다는 같은 漢字로 시를 쓰기는 썼으나 그의 詩作 態度의 本領은 朝鮮風인 民衆의 底邊에서 진짜 이 나랏 사람의 詩를 지었다는 데 있을 것이니 즉 着想이나 描寫 作法에 있어 漢文字라는 것이 우리에게는 國文字가 아니라 中國文字이기 때문에 言文一致가 어려워 잘 表現하지 못하는 것도 거뜬히 우리의 말재주와 그의 글 솜씨로 어렵지 않게 到處에서 詩作을 해낸 그 自由奔放 前無後無한 人間 本然의 얼굴, 그런 것들의 換骨奪胎에 있다 하리라. 그래서 名聲은 共感을 일으켜 선비들도 金笠詩流의 僞作을 즐겨 썼던가 보다.

先生은 1807년(純祖 7年)에 出生하시어 57歲를 一期로 全南 同福에서 한많은 一生을 詩로 雪憤하시기를 마쳤다.

여기에 살던 次男 翼均이 이곳에 옮겨 모시었으니 올해 先生의 125週忌를 맞으매 追慕의 感懷가 새로워 서울의 寧越鄕友會員은 뜻을 모아 이 碑를 세운다.

      西紀 1988年 5月 14日 (戊辰年 3月 29日)
      在京寧越鄕友會 會長 行政學 博士 張承台 세움
      東國大學校 敎授 文學博士 李東林 글을 짓고
      第 6代 國會議員 東泉 嚴廷柱 글씨 쓰고
      松亭 趙文馨 새김

한시 첫 구 찾아보기

제1부 四時外風 (4시 외풍)

日爾世臣金益淳 (일이세신김익순)	論鄭嘉山忠節死 嘆金益淳罪通于天 (논정가산충절사 탄김익순죄통우천)	37
鳥巢獸穴皆有居 (조소수혈개유거)	蘭皐平生詩 (난고평생시)	42
造化主人簶廬塲 (조화주인거로장)	天地者萬物地逆旅 (천지자만물지역려)	47
畫簾新捲西山暮 (화렴신권서산모)	喜雨亭 (희 우 정)	52
萬事皆有定 (만사개유정)	短句一句 (단구 일구)	57
爾言白地由中出 (이언백지유중출)	爾言 (이 언)	58
胡地無花草 (호지무화초)	胡地花草 (호지 화초)	59
寒松孤店裡 (한송고점리)	自詠 (자 영)	60
生也一片浮雲起 (생야일편부운기)	辭世句 (사 세 구)	62
浮浮我笠等虛舟 (부부아립등허주)	咏笠 (영 립)	63
茅屋炊煙歇 (모옥취연헐)	樵客 (초 객)	64
白髮汝非金進士 (백발여비김진사)	看鏡 (간 경)	65
富人困富貧困貧 (부인곤부빈곤빈)	譬世 (비 세)	66
靜處門扉着我身 (정처문비착아신)	雜詠 (잡 영)	67
人設是非吾掩口 (인설시비오엄구)	槐村答柳雅士 (괴촌답유아사)	68
遠客悠悠任病身 (원객유유임병신)	蒙恩 (몽 은)	69
鼎冠撑石小溪邊 (정관탱석소계변)	川獵 (천 렵)	70
坐似枯禪反愧髥 (좌사고선반괴염)	卽吟 (즉 음)	71
劍思徘徊快馬鳴 (검사배회쾌마명)	偶吟·一 (우 음·1)	72
抱水背山隱逸鄉 (포수배산은일향)	偶吟·二 (우 음·2)	74

風雪出州路幾何 (풍설출주노기하)	偶 吟·三 (우 음·3)	76
五福誰云一日壽 (오복수운일왈수)	老 吟 (노 음)	77
嗟乎天地間男兒 (차호천지간남아)	自 嘆 (자 탄)	78
萬富人中獨處貧 (만부인중독처빈)	難 貧 (난 빈)	79
超然遯世彼山坡 (초연둔세피산파)	隱 士 (은 사)	80
似君奇士自東來 (사군기사자동래)	使 臣 (사 신)	81

제2부 多情無限 (다정 무한)

今朝一別後 (금조일별후)	情·一 (정·1)	85
昨夜狂蝶花裡宿 (작야광접화리숙)	情·二 (정·2)	86
衆鳥同枝宿 (중조동지숙)	情·三 (정·3)	88
平生不入無花洞 (평생불입무화동)	無 題 (무 제)	89
靑春抱妓千金芥 (청춘포기천금개)	難 避 花 (난 피 화)	90
毛深內闊 (모심내활)	弄 處 女 (농 처 녀)	92
可憐行色可憐身 (가련행색가련신)	可憐妓詩 (가련기시)	94
名之可憐色可憐 (명지가련색가련)	名技可憐 (명기 가련)	95
對月紗窓弄未休 (대월사창농미휴)	佳 人 (가 인)	96
可憐門前別可憐 (가련문전별가련)	離 別·一 (이 별·1)	97
花發多風雨 (화발다풍우)	離 別·二 (이 별·2)	98
翠禽暖戱對沈浮 (취금난희대침부)	江邊離別 (강변 이별)	99
客枕簫條夢不仁 (객침소조몽불인)	贈 某 女 (증 모 여)	101
椹顆農情天上酒 (심과농정천상주)	桑 實 (상 실)	103
芭經一帙誦分明 (파경일질송분명)	街上初見 (가상 초견)	104
花無一語多情蜜 (화무일어다정밀)	명순이 삿갓에게 준 시	105
白馬江頭黃犢鳴 (백마강두황독명)	女傑妓生錦花 (여걸 기생 금화)	106
却把難同調 (각파난동조)	贈 妓 (증 기)	107
一從別後豈堪望 (일종별후기감망)	秋風訪美人不見 (추풍 방미인 불견)	109
瓊雨蕭蕭入雪樓 (경우소소입설루)	鶴城訪美人不見 (학성 방미인 불견)	112

探夜狂蝶半夜行 (탐야광접반야행)	暗夜訪紅蓮 (암야 방홍련) … 114
春去無知老客何 (춘거무지노객하)	竹香을 위로함 … 115
父嚥其上 (보연기상)	嚥乳三章 (연유 3장) … 116
爲爲不厭更爲爲 (위위불염갱위위)	情事 (정사) … 118
春風桃花滿山香 (춘풍도화만산향)	船上離別 (선상 이별) … 120
平壤妓生何小能 (평양기생하소능)	平壤妓生 (평양 기생) … 121
萬木春陽獨抱陰 (만목춘양독포음)	贈老妓 (증 노 기) … 122
樂莫樂兮新相知 (낙막낙혜신상지)	회양 사또와의 이별 … 123
渴不飮盜泉水 (갈불음도천수)	사또와의 이별 … 125

제3부 炎凉世態 (염량 세태)

石上難生草 (석상난생초)	與訪客詰拒 (여방객힐거) … 129
周遊天下皆歡迎 (주유천하개환영)	錢 (전) … 130
四脚松盤粥一器 (사각송반죽일기)	粥一器 (죽 일 기) … 131
諺文眞書섞어作 (언문진서섞어작)	漢文 한글 섞은 詩 … 133
靑松듬성듬성立 (청송듬성듬성립)	諺文風月 (언문 풍월) … 134
化外頑氓怪習餘 (화외완맹괴습여)	訓戒訓長 (훈계 훈장) … 136
今日雨來見 (금일우래견)	雨 (우) … 137
榻上彼金佛 (탑상피금불)	僧風惡 (승 풍 악) … 138
日出猿生原 (일출원생원)	元生員 (원 생 원) … 139
鳳飛靑山鳥隱林 (봉비청산조은림)	鳳凰 (봉 황) … 140
天脫冠而得一點 (천탈관이득일점)	天脫冠 (천 탈 관) … 141
年年臘月十五夜 (연년납월십오야)	辱祭家 (욕 제 가) … 142
書堂來早知 (서당내조지)	辱說某書堂 (욕설 모서당) … 143
臨門老尨吠孔孔 (임문노방폐공공)	辱孔氏家 (욕 공씨가) … 144
東林山下春草綠 (동림산하춘초록)	辱尹哥村 (욕 윤가촌) … 145
遠看似馬眼 (원간사마안)	玉門 (옥 문) … 146
不熱不寒二月天 (불열불한이월천)	戲贈妻妾 (희증 처첩) … 147

彼坐老人不似人 (피좌노인불사인)	還甲宴 (환 갑 연) 148
可憐江浦望 (가련강포망)	贈還甲宴老人 (증환갑연 노인) 149
臙脂粉登買耶否 (연지분등매야부)	老 嫗 (노 구) 150
八十年加又四年 (팔십년가우사년)	老人自嘲 (노인 자조) 151
獨坐計君行復行 (독좌계군행부행)	出 塞 (출 새) 152
渴時一滴如甘露 (갈시일적여감로)	過飮警戒 (과음 경계) 154
問君倘識移去法 (문군당식이거법)	移 徙 難 (이 사 난) 156
世上誰云訓長好 (세상수운훈장호)	訓 長 (훈 장) 157
方冠長竹兩班兒 (방관장죽양반아)	嘲年長冠者 (조연장 관자) 158
僧首圓圓汗馬閼 (승수원원한마랄)	嘲 僧 儒 (조 승 유) 160
巒裡老長在 (만리노장재)	嘲 山 老 (조 산 노) 161
畏鳶身勢隱冠蓋 (외연신세은관개)	嘲幼冠子 (조 유관자) 162
風水先生本是虛 (풍수선생본시허)	嘲 地 官 (조 지 관) 163
可笑龍山林處士 (가소용산임처사)	嘲 地 師 (조 지 사) 164

제4부 遊離乞食 (유리 걸식)

九萬長天擧頭難 (구만장천거두난)	自 嘆 (자 탄) 167
人到人家不待人 (인도인가불대인)	逐 客 (축 객) 168
夕陽卽立兩柴扉 (석양즉립양시비)	風 俗 薄 (풍 속 박) 169
邑號開城何閉門 (읍호개성하폐문)	開城逐客詩 (개성 축객시) 170
祠堂洞里問祠堂 (사당동리문사당)	姜座首逐客詩 (강 좌수 축객시) 171
吉州吉州不吉州 (길주길주불길주)	吉州明川 (길주 명천) 172
二十樹下三十客 (이십수하삼십객)	二十樹下 (20수 하) 173
放糞南山第一聲 (방분남산제일성)	放 氣 (방 기) 174
終日綠溪不見人 (종일녹계불견인)	宿 農 家 (숙 농 가) 176
是是非非非是是 (시시비비비시시)	是是非非詩 (시시비비시) 177
此竹彼竹化去竹 (차죽피죽화거죽)	竹 詩 (죽 시) 178
天長去無執 (천장거무집)	破 格 詩 (파 격 시) 180

433

靑山影裡鹿抱卵 (청산영리록포란)	虛言詩 (허언시)	181
難之難之蜀道難 (난지난지촉도난)	難子詩 (난자시)	182
許多韻字何乎覓 (허다운자하호멱)	覓字詩 (멱자시)	183
頭字韻中本無春 (두자운중본무춘)	破韻詩 (파운시)	184
世事熊熊思 (세사웅웅사)	戒世詩 (계세시)	185
腰下佩기억(ㄱ) (요하패기억(ㄱ))	諺文詩 (언문시)	186
六月炎天鳥坐睡 (유월염천조좌수)	弄詩 (농시)	187
李謫仙翁骨已霜 (이적선옹골이상)	八大家詩 (8대가시)	188
仙是山人佛不人 (선시산인불부인)	破字詩 (파자시)	189
桃花已時爛漫開 (도화이시난만개)	免避姦通詩 (면피 간통 시)	190
四升五升六升布 (사승오승육승포)	布字詩 (포자시)	191
甚寒漢高祖 (심한한고조)	吟空家 (음공가)	192
沃溝金進士 (옥구 김진사)	沃溝金進士 (옥구 김진사)	193
晋州元堂里 (진주 원당리)	晋州元堂里 (진주 원당리)	194
安岳城中欲暮天 (안악성중욕모천)	安岳城中 (안악 성중)	195
千里行狀付一柯 (천리행장부일가)	艱飮野店 (간음 야점)	196
彼兩班此兩班 (피양반차양반)	兩班論 (양반론)	197
主人呼韻太環銅 (주인호운태환동)	濁酒來期 (탁주 래기)	200
笑仰蒼穹坐可迢 (소앙창공좌가초)	自顧偶吟 (자고 우음)	203
向日貫針絲變索 (향일관침사변삭)	眼昏 (안 혼)	205
超超獨倚望鄕臺 (초초독의망향대)	嶺南述懷 (영남 술회)	206
邨裡重陽不記名 (촌리중양불기명)	秋吟 (추 음)	207
滿城春訪讀書家 (만성춘방독서가)	暮投江齋吟 (모 투강 재음)	209
曲木爲椽簷着塵 (곡목위연첨착진)	逢雨宿村家 (봉우 숙촌가)	211
霖雨長安時孟秋 (임우장안시맹추)	聽曉鐘 (청 효 종)	212
故人吟望雪連天 (고인음망설련천)	馬島 (마 도)	213
西行已過十三州 (서행이과십삼주)	思鄕·一 (사향·1)	214
皇州古路杳如天 (황주고로묘여천)	思鄕·二 (사향·2)	216
一粒粟中藏世界 (일립속중장세계)	鄕愁 (향 수)	217

제5부 千年江山 (천 년 강산)

梧桐一葉落 (오동일엽락)	秋 (추)	221
石白松靑山老少 (석백송청산노소)	石 白 (석 백)	222
白屑誰飾亂洒天 (백설수식난세천)	雪景·一 (설경·1)	223
飛來片片三月蝶 (비래편편삼월접)	雪景·二 (설경·2)	224
足下三冬雪 (족하삼동설)	雪景·三 (설경·3)	225
送月開簾小碧峯 (송월개렴소벽봉)	雪景·四 (설경·4)	226
天皇崩乎人皇崩 (천황붕호인황붕)	雪·一 (눈·1)	228
蕭蕭密密又霏霏 (소소밀밀우비비)	雪·二 (눈·2)	229
雪日常多靑日或 (설일상다청일혹)	雪 日 (설 일)	230
問爾窓前鳥 (문이창전조)	杜鵑花消息 (두견화 소식)	231
風動樹枝動 (풍동수지동)	風 月 (풍 월)	232
年年年去無窮去 (연년연거무궁거)	年年年去 (연년 연거)	233
深秋一葉 (심추일엽)	破來訴題 (파래소제)	234
班苔碧草亂鳴蛙 (반태벽초난명와)	霽後回頭詩 (제후 회두시)	235
叶執猶煩帶一條 (협집유번대일조)	卽 景 (즉 경)	236
一笠茅亭傍小松 (일립모정방소송)	遊山吟 (유 산 음)	237
一任東風鷰子斜 (일임동풍연자사)	新溪吟 (신 계 음)	238
蕭蕭瑟瑟又齊齊 (소소슬슬우제제)	落葉吟 (낙 엽 음)	240
曉起飜驚滿山紅 (효기번경만산홍)	落花吟 (낙 화 음)	242
白雲來宿碧山亭 (백운내숙벽산정)	秋夜偶吟 (추야 우음)	243
盤中無肉權歸菜 (반중무육권귀채)	貧 吟 (빈 음)	245
折枝李之三枝 (절지리지삼지)	李氏之三女吟 (이씨지 3녀음)	246
倦馬看山好 (권마간산호)	看 山 (간 산)	247
雪中寒梅酒傷妓 (설중한매주상기)	雪中寒梅 (설중 한매)	249
却訪梅花淸我興 (각방매화청아흥)	梅花幽情 (매화 유정)	251
僧乎汝在何山寺 (승호여재하산사)	僧乎汝 (승 호 여)	252
盡日聲乾啄啄鴉 (진일성간탁탁아)	落 葉 (낙 엽)	253
虎踞千年樹 (호거천년수)	伐 木 (벌 목)	254

千里平壤十里於 (천리평양십리어)	平 壤 (평 양)	255
塵襪仙娥石履僧 (진말선아석리승)	江邊에서	256

제6부 動物靜物 (동물 정물)

觀萱占曆是唐虞 (관훤점역시당우)	萱 草 (훤 초)	259
手裡廻廻造成卵 (수리회회조성란)	松 餅 (송 경)	261
外貌將軍衛 (외모장군위)	甘 瓜 (감 과)	262
貌似棗仁勇絕倫 (모사조인용절륜)	蚤 (조)	263
飢而吮血飽而擠 (기이연혈포이제)	虱 (슬)	264
養墭物性異沙鷗 (양시물성이사구)	鷄・一 (계・1)	265
擅主司晨獨擅雄 (천주사신독천웅)	鷄・二 (계・2)	266
稟性忠於主饋人 (품성충어주궤인)	狗 (구)	268
三百群中秀爾才 (삼백군중수이재)	猫・一 (묘・1)	270
乘夜橫行路北南 (승야횡행노북남)	猫・二 (묘・2)	271
世稱虎犧色何玄 (세칭호희색하현)	猫・三 (묘・3)	272
草裡逢蛇恨不飛 (초리봉사한불비)	蛙 (와)	273
遊泳得觀底好時 (유영득관저호시)	鯉 魚 (이 어)	275
瘦骨稜稜滿禿毛 (수골릉릉만독모)	老 牛 (노 우)	276
一任東風燕子斜 (일임동풍연자사)	燕 子 (연 자)	277
沙白鷗白兩白白 (사백구백양백백)	白 鷗 詩 (백 구 시)	278
萬里天如咫尺間 (만리천여지척간)	鷹 (응)	279
字在天皇第一章 (자재천황제일장)	太 (태)	280
首冠端儀勝挿花 (수관단의승삽화)	冠 (관)	281
四友相須獨號君 (사우상수독호군)	筆 (필)	282
闊面藤牋木質情 (활면등전목질정)	紙 (지)	283
腹埋受磨額凹池 (복매수마액요지)	硯 (연)	284
最宜城市十街樓 (최의성시십가루)	簾 (염)	286
十字相連口字橫 (십자상련구자횡)	門 (문)	287

進退隨儂莫汝恭 (진퇴수농막여공)	影 (영)	288
用似焚香欲返魂 (용사분향욕반혼)	燈 (등)	289
檠作八尺卦層軒 (경작팔척괘층헌)	燈 火 (등 화)	291
網學蜘蛛織學蛩 (망학지주직학공)	網 巾 (망 건)	292
江湖白首老如鷗 (강호백수노여구)	眼 鏡 (안 경)	293
圓頭曲項又長身 (원두곡항우장신)	煙 竹 · 一 (연 죽 · 1)	294
身體長蛇項似鳶 (신체장사항사연)	煙 竹 · 二 (연 죽 · 2)	296
撑來偏去伴燈斜 (탱래편거반등사)	木 枕 (목 침)	297
賴渠深夜不煩屝 (뢰거심야불번비)	溺 缸 (요 항)	300
頭似虎豹口似鯨 (두사호표구사경)	火 爐 · 一 (화 로 · 1)	301
虞陶燧石施功博 (우도수석시공박)	火 爐 · 二 (화 로 · 2)	302
縱橫黑白陣如圍 (종횡흑백진여위)	棋 · 碁 (바 둑)	303
酒老詩豪意氣同 (주로시호의기동)	將 棋 (장 기)	304
煙梭出沒輕似鳧 (연사출몰경사부)	織 錦 (직 금)	305
揮手一人力 (휘수일인력)	攪 車 (교 차)	306
誰能山骨作圓圓 (수능산골작원원)	磨 石 (마 석)	307

제7부 年年歲事 (연년 세사)

四兩七錢之犢 (사양칠전지독)	犢價訴題 (독가소제)	311
靑龍在左白虎右 (청룡재좌백호우)	魚 腹 葬 (어 복 장)	312
北邙山下新墳塋 (북망산하신분영)	墳 塋 (분 영)	313
掘去掘去彼隻之恒言 (굴거굴거피척지항언)	山所告訴狀 (산소 고소장)	315
以士大夫之女 (이사대부지녀)	墓 爭 (묘 쟁)	316
父者母者之間에 長首在라도 父母不安인데 (부자모자지간 장수재 부모불안)	墓地訟 (묘 지 송)	317
屋之上之登之 (옥지상지등지)	屋 之 (옥 지)	318
南山北山神鈴曰 (남산북산신령왈)	力 拔 山 (역 발 산)	319
同知生前雙同知 (동지생전쌍동지)	輓 詞 · 一 (만 사 · 1)	320

歸何處 歸何處 (귀하처 귀하처)		輓 詞·二 (만 사·2)		321
得於靑山 (득어청산)		求鷹判題 (구 응판제)		322
雙岩並起疑紛爭 (쌍암병기의분쟁)		爭 鷄 岩 (쟁 계 암)		324
哭子靑山又葬妻 (곡자청산우장처)		自 傷 (자 상)		325
不知汝性不識名 (부지여성불식명)		見乞人屍 (견 걸 인 시)		327
西隣愚婦睡方濃 (서린우부수방농)		多 睡 婦 (다 수 부)		329
事積如山意自寬 (사적여산의자관)		婦 惰 (부 타)		330
無病無憂洗浴稀 (무병무우세욕희)		懶 婦 (나 부)		331
惰婦夜摘葉 (타부야적엽)		惰 婦 (타 부)		332
唐鞋宋襪數斤綿 (당혜송말수근면)		盡日垂頭客 (진일 수두객)		333
山中處子大如孃 (산중처자대여양)		淮陽過次 (회양 과차)		335
人皆平直爾何然 (인개평직이하연)		佝 僂 (구 루)		336
遇何晩也別何催 (우하만야별하최)		喪配自輓 (상배 자만)		337
春去無如老客何 (춘거무여노객하)		老 客 何 (노 객 하)		338
烏飛於二月 (오비어이월)		陳 情 書 (진 정 서)		339

제8부 金剛山詩 (금강산 시)

聞汝少僧何來處 (문여소승하래처)		夜歸僧 問答 (야귀승 문답)		343
書爲白髮劍斜陽 (서위백발검사양)		入 金 剛 (입 금 강)		344
一步二步三步立 (일보이보삼보립)		看金剛山 (간 금강산)		345
萬二千峰歷歷遊 (만이천봉역력유)		金 剛 山·一 (금 강 산·1)		346
泰山在後天無北 (태산재후천무북)		金 剛 山·二 (금 강 산·2)		347
長夏居然近素秋 (장하거연근소추)		金 剛 山·三 (금 강 산·3)		348
江湖浪跡又逢秋 (강호낭적우봉추)		金 剛 山·四 (금 강 산·4)		349
願生高麗國 (원생고려국)		金 剛 山·五 (금 강 산·5)		350
綠靑碧路入雲中 (녹청벽로입운중)		金 剛 山·六 (금 강 산·6)		351
朝上白雲峰頂觀 (조상백운봉정관)		金 剛 山·七 (금 강 산·7)		352
靜處門扉着我身 (정처문비착아신)		金 剛 山·八 (금 강 산·8)		353

松松栢栢岩岩廻 (송송백백암암회)	金剛山·十 (금강산·10)	354
若捨金剛景 (약사금강경)	金剛景 (금강경)	355
百尺丹岩桂樹下 (백척단암계수하)	答僧金剛山詩 (답승 금강산 시)	356
一峰二峰三四峰 (일봉이봉삼사봉)	夏雲多奇峰 (하운 다기봉)	357
削立岩千疊 (삭립암천첩)	登文星岩 (등 문성암)	359
歸來平地望 (귀래평지망)	開殘嶺 (개 잔 령)	360
芹有叔而無姪 (근유숙이무질)	僧俗問答 (승속 문답)	361
金剛山立石峰下庵子詩僧共吟 (금강산입석봉하암자시승공음)		363
朝登立石雲生足 (조등입석운생족)		363
澗松南臥知北風 (간송남와지북풍)		363
絶壁雖危花笑立 (절벽수위화소립)		363
天上白雲明日雨 (천상백운명일우)		364
兩性作配己酉日最吉 (양성작배기유일최길)		364
影沈綠水衣無濕 (영침녹수의무습)		364
群鴉影裡千家夕 (군아영리천가석)		365
假僧木折月影軒 (가승목절월영헌)		365
石轉千年方倒地 (석전천년방도지)		365
靑山買得雲空得 (청산매득운공득)		366
秋雲萬里魚鱗白 (추운만리어린백)		366
雲從樵兒頭上起 (운종초아두상기)		366
登山鳥萊羹 (등산조래갱)		367
水作銀杵舂絶壁 (수작은저용절벽)		367
月白雪白天地白 (월백설백천지백)		367
燈前燈後分晝夜 (등전등후분주야)		368

제9부 名勝古蹟 (명승 고적)

昨年九月過九月 (작년구월과구월)	九月山 (9월 산)	371
平生所欲者何求 (평생소욕자하구)	妙香山詩 (묘향산 시)	373

宣化堂上宣火黨 (선화당상선화당)	'樂 民 樓' ('낙 민 루')	374
葉落瘦容雪滿頭 (엽락수용설만두)	安邊老姑峰 (안변 노고봉)	376
飄然亭子出長堤 (표연정자출장제)	'飄 然 亭' ('표 연 정')	377
英雄過去風雲盡 (영웅과거풍운진)	長 洲 行 (장 주 행)	379
四月咸關嶺 (사월함관령)	咸 關 嶺 (함 관 령)	380
山嘉水嘉亭亦嘉 (산가수가정역가)	'三 嘉 亭' ('삼 가 정')	381
人登樓閣臨九天 (인등누각임구천)	登咸興'九天閣' (등 함흥 '구천각')	383
淸川江上百祥樓 (청천강상백상루)	'百 祥 樓' ('백 상 루')	384
三山半落靑天外 (삼산반락청천외)	'浮壁樓'吟 (부벽루' 음)	385
江非赤壁泛舟客 (강비적벽범주객)	泛舟醉吟 (범주 취음)	386
截然乎吃立高門 (절연호흘입고문)	大同江'練光亭' (대동강 '연광정')	387
大同江上仙舟泛 (대동강상선주범)	大同江上 (대동강 상)	389
秋風匹馬老松身 (추풍필마노송신)	過 松 都 (과 송 도)	392
幾年短杖謾徘徊 (기년단장만배회)	過 廣 灘 (과 광 탄)	396
對酒慾歌無故人 (대주욕가무고인)	過 長 端 (과 장 단)	397
窮達在天豈易求 (궁달재천기이구)	過'寶林寺' (과 '보림사')	405
燕趙悲歌士 (연조비가사)	離別'矗石樓' (이별 '촉석루')	406
南國風光盡此樓 (남국풍광진차루)	登'廣寒樓' (등 '광한루')	408
看月何事依小樓 (간월하사의소루)	上 元 月 (상 원 월)	410
龍眠活手妙傳神 (용면활수묘전신)	'石 窟 庵' ('석 굴 암')	412
也知窮達不相謀 (야지궁달불상모)	與趙雲卿上樓 (여 조운경 상루)	415
十里平沙岸上莎 (십리평사안상사)	寒食日登'北樓'吟 (한식일 등 '북루' 음)	417
山如劍氣衝天立 (산여검기충천립)	崔白潭과 對聯 (최백담과 대련)	419
故國江山立馬愁 (고국강산입마수)	開城'善竹橋' (개성 '선죽교')	420
古廟幽深白日寒 (고묘유심백일한)	關 王 廟 (관 왕 묘)	422

한시 인용구 찾아보기

成三問	時調	首陽山 바라보며	41
程顥	'秋日'	閑來無事不從容 (한래무사불종용)	50
金堉	'送白軒向關中'	塞馬焉知福 (새마언지복)	57
李存勖	'都尉'	學道須是鐵漢 (학도수시기한)	58
柳宗元	'江雪'	千山鳥飛絕 (천산조비절)	61
錢起	'歸雁'	瀟湘何事等閑回 (소상하사등한회)	64
徐德言	'破鏡'	鏡與人俱去 (경여인구거)	65
鰲巖大師	'禪詩'	久喫山家味 (구끽산가미)	66
柳成龍	'蒙恩給職牒'	竹窓寒雪夜蕭蕭 (죽창한설야소소)	69
丁學游	'農家月令歌'	앞내에 물이 주니 천렵(川獵)을 하여 보세.	70
孟子	'盡心章'句 上	大海觀歸小水聲 (대해관귀소수성)	73
洪顯周	'偶吟'	旅夢啼鳥喚 (여몽제조환)	73
金時習	'雨中悶極'	連空細雨織如絲 (연공세우직여사)	75
金方慶	'東征日本 過次福州'	山水無非舊眼靑 (산수무비구안청)	82
黃眞伊	'詠半月'	誰斷崑山玉 (수단곤산옥)	85
李齊賢	'鄭瓜亭'	憶君無日不霑衣 (억군무일불점의)	86
鄭敍	'鄭瓜亭曲'	내 님믈 그리사와 우니다니	87
麗玉	'公無渡河歌'	公無渡河 (공무도하)	88
杜牧	'淸明詩'	淸明時節雨紛紛 (청명시절우분분)	89
李白	'月下獨酌·二'	天若不愛酒 (천약불애주)	90
無名氏	'奇聞'	秋宵易曙莫言長 (추소이서막언장)	92
王維	'春桂問答'	桃李正芳菲 (도리정방비)	95
南翠仙	'秋思'	洞天如水月蒼蒼 (동천여수월창창)	96
黃眞伊	時調	동짓달 기나긴 밤을	97
李玉峰	'閨情'	平生離恨成身病 (평생이한성신병)	98
桂月	'離別'	大同江上別情人 (대동강상별정인)	99

鄭知常	'送人'	庭前一葉落 (정전일엽락)	100
李奎報	'折花行'	牡丹含露眞珠顆 (모란함로진주과)	102
申獻朝	辭說時調	각씨네 더위들 사시오	103
澹雲	'畵美人'	有恨不言內心事 (유한불언내심사)	105
李白	'月下獨酌'	花間一壺酒 (화간일호주)	108
金蟾	'大樹殘花'	大樹飄零日 (대수표령일)	110
宋象賢	'絕命詩'	孤城月暈 (고성월훈)	111
作者未詳	'비아그라 七言詩'	知未時八 安逝眠 (지미시팔 안서면)	113
金園金氏		紗窓月白百蟲咽 (사창월백백충인)	114
李鼎輔	辭說時調	간밤의 자고 간 그 놈 암아도 못 니즐다	117
桂月(梅窓)		玉臂千人枕 (옥비천인침)	118
無名氏	'奇聞'	探春豪士氣昻然 (탐춘호사기앙연)	119
桂月(梅窓)		窓外三更細雨時 (창외삼경세우시)	120
動人紅	'八韻詩'	賣酒羅裳解 (매주라상해)	121
鄭澈		淸宵朗月 (청소낭월)	123
沈喜壽		滿山紅樹 (만산홍수)	123
柳成龍		曉窓睡餘 (효창수여)	123
李廷龜		山間草堂 (산간초당)	124
李恒福		洞房良宵 (동방양소)	124
無名氏		來不住 (내불왕) 來不住 (내불왕)	124
無名氏		七十生男非吾子 (칠십생남비오자)	125
李彦迪	'澄心臺卽景'	臺上客忘返 (대상객망반)	126
無名氏	'흥보가'	돈타령	130
丁若鏞	'奉旨廉察到積成村舍作'	室中所有太蕭條 (실중소유태소조)	131
金富軾		柳色千絲綠 (류색천사록)	133
鄭知常		柳色絲絲綠 (류색사사록)	133
金九容	'望歸州城'	杳杳孤城壓水湄 (묘묘고성압수미)	134
韓明澮		靑春扶社稷 (청춘부사직)	137
金時習		靑春亡社稷 (청춘망사직)	137
申光漢	'投宿山寺'	少年常愛山家靜 (소년상애산가정)	138
許景胤	'山居'	柴扉尨亂吠 (시비방란폐)	139
鄭飛石	'貴羅堂'		140

金笠	'年 年'	雙 年 (쌍 년)	141
金笠	'自知 晚知 補知 早知'		146
李仁老	'題天尋院壁'	待客客未到 (대객객미도)	150
李恒福	'晴窓軟淡'	白日陰陰晝晦微 (백일음음주회미)	151
卞榮魯	'酩酊四十年'		155
乙支文德	'五言詩'	神策究天文 (신책구천문)	159
鰲巖大師	'來 因'	詩絶方無我 (시절방무아)	160
白居易	'商山老有感'	萬里路長在 (만리노장재)	161
震默大師	'偈 頌'	天衾地席山爲枕 (천금지석산위침)	167
李 斯	'上秦皇逐客書'	泰山不辭土壤故 (태산부사토양고)	168
金 淨	'卽事'	落日臨荒野 (낙일임황야)	169
李奎報	'睡次疾蠅'	驅去還來力亦疲 (구거환래력역피)	174
金進中	'모 기'	밤마다 날 원하는 너의 열정에	175
印悟祖師	'無 念'	如以念念念 (여이염념념)	177
徐居正	'畵 竹'	此君無曲性 (차군무곡성)	179
尹善道	'五友歌'	나무도 아닌 것이 풀도 아닌 것이	179
鰲巖大師	'自 諷'	雲住峯爲筆 (운주봉위필)	181
鄭孔采		難兄難弟 (난형난제)	182
成三問	'臨死賦絶命詩'	擊鼓催人命 (격고최인명)	184
無名氏		柳柳 井井 花花 (류류 정정 화화)	185
無名氏		吾看世시옷 (오간세시옷)	186
曺 植	'天王峰'	請看千石鐘 (청간천석종)	187
金進中	'沙村詩篇 · 59-논 임자'	나무에 눈'달'리면 서로 '相'字요,	189
尹 塏	'途中'	日暮朔風起 (일모삭풍기)	196
朴趾源	'兩班傳'	維厥兩班 名謂多端 (유궐양반 명위다단)	199
無名氏		天有天佛 地有地佛 (천유천불 지유지불)	201
金笠		天有天皇氏 地有地王氏 (천유천황씨 지유지왕씨)	201
無名氏		天有天門冬 地有地骨皮 (천유천문동 지유지골피)	201
無名氏		天有姮娥 地有仙女 (천유항아 지유선녀)	202
金時習	'無 題'	終日芒鞋信脚行 (종일망혜신각행)	204
白居易	'暮 立'	黃昏獨立佛堂前 (황혼독립불당전)	208
崔承老	'偶 吟'	有田誰布穀 (유전수포곡)	208

崔致遠	'秋夜雨中'	秋風惟苦吟 (추풍유고음)	210
申師任堂	'泣別慈母'	慈親鶴髮在臨瀛 (자친학발재임영)	214
王 勃	'山 中'	長江悲已滯 (장강비이체)	218
姜靜一堂	'聽秋蟬'	萬木迎秋氣 (만목영추기)	221
李奎報	'詠井中月'	山僧貪月色 (산승탐월색)	222
尹 鑴	'苦 寒'	山下孤村深閉門 (산하고촌심폐문)	225
尹善道	'漁父四時詞'	간밤의 눈 갠 後에 景物이 달랏고야	227
李賢輔	'漁夫歌'	이 중에 시름없는 이 어부의 생애로다.	227
申儀華	'雪 後'	屋後林鴉凍不飛 (옥후임아동불비)	228
申 欽	時 調	산촌에 눈이 오니 돌길이 무쳐세라	230
白光勳	'溪堂雨後'	昨夜山中雨 (작야산중우)	231
金得臣	'龍 湖'	古木寒雲裏 (고목한운리)	232
金麟厚	'題忠州望京樓韻'	來從何處來 (내종하처래)	233
鰲巖大師	'諷吟秋光'	天地無古今 (천지무고금)	234
李奎報	五言絕句	春暖鳥聲軟 (춘난조성연)	238
李 穡	時 調	백설이 잦아진 골에 구름이 머흘네라	239
權文海	'草澗先生文集' 中	半夜嚴霜遍八絃 (반야엄상편팔굉)	241
李 集	'復賦前韻二首'	春深無客訪僑居 (춘심무객방교거)	244
宋之問	'途中寒食'	馬上逢寒食 (마상봉한식)	248
尹 鑴	'漫 興'	騎馬悠悠行不行 (기마유유행불행)	248
柳方善	'雪 後'	臘雪孤村積未消 (납설고촌적미소)	249
韓龍雲	'無 題'	桑榆髮已短 (상유발기단)	250
尹秉綬	'梅 花'	雪滿空山月滿城 (설만공산월만성)	251
李 達	'佛日庵因雲釋'	寺在白雲中 (사재백운중)	252
四溟堂	'過西都'	清流壁下古今路 (청류벽하고금로)	255
李 穡	'西 瓜'	西瓜如雪齒牙寒 (서과여설치아한)	262
袁 枚	'鷄'	養鷄縱鷄食 (양계종계식)	265
呆若木鶏		주선왕의 싸움닭 길들이기	267
李奎報	'詠 鷄'	出海日猶遠 (출해일유원)	267
無名氏	辭說時調	개를 여남은이나 기르되	269
無名氏	'與屛風詩'	屛風莫如犬公眠 (시풍막여견공면)	269
柳得恭	'將 雨'	樹樹薰風碧葉齊 (수수훈풍벽엽제)	273

韓何雲	'개구리'	가갸 거겨	274
丁若鏞	'燕子'	燕子初來時 (연자초래시)	277
林億齡	'鷺'	人方憑水檻 (인방빙수함)	278
柯九思	'元宮詞'	元戎承命獵郊坰 (원융승명렵교경)	279
無名氏	'硯滴'	天女何年一乳亡 (천녀하년일유망)	285
李彦瑱	'硯滴銘'	星宿崑崙始發源 (성숙곤륜시발원)	285
趙植	'七步詩'	煮豆燃豆萁 (자두연두기)	290
金進中	'潭陽 竹綠園'	담죽에 분죽 청죽	295
임강빈	'담배'	두 손가락에 끼워	296
李奎報	'竹夫人'	竹本丈夫比 (죽본장부비)	298
金進中	'竹夫人'	밤새껏 껴안고 잘	299
白居易	'問劉十九'	綠蟻新酒 (녹의신배주)	301
李奎報	'苦熱'	酷熱甚於火 (혹열심어화)	302
金時習	'磨石'	無雨雷聲何處動 (무우뢰성하처동)	307
許蘭雪軒	'哭子'	去年喪愛女 (거년상애녀)	313
小琰	'挽人'	傷心最是北邙山 (상심최시북망산)	320
無名氏	十七字詩	太守親祈雨 (태수친기우)	322
南怡	'北征歌'	白頭山石 磨刀盡 (백두산석 마도진)	324
端宗	'子規樓詩'	一自寃禽出帝宮 (일자원금출제궁)	325
金進中	'청령포'	청령포 여울소리 홀로 목멜 때	326
金昌協	'鑿氷行'	季冬江漢氷始壯 (계동강한빙시장)	328
李用休	'田家'	婦坐搖兒頭 (부좌도아두)	332
林悌	'閨怨'	十五越溪女 (십오월계녀)	335
李安訥	'寄家書'	欲作家書說苦辛 (욕작가서설고신)	338
無名氏	'識字憂患'	遠山虎 近山入 (원산호 근산입)	340
賈島	'深隱者不遇'	松下問童子 (송하문동자)	343
姜栢年	'金剛途中'	百里無人響 백 리에 사람 소리 들리지 않고	344
鄭夢周	'春興'	春雨細不滴 (춘우세부적)	345
成石璘	'送僧之楓岳'	一萬二千峯 (일만이천봉)	347
吉再	'閒居'	臨溪茅屋獨閒居 (임계모옥독한거)	350
梅窓	'白雲寺'	步上白雲寺 (보상백운사)	352
梅窓	時調	이화우 흩날릴 제 울며 잡고 이별한 님	352

趙觀彬	'入 山'	丹楓千樹又萬樹 (단풍천수우만수)	354
金炳學	'金剛山 神仙峯'	朱欄曲曲繞淸流 (주난곡곡요청류)	355
梁士彦	'飛來亭'	海入壺中地 (해입호중지)	357
宋時烈	'金剛山'	山與雲俱白 (산여운구백)	358
李彦迪	'澄心臺卽景'	臺上客忘返 (대상객망반)	368
金壽童	'馬耳山'	馬耳雙尖揷太空 (마이쌍첨삽태공)	371
成以性	'金樽美酒'	金樽美酒 千人血 (금준미주 천인혈)	372
權韠	'宮柳詩'	柳靑靑花亂飛 (궁류청청화난비)	374
曹鄴	'官倉鼠'	官倉老鼠大如斗 (관창노서대여두)	375
普愚和尙	'雲 山'	白雲雲裏靑山重 (백운운리청산중)	376
李珥	'花石亭'	林亭秋已晚 (임정추이만)	378
宋翼弼	'山 行'	山行忘坐坐忘行 (산행망좌좌망행)	380
蘇東坡	'贈東林總長老'	溪聲便是廣長舌 (계성편시광장설)	381
李滉	'鳥嶺途中'	雉鳴角角水潺潺 (치명각각수잔잔)	382
竹 香	'江村暮景'	千絲萬樓柳垂門 (천사만루류수문)	388
鄭道傳	'江水之辭'	江之水兮水悠悠 (강지수혜유유)	389
李達	'松 都'	前朝臺殿草烟深 (전조대전초연심)	392
黃眞伊	時 調	청산리 벽계수야 수이감을 자랑마라	394
林悌	時 調	청초 우거진 골에 자난다 누웠난다	395
白居易	'琵琶行'	沈陽江頭夜送客 (심양강두야송객)	398
英 祖	'追憶往事'	百有餘年 (백유여년)	407
姜希孟	'廣寒樓'	知名南國廣寒樓 (지명남국광한루)	409
桂 花	'廣寒樓'	織罷氷獨上樓 (직파빙소독상루)	409
陳玉樹	'上元夜有感'	儂家會住廣通橋 (농가회주광통교)	410
金光粹	'萬年松亭韻'	一別徂徠問幾時 (일별조래문기시)	413
趙雲卿	'和答詩 和金笠'	歎息狂生亦自謀 (탄식광생역자모)	416
金訢	'寒 食'	寒食無家心事違 (한식무가심사위)	417
桂 香	'寄遠人'	別後雲山隔사茫 (별후운산격사망)	418
李塏	'善竹橋'	繁華往事已成空 (번화왕사이성공)	421
李偰	'善竹橋'	善竹橋邊血 (선죽교변혈)	421
李彦瑱	'海覽篇'	其民裸而冠 (기민라이관)	423

民調詩人 金進中

현	한국민조시인협회 회장
	한국현대시인협회 이사
	한국자유문인협회 이사
	국제펜클럽한국본부 회원
	한국민조시아카데미 원장
	계간『자유문학』편집위원, 반년간『민조시학』주간
	(사)대한민국순국선열유족회·『월간 순국』편집인
	(사)3·1운동기념사업회 공동부회장
	(사)의병정신선양사업회 이사
	한국문인협회 제25대 민조시분과 회장(역)
	자유문학회 회장(역)
	각종 전국 규모 및 구청 백일장 심사위원 역임
저서	김진중 민조시집「사촌시편」월간문학 출판부(2007)
	「사촌시편(재판)」도서출판 천산(2009)
	장·연작·서사민조시집「개코나 말코나」도서출판 천산(2009)
	기행민조시집「가시리 가시리잇고」도서출판 천산(2012)
	제4민조시집「頌 Song of 서울」채운재(2015)
	제5민조시집「동동 내사랑」도서출판 고글(2015)
	제6민조시집「虛辭眞言」채운재(2015)
	번역시집「삿갓민조시」도서출판 고글(2015)
	한단시 동인시집「한단시·7」집까지 참여
	민조시 동인시집「天山의 꽃춤」,「十足烏」외「꽃들의 안부」
	전기소설「갑산에서 수리산까지」
수상	제9회 자유문학상(2009), 제1회 민조시학상(2012) 등
다음카페	《3456. MINJOSI》,《jayumoonhak》운영자
주소	120-080 서울특별시 서대문구 통일로 251〈독립관〉
	(사)대한민국순국선열유족회/『월간 순국』편집실
연락처	010-6863-4114
E-mail	jjkpoet@daum.net

3·4·5·6 民調詩로 번역한
방랑시인 蘭皐 金炳淵 시전집

초판 인쇄 | 2015년 4월 1일
초판 발행 | 2015년 4월 10일

지은이 | 金 進 中
펴낸이 | 연 규 석
펴낸데 | 도서출판 고글

서울특별시 용산구 한강대로 40길 18
등록 | 1990년 11월 7일 제312-000049호
전화 | (02)794-4490, (031)873-7077

값 30,000원

* 잘못된 책은 바꿔드립니다.